KB015451

데이터에 근거한 미래예측

미래예측 2030

Caroline Dewing & Tim Jones
노규성·안종배 옮김

光文閣
www.kwangmoonkag.co.kr

저 자

캐롤라인 듀잉 (Caroline Dewing)

글로벌 이슈에 대한 조직의 관점을 향상시키기 위해 퓨처 아젠다(Future Agenda)를 공동 설립했으며, 이노베이션에 관한 4권의 저서를 공동 집필했다. 아시아와 유럽의 다국적 기업에서 근무한 경력이 있으며 기업 전략과 지속 가능성에 관한 전문가로서 활동하고 있다.

팀 존스 (Tim Jones)

글로벌 예측 프로그램인 퓨처 아젠다(Future Agenda)를 공동 설립했으며, 이노베이션과 성장에 관한 전문가로서 10권의 관련 저서를 발간하였다. 현재 전 세계 다양한 분야의 조직과 함께 그들이 미래의 변화를 이해하고 새로운 기회를 창출할 수 있도록 지원하고 있다.

FUTURE AGENDA

추천사

점점 더 복잡하고 불확실해져 가는 세상에서 우리는 미래에 어떻게 대비해야 하는가? 세계 최대 규모의 공개 포럼인 '퓨처 아젠다 프로그램'은 광범위한 분야의 수많은 전문가가 치열한 논의를 거쳐 정립한 신뢰할 수 있는 정보를 제공하고 있다. 이 책은 2015년부터 45개 지역에 걸쳐 50개의 기관에 의해 주최된 120개의 워크숍에서 토론된 미래 문제를 명쾌하게 정리하였다. 미래를 예측하고, 새로운 아이디어를 얻어 행동하는데 촉진제가 될 것이다.

– **진대제,** 스카이레이크인베스트먼트 회장(전 정통부 장관)

우리가 직면한 미래를 잘 준비하여 지속 가능한 사회를 다음 세대에 물려주기 위해서는 기존의 패러다임을 버리고 새로운 관점에서 오늘 우리가 무엇을 바꾸어가야 할 것인지에 대하여 정책적인 결정을 내리고 실행해야 한다. 이 책은 향후 10년간의 과제와 기회들에 대한 깊은 통찰력을 갖도록 하여 미래를 준비하는데 매우 도움이 되는 필독서로서, 미래의 인구 구성, 삶의 공간, 권력, 사회적 신뢰, 행동과 비즈니스라는 6가지의 주제를 통하여 미래를 예측할 수 있는 소중한 통찰력을 얻을 수 있도록 하고 있다. 이 시대의 리더들에게 일독을 권한다.

– 이남식, 서울예술대학교 총장(국제미래학회 명예회장)

20세기의 자본주의 시스템이 21세기에 있어 최적의 시스템이 아닐 수도 있다. 많은 나라에서 갈수록 불평등이 확대되고 고령화가 진행되고 있는데, 어떻게 부를 균등하게 창출하고 더 나은 복지를 제공할 수 있을까? 만약 우리가 현재의 식량 낭비를 1/4만이라도 줄일 수 있다면, 전 세계의 배고픈 사람 모두에게 식량을 분배하기 충분하다. 음식물 쓰레기를 절반으로 줄인다면 지구상의 약 10억 명의 사람들에게 줄 수 있다. 이 책은 향후 10년간 모든 인류가 직면한 문제를 심도 있게 파악하고 해결 방안을 모색하였다. 전환기의 불확실성을 헤쳐나가는 모든 조직과 개인들에게 든든한 조력자가 될 것이다.

– 이영탁, 세계미래포럼 이사장

지금의 세계, 그리고 세계가 나아가고 있는 방향을 생각해 보면 불평등이 큰 문제이다. 이 책이 다루고 있는 6가지 핵심적인 의제를 들여다보면 불평등에 관련된 많은 문제가 미래 의제에 등장할 것은 분명해 보인다. '미래의 사람들'에서는 다양한 인구의 증가 사례, 그들의 지역에 그 인구가 가하는 압박, 가족당 아이의 수, 노령 인구를 위한 서비스와 기회, 부양비, 각 나라의 퇴직 연령, 의료 서비스의 접근성과 질, 여성과 남성 등 다양한 분야에 드러나는 불평등을 살펴볼 수 있다. 이 책은 세계 여러 전문가 토론에서 얻은 향후 10년간의 통찰력을 엿볼 수 있다. 정부를 비롯한 모든 조직에 크고 작은 통찰력을 제공하여 미래 전략을 개발하는 데 도움이 될 것이다.

– **윤은기,** 한국협업진흥협회 회장

세계는 향후 10년, 그리고 그 이후에 직면하게 될 여러 가지 주요 문제를 안고 있다. 불균형한 인구 성장과 주요 자원의 부족은 곧 일어날 것으로 확신할 수 있는 여러 문제 중 하나이다. 이 책은 인구 문제에서 음식물 쓰레기에 이르기까지 오늘날과 미래의 세계에서 직면하고 있는 가장 시급한 문제를 분석하였다. 책의 끝부분에는 '정부를 위한 10가지 질문, 조직을 위한 10가지 질문, 개인을 위한 10가지 질문'을 도출하여 각 단체와 개인의 생각을 묻고 있다. 미래에 관한 통찰력을 찾고 있다면 확실히 도움이 될 책이다. 불확실한 시대에서 승리할 수 있는 힘을 제공할 것이다.

– **김용근,** 한국경영자총협회 부회장

CONTENTS

CHAPTER

02 미래의 사람들

CHAPTER

03 미래의 공간

CHAPTER
04 미래의 권력

CHAPTER
05 미래의 신념

CHAPTER
06 미래의 행동

CHAPTER
07 미래의 기업

CHAPTER
08 미래의 공통 인식에 대한 리뷰

CHAPTER

09 미래의 통찰하는 핵심 주제

서문

1. 우리가 직면하고 있는 과제들
2. 미래 예측 – 그 이유와 방법
3. 예측의 불확실성과 확실성
4. 다수의 목소리 vs 개인의 의견

개인 맞춤형 약, 자율주행차, IS이슬람국가*, 스냅챗*, 저유가, 데이터 해킹 등 우리는 그 어느 때보다도 빠른 속도로 변화하는 시대에 살고 있다. 특히 기술은 보건복지, 엔터테인먼트와 교통의 영역에서 매우 빠른 속도로 발전하고 있다. 동시에 정치, 소셜 네트워크를 대하는 태도나 우리가 믿음을 주는 대상과 같이, 우리의 행동 양식 또한 변화의 갈림길에 서 있다. 변화가 실제로 그 어느 때보다 빠르게 일어나고 있는지 아닌지는 인식 문제일 수도 있고, 사실일 수도 있다. 다만 우리는 향후 10년 동안 더 새롭고 많은 발전을 직면할 것이며, 동시에 많은 문제가 나타날 것을 알고 있다. 우리가 이를 준비된 상태로 맞이하기 위해서는 더 먼 미래를 내다볼 수 있어야 한다. 문제는 아무도 미래를 예측할 수 없다는 것이다. 몇몇 사람들은 다른 사람들보다 더 분명하게 미래를 내다볼 수 있다고 생각한다.

---

* IS(Islamic State) : 수니파 이슬람 극단주의 무장단체
* 스냅챗(Snapchat) : 사진과 영상을 보낼 수 있는 애플리케이션. 미국에서 10~20대를 중심으로 폭발적인 인기를 얻고 있다.

대부분의 사람들은 미래를 예측하는 것이 그저 지식을 기반으로 한 내기에 불과하다는 것을 안다. 미래를 예측할 수 없다면, 어떤 일이 일어나는가에 대한 내기라도 걸어 봐야 한다. 만일 우리가 더 효율적으로 예측할 수 있다면, 우리는 더 나은 내기를 할 수 있다.

미래를 예측하는 것은 어느 시대에서도 간단하지 않다. 빠른 기술 발전, 정치 운동의 변화, 경제 역학의 변화, 그리고 사회적 변화의 가속화 등 이러한 뉴스가 종종 보도되고 있지만, 대부분의 사람은 이러한 변화가 매일의 삶과 어떠한 관계가 있는지 잘 이해하지 못한다. 실제로, 우리 지구가 직면하고 있는 주요 문제는 단일 기관이나 조직만으로는 그 영향을 이해할 수 없을 정도로 큰 과제이다. 점점 더 긴밀하게 연결되는 세계에서 변화가 가속화됨에 따라 많은 조직이 새로운 기회와 위협에 대한 이해를 높이기 미래 예측을 강화하고 있다. 특히 혁신은 다양한 분야와 산업에서 과제가 교차할 때 일어나므로, 우리는 분야와 지역을 초월하여 지식을 공유하는 것이 이 프로세스에 실질적인 가치를 더할 수 있다고 믿는다.

'미래 아젠다'는 세계 최대의 개방형 미래 예측 프로그램이다. 다양한 문화, 분야 및 산업에 종사하는 사람들의 교류를 통해 우리가 살고 있는 세계에 대한 정보를 보다 잘 이해할 수 있다는 아이디어를 기반으로 한다. 이 프로그램은 우리 앞에 펼쳐질 과제들에 대한 전략을 더 쉽게 수립하도록 도와준다. 우리의 목표는 향후 10년간 시스템 실행, 소비자 행동, 정부 규제가 이루어질 수 있는 방법을 찾고, 모든 기관이 그 크기에 관계없이 미래 전략을 수립할 수 있도록 통찰을 제공하는 것이다.

2010년에 개최된 제1회 '미래 아젠다' 프로그램에서는 2020년까지 미래 예측에 대해 많은 기관에서 다양한 의견을 제시했다. 보건의 미래부터 시작해서 돈의 미래까지 모든 분야 전문가들의 관점에 기반하여 1,500개가 넘는 기관들이 우리가 직면하고 있는 주요 이슈와 도전 과제들에 대해 논의했다. 해당 프로그램은 보다폰 그룹의 국제적인 후원을 통해 25개국의 글로벌 기업 CEO, 세계 주요 도시의 시장, 학술 관계자들과 학생들을 이어주었다. 50,000만 명이 넘는 145개국의 사람들이 부가적인 온라인 토론장을 통해 그들의 관점을 피력하기도 했다. 온라인과 실제로 출판된 결과는 미래에 대한 통찰력을 얻고자 하는 개인과 기관들에 의해 공유되었다. 사람들이 전문 분야나 시장에 있어 잠재적인 영향과 기회를 포착하게 됨에 따라서 TV 프로그램, 토크쇼, 워크숍과 부가적인 논의가 이어지기도 했다.

첫 번째 '미래 아젠다' 프로그램의 성공은 재실행 요청으로 이어졌다. 이에 대한 결과로 두 번째 프로그램인 〈미래 아젠다 2.0〉이 2015년에 다시 열렸으며, 2025년까지 세계가 경험할 수 있는 주요 변화들을 살펴보았다. 비슷한 접근 방법과 함께 전에는 볼 수 없었던 새로운 방법들이 접목되기도 했다. 그중 하나는 더 광범위한 지식의 도입을 장려하고 지역적 차이에 대한 깊은 탐구를 위해 세계 곳곳에서 더 많은 워크숍들을 개최하는 것이었다.【도표 1】 최종적으로 45개 지역에 걸쳐 50개의 기관에 의해 주최된 120개의 워크숍이 25가지 주제들을 다루게 되었다. 대학, 대학원 및 기타 교육기관들과의 협업을 통해 다음 세대에 특히 더 주력한 프로그램이었다. 또한, 쟁점 주제에 관한 광범위한 참여를 장려할 수 있도록 글로벌 미디어 기관들과 협력했고, 더 많은 의견을 나눌 수 있도록 소셜 네트워크를 개선했다. 그뿐만 아니라 이번에는 여러 스폰서가 특정 주제를 다루는 워크숍을 지역적 혹은 전 세계적으로 후원하기도 했다. 이 책은 이러한 모든 성과를 정리한 것이다.

유럽	아시아	아메리카	오세아니아	중동	아프리카
베를린	방갈로르	리마	브리즈번	아부다비	케이프타운
부다페스트	베이징	멘도사	크라이스트처치	베이루트	요하네스버그
쾰른	홍콩	뉴욕	시드니	두바이	
건지	자카르트	키토	웰링턴	이스탄불	
런던	쿠알라룸푸르	샌프란시스코			
뮌헨	마닐라	상파울루			
노르드바이크	뭄바이	스탠퍼드			
로마	뉴델리	토론토			
빈	상하이	워싱턴 DC			
취리히	싱가포르				

【도표 1】 2015년 미래 아젠다 프로그램이 개최된 도시

우리는 이미 긍정적 변화를 위한 많은 기회를 목격하고 있다. 기후 변화, 지속 가능한 보건복지, 식량 공급 분야의 문제들에 대한 해결 방법, 사생활에 대한 권리를 위해 어떻게 정책을 이용할 수 있는지라던가, 과거의 자산이 미래의 짐이 되지 않도록 보장하는 새로운 제품, 서비스, 비즈니스 모델들 등이 이와 같은 기회들이다. 우리는 이러한 의견들이 실현될 수 있도록 그들의 시간과 지식을 아낌없이 쓴 사람들에게 감사드린다. 코어 팀이 이 모든 일을 비용 없이 진행한 비영리적 프로젝트인 '미래 아젠다 프로그램'은 중요한 합작품으로서 앞으로도 전 세계의 주도적이고 진보적인 기관들과 함께 협력해 나갈 것이다.

우리의 접근 방법

처음부터 우리는 미래의 청사진에 대한 새로운 의견을 제시할 뿐만 아니라 우리가 미래에 대한 방향성을 어떻게 잡고, 왜 잡았으며 이것이 어떠한 결과를 불러올지에 대한 관점들을 이해하고자 했다. 이를 위해 우리는 정 부, 경제계, 대학 · 연구기관에서 해당 분야의 전문가들을 모셔와 미래에 대한 공통 질문을 드렸다. 해당 답변들은 글로벌 과제, 선택지와 가능성, 미래를 향한 길, 영향과 결과, 이 4가지 주제로 분류되었고, 방향성과 공통 구조를 제시하기 위해 편집되었다.

이후 우리는 토론을 위해 9개월 동안 120개의 면대면 워크숍을 기획 진행했다. 몇몇은 한 기관 내에서 진행됐지만 대부분은 기업 컨퍼런스 시설, 호텔, 레스토랑, 대학 등 다양한 공간에서 열렸다. 런던, 뉴욕, 싱가포르, 시드니, 상하이, 뮌헨, 베이루트, 두바이, 뭄바이, 리마와 멘도자 등 전 세계에서 다양한 문화, 연령층, 관점을 가지고 있는 전문가들과 의견을 나누었다.

모든 워크숍이 마무리된 후 미래 아젠다 팀은 결과를 정리하고 변화를 일으킬 주요 의견들을 골라냈다. 구분 기준은 여러 나라와 다양한 주제 내에서 이루어진 담론에서 나타난 공통적인 주제였다. 이러한 의견들은 포괄적으로 요약되어 온라인상에 공유되었다. 전 세계의 기관들은 첫 번째 '미래 아젠다 프로그램'에서 이미 얻었던 결과와 새로운 의견들을 종합하여 예측에 대한 비판, 전략적 방향성에 대한 재고, 혁신과 성장 기회를 포착하기 위해 이용하고 있다.

이에 더해 정리되지 않은 의견을 포함한 '미래 아젠다 프로젝트'의 모든 결과물은 전 세계의 모든 기관이 향후 10년에 대한 정보 접근과 과제 해결에 이용할 수 있도록 무료로 볼 수 있다.

이 책은 온라인상에 공유된 전 세계 전문가들의 논의를 담고 있다. 이는 결국 사람들이 중요하다고 생각하는 주요 안건들을 중립적이고 짜임새 있게 다시 언급한 내용이다. 이 때문에 해당 의견들은 우리의 의견이나 후원자 및 파너의 의견이 아닐 수도 있으며, 우리가 존경하지만 무조건적으로 동의하지는 않는, 전문가들 개인의 관점이다. 반면 이 책은 우리가 들은 이슈에 대한 우리의 의견이다. 우리는 이 책에서 우리의 관점과 의견을 더했을 뿐만 아니라 많은 분야에서 중립적인 위치를 벗어난다. 우리는 미래에 대한 대화에서 발견한 몇 가지 모순을 해결하기 위해, 그리고 우리가 들은 것들을 일관성 있게 정리하기 위해 이 책을 발간하게 되었다.

우리는 음식, 에너지, 도시, 데이터 등 책에서 언급된 모든 주제의 전문가가 아니다. 그러나 우리는 2015년에 수천 명의 전문가들과 함께 해당 분야에 대한 이야기를 나누었다. 우리는 세부 사항으로부터 한 발짝 물러나 주제 간의 관련성을 인식하고 주요 연결고리들을 강조함으로써 이 이야기의 큰 그림을 그릴 수 있었다. 이 책에서 논의된 내용 중에 동의하지 않는 부문도 있을 수 있지만, 다른 사람들은 왜 그렇게 생각하는지 이해할 수 있게 될 것이다. 더 나은 미래를 구축하기 위해 다른 사람들의 관점에서 세계와 그 속의 안건들을 바라보는 것이 변화를 이끌어내는 열쇠라고 믿는다. 그런 측면에서 이 책이 여러분에게 도움이 되길 바란다.

Chapter 1

미래에 대한 12가지 공통 인식

- 이 장에서는 각기 다른 나라에서 다른 사람들과 다른 주제로 논의했을 때 반복적으로 제기되었던 미래에 대한 12가지 공통 인식을 다룬다.
- 우리는 이 중 어떠한 인식이 타당하고, 어떠한 인식이 우리가 생각했던 만큼 문제가 되지 않는지 구분할 수 있는가?
- 우리는 통설과 사실을 구분할 수 있는가?

미래에 대한 12가지 공통 인식

FUTURE AGENDA

전 세계의 많은 사람은 우리 앞에 놓인 과제와 기회에 대해 서로 다른 관점을 가지고 있다. 정부, 대기업, 두뇌 집단의 관점은 자영업자, 일반 시민의 관점과 다른 경우가 많다.

또한, 동양과 서양, 북반구와 남반구 등 사는 장소가 다르면 조직도 개인도 다른 관점으로 사물을 본다. 좀 더 지역적으로 들어가면 도시 지역과 농촌 지역에 따라 사물을 보는 관점이 바뀐다.

정보 제공자 또한 관점을 형성하는 매개체이다. 미디어, 신문, 텔리비전, 트위터와 다른 소셜 미디어는 모두 다른 각도에서 다양한 사람들의 의견을 통해 각기 다른 방면에서 다른 관점으로 소통한다. 마찬가지로 신앙, 정치 신념, 경제 상태, 교육 수준, 건강 상태 등 비슷한 사람들은 미래에 대해서도 비슷한 생각을 하게 된다. 물론 어떤 사람들은 당연하게도 본인 혹은 친구와 가족들의 과거 경험에 따라 다른 관점을 가지고 있을 것이다.

이러한 다양한 관점 속에서도 보편적으로 나타나는 몇몇 견해들이 있다. 어떠한 견해들은 많은 집단 내에서 공통적으로 나타나며,

어떠한 견해들은 주류적인 의견이다. 그러나 이러한 견해들은 모두 우리가 미래를 바라보는 관점과 이에 따라 우리가 설정하는 우선순위에 영향을 미친다. 이 견해들은 일반적 통념은 물론 현재의 예측과 패러다임을 보여 준다는 면에서 상당히 유용한 기반으로 기능한다.

아래는 우리가 각기 다른 지역에서 다른 집단과 다른 주제로 이야기했을 때 반복적으로 들은 '미래에 대한 12가지 공통적 관점'이라고 명명한 예측들이다.

몇몇 관점은 부정적인 이슈들과 큰 문제들에 초점을 맞추고 있다.

1. 세계 인구가 너무 많다

70억 명이 넘어가는 사람들이 살고 있는 이 지구에서 현 세기 이내에 추가로 20~ 40억 명을 관리할 수 있는 능력에 대한 의문이 광범위하게 제기되고 있다. 과연 세계 인구가 50% 더 늘어났을 때 우리는 그들을 감당할 수 있는 충분한 땅, 식량과 물을 가지고 있는가? 그들은 모두 어디서 살게 되는가? 우리는 어떻게 우리의 나라, 사회, 문화, 삶의 척도와 방향과 삶의 질을 유지해야 할까?

2. 자원이 고갈되고 있다

인구가 늘어난다면 우리가 현재 의존하고 있는 주요 자원들의 수요는 공급이 따라가지 못할 정도로 늘어나게 될 것이고, 심지어 자원의 고갈로 이어질지도 모른다. 만일 사람들이 지구가 스스로 보충할 수 있는 자원의 1.6배를 사용하고 있다면, 우리는 어떻게 미래 성장을 감당할 수 있겠는가? 모두를 위한 충분한 자원은 존재하는가? 같은 맥락에서 우리가 살고자 하는 삶을 위한 충분한 에너지와 금속이 존재할 것인가?

3. 환경 오염의 통제가 불가능하다

대부분의 사람은 우리가 현재 인간의 활동으로 인해 오염된 지구 위에 살고 있다는 데에 동의한다. 많은 사람이 친환경적인 삶이 필요하다고 생각하고 있다. 만일 지구가 생태계의 다양성과 질소를 위한 행성의 임계치를 이미 넘어버렸다면, 우리가 이를 되돌리기 위해 할 수 있는 일이 있을까? 우리의 도시, 대양과 공기의 질은 계속해서 떨어질까? 식량 생산에 있어 화학비료는 어떠한 역할을 했는가? 그리고 기후 변화 영향의 증대는? 어딘가에 이 모든 것을 마법처럼 해결해 줄 기술적 해결책이 있을까?

4. 이주민에 대한 부정적 인식이 확산된다

캐나다와 필리핀 같은 경우에는 이주가 인구 재조정과 자원 공급에 있어 긍정적인 역할을 했으나, 다른 사람들은 이주를 부정적으로 본다. 많은 곳에서 사람들은 늘어나는 이민자들과 이주민들을 감당할 수 있는 시스템의 능력과 자원의 양에 의문을 제기한다. 우리는 어떻게 우리에게로 오는 사람들을 멈추고, 그들이 우리의 직업을 빼앗고 문화를 변질시키는 것을 멈출 수 있을까? 우리는 어떻게 그 사람들이 고향에 남아 있을 수 있도록, 그곳에서 더 나은 삶을 살고 다른 나라로 갈 필요가 없도록 도와줄 수 있을까?

5. 일자리가 부족하다

인구의 증가에 더해 교육을 받은 사람들이 늘어나고 일자리에 도입되고 있는 기술이 늘어나고 있는 현재, 모든 사람이 임금 근로자가 될 수 있을 정도로 충분한 일자리가 있을까? 인공지능과 로봇이 현재 저소득, 혹은 중간 소득 노동자들을 대체하게 될까? 우리의 사회로 몰려들고 있는 이주자들은 더 낮은 임금으로도 일할 의향이 있으며, 이는 평균 임금을 낮출 수밖에 없다. 더 많은 사람이 오래 살게 되며, 고령자들은 청년들에게 일자리를 넘겨주려 하지 않게 되었다. 이는 당연히 사회적 부담으로 이어진다. 일자리를 구하지 못한 사람들은 어떻게 해야 하며, 일을 하고 있는 사람들이 과연 그들을 모두 지원해야 하는 상황에 처할까?

동시에 상당히 많은 사람이 긍정적인 변화를 목격하고 있기도 하다.

6. 여성 교육의 향상이 많은 문제를 해결한다

많은 사람이 여성에게 더 나은, 더 넓은 교육 기회를 제공하는 게 전체적인 시각에서 사회에 여러모로 긍정적인 영향을 미칠 것이라 생각한다. 만일 여성들이 기본적인 교육 이상으로 학교를 다닐 수 있게 된다면 그들은 활발한 경제 활동은 물론이고 진보에 더 많은 이바지를 할 수 있게 된다. 그들은 핵가족을 이룰 가능성이 높고, 출산율을 줄임으로써 인구 증가를 제어할 수 있다. 또한, 몇몇 나라에서는 정치와 상업 분야의 여성 진출이 남성 지배적이었던 사회와 조직을 재조정하고, 세계를 더 나은 방향으로 이끄는 데 도움이 될 것이라고 생각한다.

7. 기술 발전이 거대한 문제를 해결한다

우리는 과거에 많은 문제에 직면해 왔으나 항상 극복해 왔다. 이는 대부분 기술의 발전으로 해결할 수 있었던 문제들이며, 이번에도 그럴 것이다. 사물인터넷IoT이 모든 것을 연결하는 초연결 시대를 통해 더 많은 정보와 데이터를 제공받아 효율성을 증진할 수 있을 것이다. 예를 들어 과학자들은 식량 생산량을 늘릴 수 있으며, 공학자들은 가뭄과 소금물에서도 잘 자랄 수 있는 식물을 개발할 것이다. 전기자동차는 깨끗한 운송 수단을 제공할 뿐만 아니라 이산화탄소 배출량을 줄이고 우리의 도시를 깨끗하게 할 것이다. 또한, 데이터 공유와 커뮤니케이션 기술의 혁신은 아픈 사람을 치료하고 전 세계적 전염병의 위험 요인을 줄이는 데 도움을 줄 것이다.

8. 해답은 태양광 에너지에 있다

많은 정부와 기업은 태양광 에너지의 발전을 도모하여 세계의 에너지 공급에 영향을 미치고자 한다. 태양광 에너지는 무제한으로 사용할 수 있으며 100% 재생 가능하다. 태양은 매일 떠오르기 때문이다. 만일 우리가 태양광 전지와 배터리의 효율성을 향상시킬 수 있다면, 우리는 에너지를 세계 곳곳에 저비용으로 대량 공급할 수 있다. 게다가 무료로 에너지 공급이 가능하다면 깨끗한 물을 무료로 공급할 수 있으며, 저비용 혹은 무비용의 식량 공급이 가능해진다.

또한 태양광 에너지에 대해 사람들이 강조하는 일부 문제는 관점에 따라 긍정적이거나 부정적인 영향을 미치게 될 것이다.

9. 정년에 대한 재검토가 필요하다

의료 서비스의 향상으로 평균수명이 늘어나서 대부분의 사람은 오래 살게 될 것이다. 그러나 많은 나라에서 이것은 곧 일과 연금의 균형에 부담이 가해지는 것을 의미한다. 대부분의 연금 시스템은 연금으로 10년간 생활할 수 있도록 설계되었기 때문에 지금 사회에서는 죽기 전 10년까지는 계속 일할 수밖에 없다. 만일 사람들이 더 오래도록 건강할 수 있다면 70대까지도 건강하게 경제 활동을 할 수 있을 것이다. 전일제가 아니라 시간제로 일할 경우에 이는 더욱 쉬워진다. 경험이 많은 고령 근로자들은 조직 내에서 고효율적으로 일할 수 있다. 그러나 우리는 업무 현장에서 그들을 지원하기 위해 시스템을 다시 디자인할 필요가 있다. 또한, 외로움은 고령자들 사이의 주요 걱정거리 중 하나다. 우리는 고령자 구성원들이 우리의 사회에서 현재 어떤 식으로 받아들여지고 있는지 다시 생각해야 할 필요가 있지 않을까?

10. 의료비 지출이 지속적으로 증가한다

더 많은 사람이 오래 살고 새로운 약품들이 개발될수록 모든 사회에서 의료 비용은 올라갈 수밖에 없고, 종래에는 몇몇 시스템을 파괴할 수도 있다. 어떤 나라들은 이미 GDP의 10% 이상을 공공과 개인 영역의 의료 비용으로 지출하고 있다. 당뇨, 암, 알츠하이머와 같은 만성질환들이 늘어나고 있으며, 이 추세는 의료 비용을 두 배로 늘리며 많은 사회에 부담을 가하게 된다. 그러나 아시아와 아프리카 같은 지역에서 개발 중인 다른 접근법들은 우리 모두를 위한 더 효율적인 보건복지 대안이 될 수 있다. 만성질환뿐만 아니라 에볼라와 같은 전염병을 제어하는 데도 예방이 중요한 역할을 할 수 있을까?

11. 아시아의 시대가 도래한다

20세기가 미국의 시대였다면, 21세기는 아시아의 시대가 될지도 모른다. 중국과 인도는 세계 경제 발전을 이끌고 대외적으로 활발히 활동하며 그들의 경제력과 군사력을 이용해 세계적으로 영향력을 미치고 있다. 중국과 인도는 기원후 지난 2,000년 중 대부분 기간에 주요 경제력으로 기능해 왔으며, 현대에 들어 세계 지도자의 위치를 다시 되찾고 있다. 최근 몇 년간 중국은 엄청난 성장을 기록하며 수백만 명을 가난으로부터 구제하고, 거대한 인구와 경제 자원을 활용하여 다른 이들을 돕고 있다. 그러나 중국은 그들의 인구가 노화하기 전에 더 부자가 되어야 한다는 압박 속에 있다. '한 자녀 정책'의 장기적인 영향이 가시화될수록 경제 발전 속도는 느려질 것이며, 다른 강대국들이 그래왔듯이 중국의 영향력 또한 줄어들 것이다. 인도의 문제도 있다. 중국보다 더 나은 인구 구조를 지니고 있는 인도는 중국만큼이나 경제적, 군사적, 외교적으로 중요해질까?

12. GDP 성장이 사회 발전을 평가하는 최적의 기준인가?

몇몇 나라들이 경제성장 그래프에서 침체를 목격하며, GDP 성장이 성공을 측정하는 주요 척도로 여겨지는 현재의 방법에 대한 의문이 제기되고 있다. GDP 성장에 주안점을 두는 것은 사회의 복지, 교육, 행복과 같은 기타 중요한 이슈을 제쳐두고 돈을 우선으로 한다는 것을 의미하기도 한다. GDP 성장에 대한 집착은 많은 기업으로 하여금 주식의 가치를 올리는 것을 최우선으로 두게 하며 금융시장에서 단기적으로만 생각하게 한다. 이는 결국 사회의 규범과 가치에 영향을 미치게 된다. 또한, 20세기의 자본주의 시스템이 21세기에 있어 최적의 시스템이 아닐 수도 있다. 소비 증가는 지속 불가능하며, 사람들은 더 나은 시스템을 찾아야 할 필요성을 느끼고 있다. 그것이 무엇이든 간에 말이다.

6가지 주요 과제

이러한 시각에 모두 동의하는 사람들은 소수이지만 대부분 사람은 이 중 많은 이슈에 동의한다. 이 시각은 많은 개인, 집단 혹은 사회 행동 기저에 깔려 있는 전제로 해석될 수 있다. 만일 우리가 시민, 기업과 정부로 하여금 미래에 대한 더 나은 선택을 할 수 있도록 도와야 한다면 우리는 이 중 어떠한 이슈가 실제로 중요한 이슈인지, 그리고 이 중 어떠한 이슈가 우리가 생각하는 것보다 덜 중요한 이슈인지 더 잘 이해해야 한다. 우리는 통설과 현실을 분리할 수 있는가? 우리가 직면하게 될 글로벌 이슈는 무엇일까? 그리고 궁극적으로, 미래를 위한 최선의 선택은 무엇일까?

이후에 이어질 내용들은 이를 포함한 이슈들을 탐구하며 향후 10년간의 과제와 기회들에 대한 전문가들의 의견을 다룬다. 미래의 사람, 장소, 권력, 믿음, 행동과 비즈니스라는 6가지의 주제로 분류된 내용은 앞의 12가지 보편적인 관점뿐만 아니라 미래의 다른 이슈에 대한 다양한 견해를 다루고 있다.

Chapter 2

CHALLENGE 1:
미래의 사람들

> 많은 나라가 점점 더 고령화되고 불균등해지고 있는 현재, 어떻게 부를 생산해야 사회를 공평하게 재정립하고 더 나은 복지를 제공할 수 있을 것인가?

· 인구 증가의 불균형
· 중산층의 감소
· 늙지 않는 사회
· 정년 후에도 더 오래 일하는 사람들
· 청년 실업의 증가
· 적정한 의료비용
· 지역사회 복지
· 여성의 선택 딜레마
· 결론: 해답은 북유럽 모델에 있다

FUTURE AGENDA

CHALLENGE 1 : 미래의 사람들

대규모 인구 변화는 이미 세계 곳곳에서 나타나고 있다. 우리는 고령화와 불평등한 세계 속에서 살고 있다. 비록 모두에게 골고루 해당하는 변화는 아니지만, 이 두 사안은 세계적으로 많은 정부가 이 사회 균형을 지원하고 유지하는 데 가장 큰 문제가 되는 원인들이다.

우리가 오래 살 수 있는 이유는 최근 몇 년간 보건복지 분야에서 이룩한 엄청난 발전 덕분이지만, 많은 지역에서 고령자들을 지원하는 시스템은 재정적 부담이 되고 있다. 세계 기대 수명이 매년 6개월씩 늘어나고 있는 오늘날, 질병 예방, 환자 복지, 보편적인 고령화에 대한 지원금이 GDP에서 차지하는 비율 또한 늘어나고 있다. 그 비율이 10%를 넘어가는 나라에서 이 지출을 어떻게 감당할지에 대한 의문이 제기되는 건 당연한 일이다.

동시에 경제학자들과 정치인들은 불평등의 심화를 강조하며, 예전보다 큰 우려와 함께 이에 대한 담론을 진행 중이다. 미국이 소득 불평등의 대표 주자인 것과는 별개로 라틴아메리카를 넘어 남아프리카, 인도, 중국과 같은 많은 나라 또한 상당한 문제를 지니고 있다. 또한, 소득 불평등 외에도 교육, 교통, 보건복지, 그리고 네트워크 등의 영역에서도 불평등이 심화되고 있는 추세이다.

전쟁이 더 적게 일어나고, 질병은 더 적게 발병하고, 교육과 의료에 대한 접근이 쉬워진 것을 보면 분명 지난 반세기 동안 인류는 발전했다. 따라서 노화와 불평등이라는 두 사안이 미래의 변화와 연관이 있을 것이라는 건 분명해진다. 이 장에서 우리는 '미래의 사람들'을 들여다보며 사회가 어떻게 변화하고 있는지, 앞으로 몇 년 동안 나타날 핵심적인 영향에는 무엇이 있는지 알아보고자 한다.

인구 증가의 불균형

> *인구 증가는 지구에 10억 명이 더 추가됨을 의미하지만, 이들 모두가 노화할 것이라는 의미이기도 한다. 내년에 태어나는 아이는 오늘 태어난 아이보다 6개월 더 오래 살 것이다. 이주가 몇몇 사회의 재균형에 도움이 되고 있음에도 부양비의 증대는 많은 곳에서 문제로 부각되고 있다.*

50년 후 총인구수의 예측에는 많은 의견이 존재하나, 인구 증가의 불균형에는 그 누구도 이견이 없다. 고령화는 결국 우리가 살 수 있는 지역에 더 많은 사람이 살게 될 것을 뜻하고, 인구학적으로 우리가 가장 불편한 상황에 놓이게 될 것을 의미하기도 한다. 어떤 나라에서 부양비는 더 이상 감당할 수 없는 지경에 이르렀고, 전쟁과 지구 온난화로 인해 사회가 균형을 되찾으려는 노력에 따라 대규모 이주가 일어날 수밖에 없게 되었다. 이것은 결국 세계 곳곳에 경제적, 정치적, 사회적 부담을 안겨주게 되며 향후 10년간 전반적인 시스템에 압박을 가할 수밖에 없다.

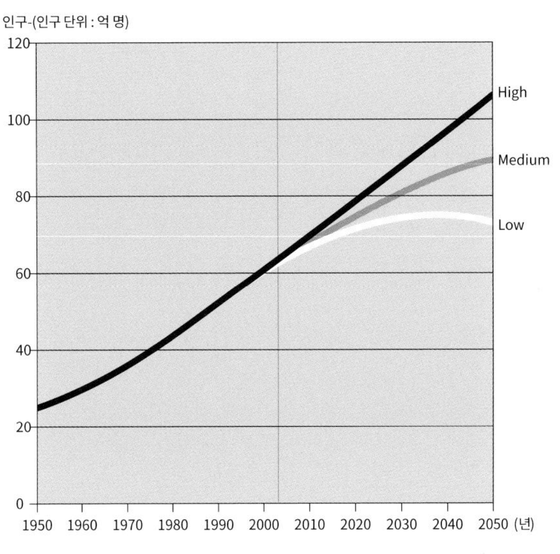

【도표 2】 2050년까지의 세계 인구 예측 (출처: UN)

2012년에 세계 인구는 70억 명을 넘어섰다. 세계 인구는 2030년에 85억 명, 2050년에 105억 명에 이를 것으로 예측되고 있다.【도표 2】[1]이 인구수는 식량과 토지를 잘 사용한다면 감당이 가능한 숫자다. 그러나 지역마다 이 성장의 속도와 숫자는 상당히 다르다. 유럽의 자연 인구는 사실상 줄어들고 있다. 유럽의 인구는 2010년에 7억 4,000만 명에 달했으나 현재는 7억 3,800만 명으로 줄었다. 대규모 이주를 통한 유입이 없다면 유럽 인구는 2030년에는 7억 3,400만 명, 2050년에는 7억 700만 명이 될 것이다. 대한민국, 일본, 대만과 싱가포르 또한 인구가 자연적으로 줄어들고 있다. 2015년과 2050년 사이에 48개 국가의 인구는 감소할 것으로 예측된다. 이러한 나라들은 심각한 구조적 문제에 직면해 있다. 지속적인 경제성장을 유지하고자 할 때, 이 국가들이 직면하게 될 가장 큰 문제는 갈수록 더 불균형해지는 국내 인구로 경제성장을 달성해야 한다는 것이다.

그러나 결국 현재로부터 2050년까지 지구는 매년 평균 600만 명의 사람들을 새로이 감당하게 된다. 인구 증가 속도가 가장 빠른 아프리카는 현재의 11억 인구에서 더 늘어나 2030년에는 17억 명을 넘어설 것이라 예상되며, 2050년에는 25억 명에 다다를 것이라고 예측된다. 다른 지역들은 이렇게 극단적인 추세를 보이진 않는다. 북아메리카의 인구는 매년 200만 명씩 증가하여, 현재 3억 5,800만 명의 인구는 2050년이 되면 4억 3,300만 명에 달할 것으로 예측된다. 남아메리카의 인구는 현재 6억 3,400만 명에서 2050년에는 7억 8,400만 명으로 증가할 것이라 예측된다.

아시아에서 중국의 인구는 14억 명, 인도의 인구는 13억 명이다. 많은 사람이 7년 내에 인도의 인구가 중국을 능가할 것이라 예상한다. 중국의 인구 증가율이 점점 둔화하고 있기 때문에 2022년 두 국가의 인구는 각각 14억 명을 넘을 것으로 예측되고 있다. 그 후로도 인도의 인구수는 몇 십년 동안 증가할 것으로 예상되며, 이 예측에 따르면 인도의 인구는 2030년에는 15억 명, 2050년에는 17억 명에 이르게 될 것이다.

이 인구 증가를 촉진하는 세 가지 요인은 고령화, 출생률, 그리고 이주민이다. 오늘날 많은 사회에서 가장 가시적으로 드러나는 요인은 고령화일 것이다. 지난 50년간 인류의 평균수명에 크게 늘어가게 된 요인 중 하나는 단연코 보건복지일 것이다. 전 세계적으로 공공 보건의 질을 높이고 신약을 개발해 병을 치료했으며, 다양한 질병을 뿌리 뽑기도 하고 깨끗한 식수 공급을 늘렸을 뿐만 아니라 비록 완전히 근절하지는 못했으나 기아를 줄이려 노력했다. 그 결과 우리는 더 오래 살고 있다. 세계 인구의 12%에 달하는 9억 명의 사람들은 현재 60세 이상이다. 이 수치는 2030년에 14억 명으로 늘어날 전망이다. 이 수치 상승은 보건복지의 향상의 결과다. 한 예로 아프리카의 평균 나이는 현재 50세 이상이다. 그러나 노년층이 가시화되는 지역은 아시아, 아메리카, 유럽이다. 현재 유럽 인구의 24%가 60세 이상이며, 2050년까지 이 수치는 33%로 오를 전망이다. 같은 기간 북아메리카에서는 해당 수치가 20%에서 27%로 오를 것으로 예상되며, 아시아와 라틴아메리카에서는 12%에서 두 배 증가한 25%의 인구가 60세 이상이 될것으로 예측된다.

오늘날 태어나는 사람들의 기대 수명은 약 70세로, 이 수치는 저소득 국가의 46세부터 고소득 국가의 79세까지 걸쳐 있다.[2] 기대 수명의 평균 나이는 계속해서 오르고 있다. 만일 지난 50년간의 발전이 지속된다면, 내년에 태어날 아이는 오늘 태어난 아이보다 6개월 더 살게 될 것이다.

동시에 거의 모든 나라에서 한 가정에 태어나는 아이의 수가 줄어들고 있다. 이는 전반적으로 좋은 현상이라 여겨진다. 의료 수준이 발전한 결과이며, 장기적으로는 급격한 인구 증가에 제동을 걸 수 있기 때문이다. 이 낳아 그중에 누구라도 성인이 될 때까지 살아남

길 바라는 일은 유아 사망률이 줄어들고 있는 현대 사회에서는 일어나지 않는다.

하지만 역시 출생률을 줄어들게 하는 가장 큰 요인은 여성 교육이다. 여성 교육은 지난 50년간 많은 정부가 중점을 두어 왔으며, UN의 밀레니엄 개발 목표MDG: Millennium Development Goal 중 최우선 목표에 속하고, 현재 UN의 지속 가능한 개발 목표Sustainable Development Goal 중 5번째 목표이기도 하다. 교육받은 여성은 일반적으로 출산 시기를 늦추고, 또한 아이를 적게 낳으려는 경향을 보인다.

여성이 평균 6명의 아이를 갖는 나라는 대부분 저소득 국가이다. 그러나 모든 저소득 국가가 높은 출생률을 보이고 있지는 않다. 국민총소득GNI의 1인당 평균이 가장 낮은 축에 속하는 방글라데시는 1970년 이후로 여성 한 명이 평균적으로 출산하는 아이의 수가 6명에서 2.5명으로 줄었다. 종교가 출생률과 크게 상관이 있지도 않다. 이러한 감소 추세는 기독교와 무슬림 국가 모두에서 찾아볼 수 있었다. 출생률을 감소시키는 거의 유일한 요인은 여성 교육이다. 이란과 모리셔스가 보편적으로 대표적인 사례가 되지만, 이는 방글라데시에도 적용될 수 있는 사실이다. 전 세계적으로 여성 1명당 출산 아이 수는 인구치환수준*인 2.2명에 근접하고 있다.

그러나 많은 지역에서 낮은 출생률이 문제가 되고 있다. 모든 유럽 국가의 출생률은 장기적으로 인구의 대체를 위한 정상 수치보다 낮다. 수십 년 동안 많은 국가의 출생률은 인구 보충 출생률보다 낮은 양상을 보여 왔다.

***인구치환수준 : 인구가 증가도 감소도 하지 않는 균형 상태가 되는 출산 수준**

1978년, 중국은 인구 증가를 제어하기 위해 한 자녀 정책을 도입했다. 이 정책이 잘 안 될 것이라고 말하는 사람이 많았음에도 불구하고 대부분의 사람이 이 정책이 제대로 기능했다고 믿는다. 어쩌면 너무 잘 기능했을지도 모른다. 이 시기에 분명 인구 증가를 제어할 수 있었으나, 이후 상응하는 결과가 뒤따라왔다. 많은 중국 청년이 형제자매가 없이 자랐고, 4-2-1 문제라 불리는 현상한 아이를 2명의 부모와 4명의 조부모가 돌보는 현상은 심화되고 있다.[3] 이제 중국 정부는 공식적으로 부부가 두 아이를 가지는 것을 허용하고 있다. 중국은 남자와 노인들이 너무 많고, 아이들이 너무 적다. 이는 곧 인구학적 재난으로 이어질 수밖에 없다. 사람들이 더 많은 아이를 가지려 하지 않는 이상 중국은 점점 줄어가는 청년 인구로 거대한 고령 인구를 지탱하게 된다.

국가 대내외적으로 이러한 문제를 바라보는 인구학자들은 부양비를 이용해 사회의 균형을 측정한다.[4] 이는 의존 인구0~14세와 65세 이상의 인구 대비 총인구15세부터 64세까지의 인구의 비율이다. 부양비는 시스템에 의해 부양받아야 하는 인구와 세금을 냄으로써 시스템을 지탱하는 인구의 비율을 뜻한다.

이 측정 방법을 바꿔야 한다는 토의는 계속해서 이어지고 있다. 몇몇 사람들은 실업 인구와 공공 부문의 근로자를 이 수치에서 제외해야 한다고 말하기도 한다. 그러나 결국 이 수치의 핵심은 사회가 아이와 노인 인구를 지탱할 수 있는지를 반영하여야 한다는 것이다. 부양비는 두 가지 영역으로 나뉜다. 유아 부양률과 노인 부양률이다. 그러나 경제학자들은 전체적인 수치를 보고자 한다. 높은 총 부양비는 곧 보편적으로 경제적 의존도가 강한 유아와 노인을 위한 사회 서비스를 유지하기 위해 생산 가능 인구와 국내 경제에 더 무거운 부담이 가해진다는 것을 의미한다. 만일 총부양률이 60%를 넘어가고 노인 부양률이 이 비율의 절반 이상을 차지한다면 이는 문제가 된다. 이러한 현상은 높은 사회적 부담이 인구의 고령화로 인해 초래되는 심각한 문제를 보여 준다. 전 세계 부양률은 52.3%지만 노인 부양률은 12.6 %에 불과하다. 2050년까지 노인 부양률이 두 배로 늘어날 전망인 현시점에서, 일본총부양률 64.5%, 스웨덴59.3%, 이탈리아56.5%, 독일51.8%과 같은 많은 나라는 이에 대해 걱정해야 한다.

마찬가지로 잠재부양지수Potential Support Ratio는 노인 인구 1명당 생산 가능 인구를 계산하며, 인구가 고령화될수록 잠재부양지수도 낮아진다. 노인을 부양하기 위한 생산 인구가 줄어들기 때문이다. 현재 아프리카 국가들은 65세 이상인 1명의 인구를 20~ 64세 사이의 인구 12.9명이 담당한다. 아시아 국가들은 8명, 라틴아메리카와 캐리비안은 7.6명, 오세아니아는 4.8명, 유럽과 북아메리카는 4명 혹은 그 아래의 수치를 보이고 있다. 일본은 2.1명으로 가장 낮은 잠재부양지수를 보이고 있으며, 유럽의 7개 국가도 3명 이하의 수치를 보이고 있다.[5] 2050년까지 많은 국가가 잠재부양지수 2명 이하의 수치를 보일 것으로 예상되고 있으며, 이에 따라 보건복지 시스템과 고령자의 사회보장 시스템에 재정적, 정치적 부담이 더욱 가중될 것이다. 이는 국가가 머지않은 미래에 직면하게 될 문제들이다.

인구 재균형을 이루기 위한 단기적 선택지는 별로 없다. 그중 가장 가시적인 정책이 이주다. 세계 인구 7명 중 1명은 이주민이며, 고소득 국가 인구 증가률의 약 82%는 순인구 이동의 결과다. 이주는 전 세계적으로 정치적인 문제가 되었다. 현재 분쟁으로 인한 시리아 난민들이 TV 스크린을 점령하는 동안, 사실 전 세계의 많은 이주민은 기후 관련 재난으로 인해 살던 곳에서 벗어나야 했다. 1990년도부터 국제 이민자 수는 북반구에서 65%, 남반구에서 34% 증가했다. 많은 나라에서는 부정적인 문제로 여겨짐에도 불구하고 캐나다, 뉴질랜드, 필리핀 적극적으로 이주민 유입을 장려하거나 공급하는 국가과 같은 국가에서는 이주가 긍정적인 경제적, 사회적 융화 현상으로 여겨지고 있다.

2000년부터 2015년까지 매년 평균 280만 명이 유럽, 북아메리카와 오세아니아로 이주하고 있다. 기후 변화가 지속적인 영향을 미치고 있는 현재, '2℃' 3°C 혹은 4°C의 지구 온난화 현상이 이후 한 세기 내로 일어날 수도 있다는 앞으로도 이주를 일으키는 가장 큰 요인으로 작용할 예정이다.[6] 몇몇 정부에 있어 매년 약 100만 명의 새로운 인구 유입은 분명히 매력적인 해결책으로 보일 수 있으나 1,000만 명, 1억 명이 넘는 사람이 북부와 내륙으로 몰려드는 것은 시스템을 과부화 시킬 것이다.

인구 증가율이 전 세계적으로 낮아지고, 기대 수명이 늘어남에 따라 지구상에는 20억 명의 영아가 존재하는 상태로 접어들게 될 것이다.

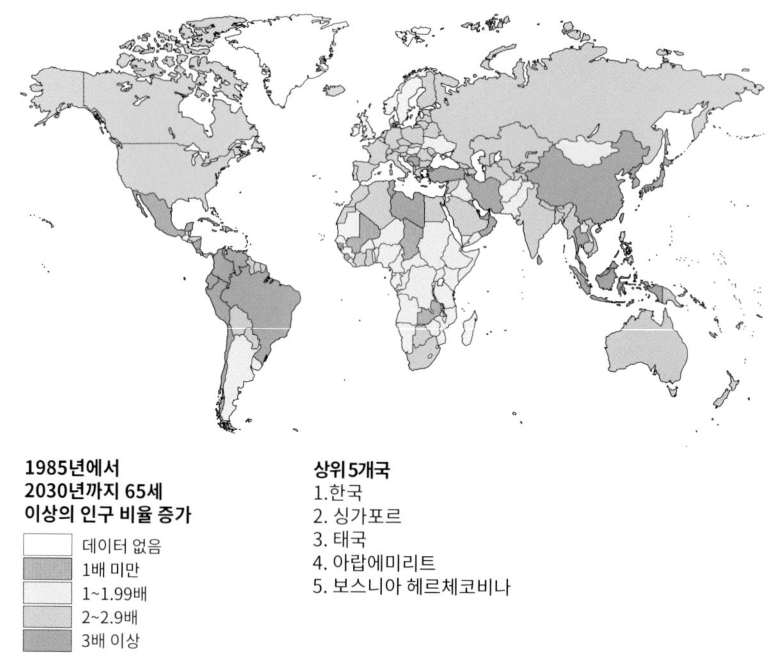

【도표 3】 2030년까지 65세 이상 인구 비율 (출처: UNDP)

사회가 높은 부양률과 낮은 잠재부양지수에 어떻게 대응하고, 21세기의 인구 균형 메커니즘으로서 이주가 어떠한 역할을 할 것인지는 불확실하다. 이는 분명 떠오르는 정치적 과제이며, 많은 사람은 정책 입안자들이 이에 대한 사전 대책을 강구할 것을 촉구하고 있다.

중산층의 감소

세계적으로 중산층이 증가하고 있지만, 유럽과 미국에서는 불평등이 심화되어 상대적으로 중산층이 감소했다. 특히 미국은 안정된 일자리가 사라짐에 따라 지속적인 중산층 감소 현상을 보이고 있다.

세계적인 관점으로 보았을 때 가장 큰 인구학적인 변화 중 하나는 중산층의 증가이다. 중산층 근로자들은 산업혁명의 영향으로 인해 유럽에서 먼저 나타났으며, 이후에는 제2차 세계대전 직후의 미국에서도 모습을 드러냈다. 중산층의 증가 현상은 세계 모든 곳에서 일어나고 있다. 오늘날 아시아, 아프리카, 라틴아메리카와 같은 나라로 인해 2030년까지 중산층 인구는 30억 명이 더 증가할 것으로 예상된다. 그러나 미국과 서유럽에서는 중산층이 감소하고 있다. 중산층은 더는 미국 인구의 다수를 차지하지 않는다.[7] 이는 비단 '중산층'이라는 한 개념의 축소뿐만 아니라 더 광범위한, 즉 중산층 직업과 역할의 감소를 뜻하고 있을 지도 모른다.

미국 여론조사기관 퓨Pew 리서치의 분석에 의하면, 2011년 세계 인구의 13%가 중산층으로 분류되었다. 퓨 리서치는 중산층을 1인당 하루 소비 금액이 10~20달러인 계층으로 구분하고 있다.[8] 중산층 증가의 대부분은 10달러 선을 겨우 넘은 56%의 저소득층으로 이루어졌다.

아시아 태평양 지역의 중산층이 전 세계 중산층 인구에서 차지하는 비율은 2009년 28%에서 2020년에는 54%로, 2030년에는 66%로 늘어날 것으로 전망한다.[9] 이에 비해 유럽과 미국의 중산층은 비록

빠르게 감소하고 있지는 않으나 정체된 상태에 있다. 마치 그들의 경제성장과도 같다. 【도표 4】

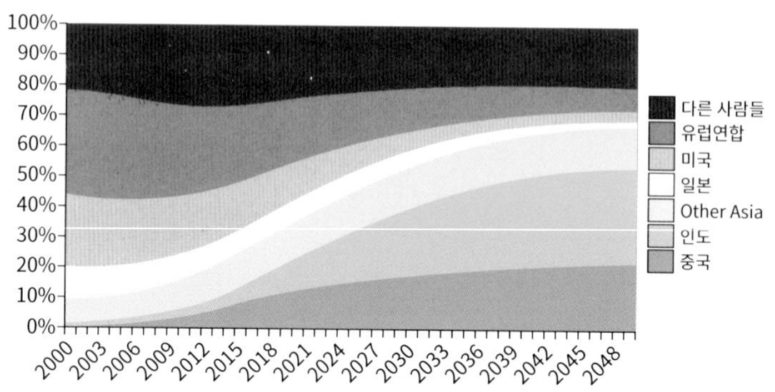

【도표 4】 2050년까지의 지역/나라별 중산층 소비 비율 (출처 : Quartz)

미국에서는 이미 중산층 인구의 급격한 감소가 이루어지고 있다. 1970년에 미국인의 64%는 중산층 동네에서 거주했다. 2010년에 이 비율은 겨우 40%를 넘는 수준으로 감소했다.[10] 같은 시기에 부유한 동네에 사는 가족의 비율은 15%로 두 배 증가했고, 대조적으로 빈곤 지역에 사는 인구 비율은 8%에서 18%로 증가했다. 이는 중산층이 위아래로 압축되고 있음을 나타낸다. 부유층과 빈곤층이 모두 증가한 반면, 중산층은 감소하였다. 브루킹스 연구소[11]에 따르면 미국의 대도시는 소도시에 비해 불균등한 소득 분포를 보인다.

이러한 현상에는 여러 가지 이유가 있다. 가장 중요한 이유는 줄어드는 중산층 일자리이다. 이러한 현상은 다른 지역보다는 서구 사회에서 많이 보인다. 흥미롭게도 IT, 자동화 기업과 인간의 작업을 대체하거나 향상하는 신기술의 이용에 대해 이야기했을 때, 그들은 더 이상 공장의 매뉴얼 영역과 농업 근로자에 중점을 두고 있지 않다. 필요한 기술을 갖춘 로봇으로 1만 5,000달러의 미용사를 대체하는 것은 그리 경제적이지 않다. 그들은 이제 중산층 직업의 부로 눈을 돌렸다. 예를 들어 백오피스에서 이루어지는 많은 법적, 회계적 역할은 반복적인 동시에 상당한 양의 지식과 기억력을 요구한다. 이는 즉 이러한 직업들이 AI가 대체하기 쉬운 직업이라는 뜻이기도 하다. 결과적으로 서구의 년 소득 5만 달러 직업들은 잠재적으로 위협받고 있으며, 이는 많은 이들이 우려하고 있는 사항이다.

빠른 성장 뒤에 숨겨진 또 하나의 현상은 임시직 선호 현상 혹은 '긱' 이코노미의 성장이다.[12] Axiom, Eden McCallum, Freelancer.com과 Upwork모두 구인구직 사이트들이다와 같은 많은 스페셜리스트 서비스 중개 플랫폼은 직업을 가리지 않고 변호사, 컨설턴트, 디자이너, 카피 에디터, 마케터 등 프로젝트와 기술자들을 직접적으로 연계하며 중개인들을 밀어내고 있다. Upwork전 Elance는 930만 명의 근로자들을 370만 개의 회사에 중개하고 있다. 2030년까지 1억 6,000만 명의 미국 근로자들이 프리랜서 혹은 자영업자로 일하게 될 것으로 전망되며, 현재 인적 서비스 기구 혹은 직업소개소에서 일하는 중개인들을 대체할 기회는 갈수록 많아지고 있다. 이는 비단 미국에 국한된 현상이 아니다. 인도는 또 다른 사례를 보여 준다. 25%의 인도 근로자들은 이미 프리랜서로 일하고 있다.[13] 또한, 필리핀, 케냐, 인도네시아와 브라질에서도 유사한 변화가 일어나고 있다. 전 세계적으로 재능 공급과 서비스 경제의 성장이 나란히 나아가고 있으며, 장소와 국가적 경계는 더는 근로자들을 제한하지 못한다. 어떤 사람들은 이것이 국제 시장을 평등하게 만들 것이라 이야기한다. 프로젝트와 기술자들을 직접 연결하는 효율적인 방법을 통해 세계 프리랜서 요율은 시간당 약 40~50달러에 달할 것으로 예상된다.

다른 사람들은 이러한 시각에 완전히 동의하지 않는다.[14] 어떤 영역에서 중개인들은 그 어떤 때보다 더 중요한 역할을 하고 있다. 많은 사람이 보험사에서 바로 보험을 가입하고, 출판사로부터 직접 디지털 뉴스를 구독하는 지금, 부동산 중개인들은 여전히 존재하고 어떤 도시에서는 성공을 누리고 있다. 인터넷이 가져오는 대량의 선택지에 혼란을 느끼는 사람들은 믿을 만한 안내인과 중개인을 필요로 한다. 큐레이션과 가이드맵에 대한 요청은 지속적으로 늘어날 것으로 보인다.

많은 서구 정부는 이 시장 상황이 세금에 미칠 영향을 예의주시하고 있다. 사람들이 피고용인에서 자영업자가 됨에 따라 개인 수입에서 떼는 세금이 줄어드는 것은 물론, 기업 세금에서 오는 수익에 커다란 구멍이 날 수도 있다. 많은 조직이 사라지고 이 기업들을 세금이 적은 곳에 위치한 네트워크가 대체할 수도 있기 때문이다. 더 적어진 세수로 인해 교육, 보건, 사회 편익과 같은 곳에 정부가 쓸 수 있는 돈이 줄어들기 때문에 국가의 서비스 수준이 낮아 질 것이라고 우려하는 목소리도 있다. 이러한 현상은 지속적으로 부유층과 빈곤층의 틈을 넓히고 중산층을 축소하게 할 것이다.

한 가지 분명한 것은 세계 인구가 비교적 순조롭게 증가하고 있는 것과는 달리, 중산층은 급격하게 축소되고 있다. 일부 국가에서는 지역 경제 변화, 지역 인구 이동 및 세계적으로 연결된 시장 등의 요인이 중첩되어 큰 영향을 미칠 수 있다. 현재 미국의 중산층이 이러한 영향을 가장 크게 받게 될 것으로 보이지만, 이러한 요인은 미국 이외의 국가에서도 영향을 미치고 있으므로 다른 국가에서도 머지않아 중산층의 감소 현상이 나타날 것이다.

늙지 않는 사회

> *고령자 증가라는 인구 동태적인 변화에 사회가 순응함에 따라 개인의 실제 나이는 크게 중요하지 않게 된다. 모든 연령대의 생산자와 소비자들에게 새로운 기회가 생기지만, 혜택은 결국 부유층에게 돌아가는 경우가 많다.*

"실제 나이는 전혀 상관이 없습니다." 노인학 교수이자 옥스퍼드 인구 고령화 연구소장인 사라 하퍼가 말한다. 과장된 어법을 사용하였으나 이 발언은, 사회가 노령 인구에게 특화되며 나이에 기반된 제한을 줄여가고 있는 현상을 반영한다. 세계가 현재 겪고 있는 인구학적 변화가 이번처럼 거대한 것은 사상 최초다. 변화는 항상 빠르게 찾아왔다. 1990년대에 60세 이상 인구는 5억 명에 이르렀다. 이 인구는 2020년까지 10억 명, 2050년까지는 20억 명이 될 예정이다.【도표 5】 그때가 되면 세계 인구의 1/3이상이 50세 이상이 될 것이다 2000년대에 이 비율은 18%밖에 되지 않았다.[15] 이러한 극적인 변화는 세계 모든 나라에서 일어나고 있다.

2016년 1월에 베이비붐 세대의 첫 주자 1946~1964년 들이 70대로 접어들었다. 그들이 지난 반세기 동안 문화적 사회적 변화를 이끌었던 것과 같이 노화에 대한 인식을 바꾸고 있다. 지금까지 세계에서 가장 인구수가 많고 가장 부유한 이 그룹은 자신들의 욕구 Needs를 실현하기 위해 사회를 변화시키고 있다. 베이비붐 세대는 개인금융 자산의 80%를 보유하고 있다.

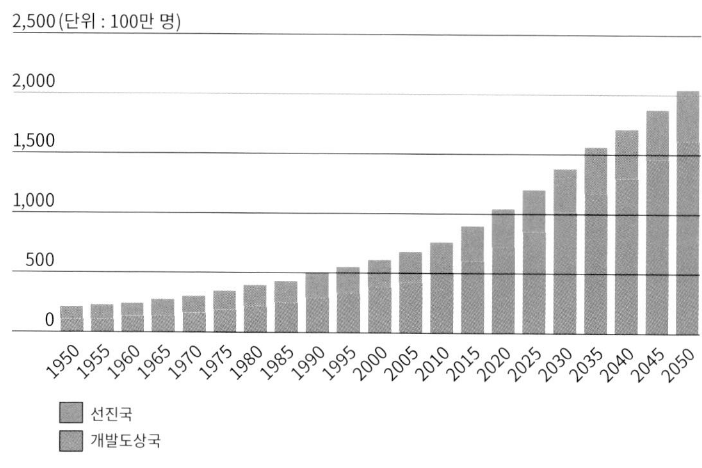

【도표 5】 2050년까지의 전 세계 60세 이상 인구수 (출처: UNDESA)

다음 10년 동안 그들은 일자리와 소비자 시장을 바꾸고, 고령에 대한 사회적 태도를 변화시키며, 보건 재정과 보험 시장을 지배할 것이다.

노인들은 점점 더 건강해지고 있다. 65세의 평균 건강은 40년 전 58세의 평균 건강과 같으며, 더욱 활동적이고 꼭 은퇴할 준비가 되어 있지도 않다. 건강해진 노인들은 지속해서 사회에 참여하고 생산적으로 사회와 본인들을 연결할 수 있는 방법을 찾고 있다. 기업들은 노인들이 경제력을 지닌 경제성장의 원천이라는 사실을 인지하고 있다. 2020년까지 60세 이상을 대상으로 하는 시장은 전 세계적으로 약 15조 달러에 이를 것이며, 많은 서방 세계에서 GDP 수치의 절반을 차지하게 될 예정이다. 마케터들은 지급 능력을 가진 사람들을 항상 주시해 왔기 때문에 젊은 층으로부터 1950년대의 매디슨 애비뉴로부터 탄생됨 벗어나 더 넓은 영역을 공략하게 될 것이다. 성장은 노인의 주거, 인생 계획의 새로운 기회, 지역사회 계속 거주, 제약, 여행과 레저, 뷰티와 화장품, 패션과 소매 등의 영역과 같은 보건복지와 라이프스타일의 교차로에서 올 것이다.

그러나 이러한 예측을 보편적으로 적용 할 수 있는 것은 아니다. 기대 수명은 평균적으로 오르고 있으나 모두의 기대 수명이 오르고 있지는 않다.

수입과 건강과 기대 수명은 긴밀하게 연계되어 있다. 영국과 미국 사회의 부유층과 빈곤층의 기대 수명 사이에는 10년이라는 기간이 자리하고 있으며, 북유럽은 7년의 차이를 보인다.[16] 지난 몇십 년간 중저소득층의 미국 여성들과 같은 특정 인구 집단에서 기대 수명은 오히려 하락했다. 고학력 백인 남성들은 심장병과 자살 같은 예상치 못한 원인으로 인해 단명하고 있다. 가진 자와 가지지 못한 자의 구분이 심화됨에 따라 이 양상 또한 지속될 것이다. 이러한 건강과 장수의 불균형을 해결하면 혁신의 기회는 물론, 정부, 지역사회 기반 조직과 민간 부문 간의 새로운 협동 모델도 생겨날 것이다.

많은 사람이 나라와 지역 간의 인구 데이터를 비교하고 대조하지만 도시 내에서의 차이를 이야기하는 사람은 그리 많지 않다. 한 그래프는 런던 내의 다양한 기대 수명을 비교하며 주목을 받았다. 런던 지하철의 주빌리 노선을 따라간 런던 보건 관측기구의 기대 수명은 정거장에 따라 확실한 변화를 보인다.[17] 웨스트민스터에서 시작하여 동쪽의 캐닝 타운으로 움직일 때, 평균 기대 수명은 불과 7 정거장만에 77.7세에서 71.6세로 6년 하락한다.【도표 6】 많은 도시 지역에서 점점 심화되는 불평등과 노화 현상은 이러한 양상이 앞으로 어떻게 진행될 것인지, 다른 도시에서도 비슷한 경향을 보게 될 것인지 문제의 개선도를 측정하는 흥미로운 지표가 될 것이다.

2025년을 바라보고 있는 현재, 늙지 않는 사회의 성공적 구축은 우리가 긴 삶을 받아들이는 방법에 따라 판가름 나게 될 것이다.

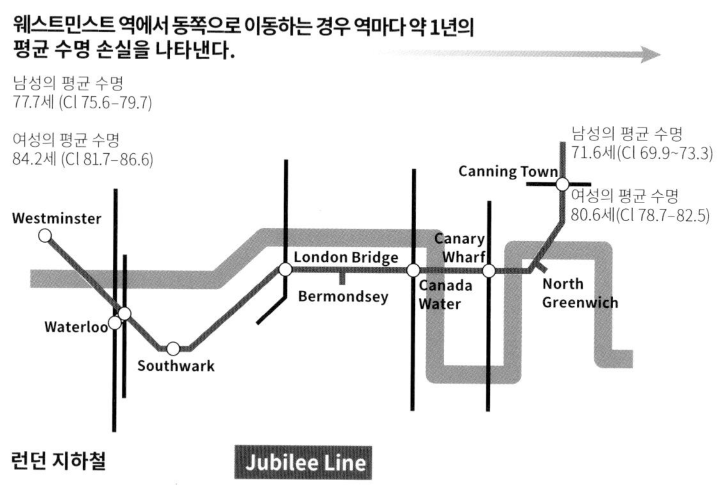

【도표 6】 지하철 노선을 따라 조사한 런던의 기대 수명 (출처 : 런던 보건 관측기구)

노인 근로자들이 어떻게 일자리에 지속적으로 참여하거나 복직하게 될지, 이 '지혜로운 근로자'들이 어떠한 기술을 물려줄지, 그들이 어떤 상품과 서비스를 원하는지, 그리고 사회가 어떻게 노인들에 대한 긍정적인 관점을 유지하도록 변화할지가 우리가 고려해야 할 과제들이다.

정년 후에도 더 오래 일하는 사람들

사람들은 더 길어진 정년 후의 삶을 살아가기 위해 과거보다 더 오래 일을 해야 한다. 탄력적인 고용 제도와 정책이 나오고 있으나 일부 고용주들은 양면적인 태도를 보이고 있다.

사람들은 오래 일하게 된다. 55세~ 64세의 사람들 중 50%가 여전히 일하고 있으며, 이는 10년 전 37%에서 늘어난 수치이다. 미국에서 65세 이후 은퇴했다고 답한 사람들은 1991년도엔 8%였으나 2015년에는 14%로 늘었다.

노후의 금전적 불안을 고려하면, 많은 사람에게 정년 후의 안정적인 생활은 그저 꿈이 되어 버렸다. 많은 노인이 퇴직하고 싶어도 할 수 없다. 미국 국립퇴직저축연구소의 분석에 따르면, 2015년 미국 가정이 보유한 퇴직 마련 저축계좌 잔액의 중간값은 2,500달러에 불과했으며, 55세~64세 근로자 중에서 연간 수입 이상의 금액을 저축한 사람은 3명 중 1명 정도였다. 게다가 제대로 된 사회안전망의 부재, 보편적인 의료 서비스의 부족, 멀리 떨어져 있는 가족 문제를 고려하면 이 수치는 미국의 많은 사람에게 은퇴가 점점 더 어려워지고 있음을 의미한다. 사회안전망이 잘 갖춰진 유럽에서도 최근의 정책 변화와 예산 감소는 편안한 은퇴를 위협하고 있다. 여성들은 어느 곳에서나 더 적은 돈을 벌고, 가족을 부양하는데 더 많은 시간을 쓰며, 더 긴 기대 수명을 지니고 있다. 그 때문에 나이든 여성들이 안정적인 노후 생활을 유지하기 위해서는 다시 일을 해야 할 필요가 있다.

선진국 경제에 있어 2015년은 노동인구15세에서 64세가 최고점을 찍은 해였다. 이제 내려갈 일만 남았다. 2050년까지 노동인구의 5%가 줄어들 것이다. 재능이 필요한 기업들은 그들의 노동 환경을 모든 사람들에게 알맞도록 변화시키며 경험과 판단이 뛰어난 '지혜 근로자'들을 붙들고자 했다. 오래도록 건강한 삶은 개인들에게 그들의 커리어를 늘리고 사회활동에 창의적으로 참여할 기회를 주며, 잠재적으로 새로운 도전을 용인한다.

인구가 고령화될수록 사업들은 이들을 지원하는 방향으로 발전할 것이다. Encore.org 같은 조직들은 생산력과 참여도가 높은 '서드 에이지Third Age'*의 양성에 주력하고 있다. 여기서는 20대 청년들의 수업과는 별도로 경험이 풍부한 고령자가 교사로 일할 수 있도록 재교육하고 있다. 노동력의 생산성은 혁신의 또 다른 영역이다. 예를 들면, BMW에서는 나이든 노동자에 맞춰 생산 라인을 개선하였는데 모든 노동자의 생산성이 향상되었다.

더 많은 고용주가 고령 근로자를 고용하는 것에서 오는 혜택을 인지하고 있다.[18] 기억과 처리 과정은 분명 나이가 들어가면서 저하되는 능력이나 판단, 패턴 인지, 결단과 같은 능력은 향상된다. 이러한 향상된 능력은 과거의 육체노동을 대신하여 경제의 기반을 이루게

---

*서드 에이지(Third Age): 40세 이후 30년 동안 인생의 2차 성장을 통해 자아 실현을 추구하는 단계

된 고도의 지식노동에 더 걸맞다. 더 많은 경험은 나이든 근로자들을 더 훌륭한 사업가로 만들기도 한다. 카우프만 재단은 1996년에서 2012년까지 고령 성인에 의해 창립된 사업이 60% 이상 늘어났다고 보고했으며, 45세 이상의 사업가들이 지속 가능한 사업을 창업하기에 가장 적합한 인구 집단이라 보았다.

고령 근로자가 요구하는 탄력적인 근무는 새로운 기술 플랫폼과 '공유경제'가 나타남에 따라 가능해졌다. 우버 운전자의 25%가 50세 이상이며, 이는 30세 이하가 차지하는 비율보다 더 높다. 에어비앤비 호스트의 10% 이상이 60세이며 이들은 부가 수입 창출은 물론 사회활동과 네트워킹을 지속하고자 한다.

고령 노동인구에 대한 지원은 거대한 경제적 이익으로 이어지기도 한다. 2014년 6월 영국의 노동연금부에 의하면, 40대 노동인구만큼 노령인구50세에서 국가 연금 수령 나이까지가 노동에 참여한다면 영국 GDP는 2013년에 비해 1% 상승할 것으로 분석했다. 이는 줄어드는 노동인구를 고려한다면 적은 수치가 아니니다. 대한민국, 일본, 독일과 이탈리아 같은 경제 선진국에서는 2050년까지 노동인구의 4분의 1이 줄어들 것이다. 러시아와 중국과 같은 덜 부유한 나라들에서는 21% 감소가 전망되었다. 특히 중국은 2020년까지 노동인구가 2억 1,200만 명 감소할 것으로 예상되는데, 이는 브라질의 인구와 맞먹는 수치이다. 미국은 조금 더 나은 처지다. 미국의 노동 가능 인구는 더 나은 인구 구조와 이주 노동자들 덕분에 10%가량 늘어날 전망이다. 전 세계적으로 향후 50년간의 노동인구 감소는 GDP 성장률을 40%나 감소시킬 수 있다.

이 때문에 유럽의 나라들은 혁신적인 공공 정책을 내놓고 있다. 스웨덴에서는 고용주들이 고령 근로자들을 고용했을 때 75%에 달하는 지원금을 신청할 수 있다. 독일은 고령 근로자들을 위한 안식 기간을 마련하고 있으며, 네덜란드 정부는 나이 차별 관련 법안을 제정하고 탄력적 근로를 장려하는 정책을 내놓았다. 초고령화 사회의 선두에 서 있는 일본 같은 경우는 고령 근로자들에게 시간제 선택지를 제공하고 멘토로서 일할 수 있도록 장려한다. 영국의 트레이딩 타임과 같은 기업들은 50세 이상 피고용인들과 직원들로 팀을 만들어 주며, 미국의 콜롬비아 노화연구소와 보스턴대학의 노화 근로센터는 생산적인 말년 고용을 위한 데이터와 유용한 관례를 제공하기 위한 혁신적인 기획에 착수 중이다.

고령 근로자들의 취업 활동에 제동을 거는 것은 다름 아닌 특정 자격 조건에 대한 요구와 어린 사람을 선호하는 것과 같은, 취업 시장에 무의식적으로 깔린 편견이다. 이러한 편견은 라인 매니저 교육의 개선, 전 연령 근로자들을 위한 교육 투자, 고령 근로자 재교육, 근로자 의료 서비스 제공, 탄력적인 근무 제도와 고령 친지를 돌보고 있는 근로자에 대한 금전적 지원 등을 통해서 완화할 수 있다. 근무 환경의 자동화와 로봇 도입에는 긍정적이고 부정적인 영향이 둘 다 존재한다. 로봇또는 웨어러블 로봇은 고령자들의 신체적 결점을 보완할 수 있으나 동시에 누군가의 고용을 감소시키거나 아예 막아버릴 수 있다. 마찬가지로 기후 변화, 정치 망명, 경제 격차 등을 통해 몰려오는 젊은 이주 노동자들은 현지인들이 하기 싫어하는 일을 맡음으로써 시장을 변화시킬 것이다.

그렇다면 연금 정책 또한 변화할까? 보편적으로 은퇴할 나이가 된 사람이 이제 더 건강하다고 해도 연금을 받는 나이가 더 올라가야 하는 건 아니다. 연금이 가장 필요한 사람들인 육체노동자 혹은 기술이 부족한 저소득층이 똑같은 혜택을 받지 못했기 때문이다.

독일의 EU 위원인 군터 외팅거는 "70세를 새로운 은퇴 나이로 고려해야 한다" 라고 말했다.[19] 이렇게 주장하는 사람이 더 있다. 장기적인 시야에 대한 필요성과 수지 균형을 맞추기 위한 대책을 마련하기 위해, 스웨덴 정부는 무소속 위원회로 하여금 장기적 개혁에 대한 제안을 할 수 있도록 책임을 양도했다.[20] 그 결과로 스웨덴은 그들의 연금 시스템이 무너지는 것을 막을 수 있었다. 독립 위원회는 개인 연금 도입의 장려와 은퇴 나이를 기대 수명과 연관 짓는 실용적인 개혁을 제시했다. 이들이 다른 나라들에 있어 좋은 선례가 될 수 있을 것이다.

청년 실업의 증가

> *일부 국가에서는 실업률이 50%까지 치솟는 등 직업을 갖는 것이 점점 어려워지고 있다. 특히 북아프리카, 중동과 남부 유럽에서는 1억 명에 달하는 잃어버린 세대의 청년들이 세계 경제 성장의 혜택을 받지 못하고 있다.*

더 오래 일하는 노령 인구에서 시선을 돌리면, 어떤 지역에서는 거의 거울처럼 정반대의 양상을 볼 수 있다. 바로 청년 실업률이다. 이는 많은 안건에서 우선순위에 오르는 사안이기도 하다. 15~24세의 청년 인구는 모두 생산적이고 독립적인 삶을 살며 사회에 긍정적인 이바지를 할 수 있는 잠재력을 지니고 있다. 그러나 많은 청년은 기술과 학교에 다닐 기회, 직업을 가지고 지속해서 일할 기회가 부족하기 때문에 사회 활동에 활발하게 참여할 수가 없다. 전 세계적으로, 오늘날 젊은이들은 복잡하고 경쟁이 심한, 때로는 위험으로 가득 찬 세계에서 성공하는 데 필요한 자원을 충분히 지원받지 못하고 있다.

세계는 청년 실업으로 고통받고 있다. 그 수치는 놀라울 정도다. 현재 세계 곳곳에서 약 7,500만 명의 청년들이 구직 중에 있다.【도표 7】[21]

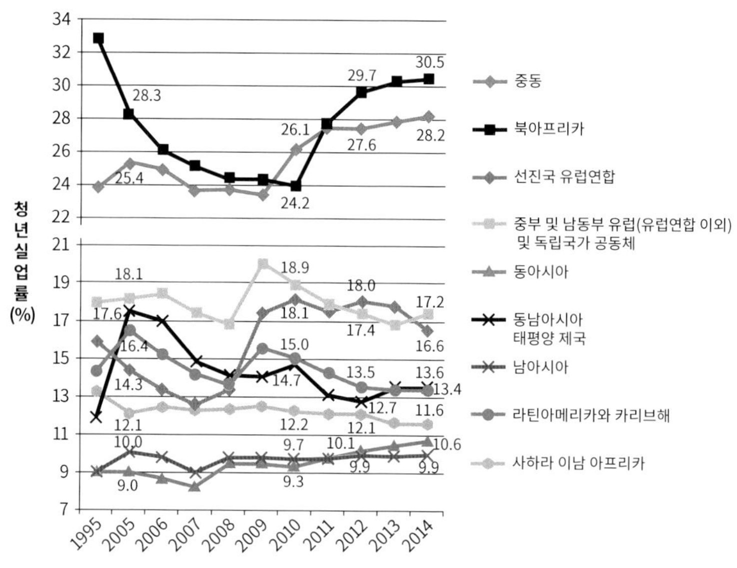

【도표 7】 세계 지역별 청년 실업률 (출처: ILO)

세계의 몇몇 나라에서는 16~24세의 청년 중 약 90%가 실업자이다. 미국의 청년 실업률은 23%다. 스페인과 그리스에서는 50%에 가까우며, 영국은 22%다. 국제노동기구는 2019년까지 2억 1,200만 명의 청년들이 실업자가 될 것으로 예측하고 있다. 이는 현재의 2억 100만 명에 비해 증가한 수치다. 지역에 관계없이 청년들, 특히 그 중 젊은 여성들은 불균등한 영향을 받을 것이다. 청년 실업은 그들보다 나이 많은 인구 집단에 비해 약 3배가량 높을 예정이다. 어떤 지역에서는 이미 청년 실업률이 성인 실업률의 5배 이상이다.[22] 전 세계적으로 청년들은 저소득층의 1/4을 차지하며, 발전의 희망이 없는 저품질의 직업을 갖고 있다. 많은 사람에게 있어 교육이 곧 정규직으로 매끄럽게 이어지진 않는다. 청년들은 필요한 기술이 없거나, 현지에서 사람을 구하지 않으며, 직업을 찾기 위한 이사 비용이 너무 많이 들기 때문에 일자리를 찾지 못하고 있다.

역량이 부족한 사람들만 이러한 영향을 받는 것은 아니다. 어떤 지역에서 이 양상이 정반대로 나타난다. 고학력이 꼭 괜찮은 직업을 뜻하진 않는다. 튀니지에서는 대학 비졸업자의 24%가 실업자 인데 비해 대학 졸업자의 실업률은 40%이다.[23] 특히 중동과 북아프리카에서의 고학력 여성들에 대한 차별은 심각하다. 터키에서 대학 교육을 받은 여성의 실업률은 대학 졸업 남성의 3배에 달한다. 이란과 UAE도 똑같은 비율을 보인다. 사우디아라비아에서 대학을 졸업한 여성들이 실업자가 될 가능성은 약 8배에 달한다.

경제에 이바지할 수 없는 것과는 별개로, 광범위한 청년 실업은 한 세대로부터 정신적, 물질적 행복을 누릴 기회를 앗아가는 것과 마찬가지다. 이는 최악의 경우 사회적, 정치적 동요와 생산성의 제약, 경제 침체로 이어질 수 있다. 이 효과는 몇 년 동안이나 지속될 것이며, 이에 영향을 받은 사람들은 충만하고 생산적인 삶에 대한 모든 의지를 잃어버릴 수도 있다.

청년 실업의 요인으로는 경기 침체, 자동화의 진전, 관련 기술의 부족등을 들 수 있다. 새로운 기술은 농업, 산업, 서비스 등 모든 영역에 걸쳐 일의 본질을 바꾸고 있으며, 가장 전통적인 직업에도 새로운 기술이 필요시 되고 있는 상황이다. 한 세기 전만 해도 제조업에서 일을 하려면 육체적인 능력과 기초적인 독해 능력만 있으면 됐지만, 현재는 기술적인 능력이 요구된다. 심지어 자동화와 AI의 발전은 구직자가 늘어나는 이 상황에서 기술직과 비기술직 모두 줄어들게 할 것임을 뜻한다. 많은 지역에는 충분한 일자리가 없다. 국제노동기구ILO는 경제 위기에 일자리를 잃은 혹은 노동 시장에 있거나 이제 막 노동 시장으로 들어가는 사람이 생산적으로 활동할 수 있는 기회를 제공하기 위해서 향후 10년간 약 6억 개의 일자리가 마련되어야 한다고 내다보았다.

지역은 고용 가능성에 거대한 영향을 미친다. 일자리가 있는 곳으로 이동이 불가능하다는 것은 곧 기회가 줄어든다는 것을 뜻한다. 서구에서 많은 사람이 이주를 꺼리는 이유는 자신이 태어난 마을에 대한 애착심도 있겠지만, 공공 주택 입주 제한 규칙이나 교통의 불편함에도 원인이 있다.

유럽에서는 겨우 2.8%의 청년들만이 직업을 위해 이사한다. 30%의 미국인들이 그들의 고향과 다른 곳에서 살고 있다는 것을 생각

---

* 예를 들면, 영국에서는 공공 주택 입주자에게 허용되었던 종신 입주권이 2011년에 재검토되었고, 입주자가 다시 임대하는 전대도 금지되었다

하면 상당히 낮은 수치이다. 언어 장벽, 문화 차이, 다른 곳에서는 사용 불가능한 자격증 등이 유럽인들의 이동을 더 어렵게 만들지만, 공공 제도가 행동을 좌우하기도 한다. 유로를 쓰는 많은 나라는 구직자들을 1년 이상 지원한다. 미국의 대부분 주에서는 실업자들이 겨우 26주의 실업 혜택을 받기 때문에, 차라리 일자리가 있는 다른 곳으로 가는 것이 경제적으로 더 나은 결정이다.

유럽의 청년들은 최근의 경제 침체의 영향을 정면에서 견디고 있다. 유럽연합의 25세 이하 실업률은 비록 낮아지는 추세이나 여전히 20% 이상이다. 반세기 동안 없었던 실업률을 맞닥뜨린 그리스는 특히 큰 타격을 입었다. 그리스의 많은 청년은 충분한 자격을 갖췄음에도 불구하고 해외의 저소득 직업을 받아들이고 있다. 10만 명 이상의 청년들이 지난 4년 동안 영국, 독일과 같은 국가로 떠났다. 그리스의 고역이 지속되며 더 많은 청년들이 최소한의 부를 찾아 고향을 떠날 예정이다. 6년 동안의 긴축 재정으로 인해 중산층의 부는 상당히 줄었으며 많은 사람은 과거처럼 자녀 교육을 지원해 주지 못한다. EU의 다른 국가로 공부나 일을 찾으러 떠나간 청년들은 이른 시일 내에 돌아올 생각이 없다.

개발도상국에서 상당히 높은 비율의 청년들은 가족을 위해 무보수로 일하며, 그들의 커리어를 가족 사업 혹은 가족 농장에서 시작하게 된다. 세계은행은 잠비아 청소년의 99%가 이렇게 일하고 있는 것으로 예측한다. 부유한 국가의 24세 이하 청년들은 종종 비정규직 상태에 놓인다. 일을 아예 안 하는 것보다는 나을지도 모르겠지만, 이러한 직업들은 보편적으로 제도의 영향을 받지 못하며, 보수도 적고 혜택 혹은 보호 조치 없는 안 좋은 노동 환경 아래에 있는 경우가 많다. 중동과 아프리카의 청년들은 특히 이러한 환경에 노출되기가 쉽다. 양질의 일자리 부족에 대한 불만은 크다. 국제노동기구가 청년들을 상대로 조사한 바에 따르면 58%에 달하는 사람이 좋은 일자리가 없는 것에 대해 환멸을 느낀다고 답했다.

그러나 모두가 일을 찾고 있는 것은 아니다. 어떤 사람들은 찾지 않거나 못하는 상황에 놓인다. 남아시아의 많은 여성은 문화적 이유로 일을 하지 않는다. 중동에서는 15%의 여성만이 정식으로 고용되었으며, 북아프리카에서는 16%만이 고용된 상태다. 국제노동기구는 실업률의 증가를 막기 위해 향후 10년간 그 지역에서 매년 1,500만 개의 새로운 일자리가 나와야 한다고 내다보았다.

재정적, 경제 활동에 관한 사회의 균형을 조절하는 것은 많은 정부의 우선순위다. 전 세계적으로 성장이 둔화되고, 일의 자동화와 일자리에 대한 경쟁이 심화되고 있는 현재 청년 실업률이 주목받고 있는 것은 놀라운 일이 아니다.

적정한 의료비용

> *고령자나 만성질환 환자에 대한 의료비가 갈수록 증가한다. 의료비 지출이 GDP의 20%를 넘게 되면 의료제도 운영이 어려워지므로 정부는 예산과 우선순위 사이에서 어려운 결정을 해야 한다.*

앞서 말한 많은 문제를 보았을 때 많은 나라가 그들의 주요 시스템, 특히 보건복지에 있어 많은 어려움을 겪고 있다는 것은 그리 놀랍지 않다. 국가가 발전하고 경제가 성장할수록 보건복지에 대한 지출도 커질 수밖에 없다. 건강 향상은 최우선적으로 다뤄지는 이슈이며, 이에 따라 정부는 효율적이고 비용 효과가 좋은 시스템을 제공하기 위해 노력한다. 이는 절대로 쉬운 과제가 아니며 물가 상승, 인구의 고령화와 사회 기대치 상승에 못이겨 굴복하는 정부가 많다. 전 세계적으로 보건 시스템이 붕괴되고 있는 듯하다. 아직 큰 변화를 이끌 정도의 두려움은 아닐지 몰라도 많은 사람은 무언가가 이루어져야 한다고 이야기한다. 다만 그것이 무엇인지 대부분이 모를 뿐이다.

세계 인구 중 30%만이 제대로 된 보건복지 혜택을 받는다. 이는 절대 공짜가 아니다. 대부분의 선진국은 GDP의 약 9%를 보건복지에 사용한다. 미국에서는 17% 이상을 보건복지에 사용한다. 개발도상국들도 갈수록 더 많은 돈을 보건복지에 쓰고 있다. 인도네시아에서는 3% 이상이 보건에 쓰이며, 인도는 4%, 중국은 6%에 달하는 돈을 보건복지에 쓰고 있다.[24] 이는 보건복지 솔루션이 다양해지고 있기 때문이기도 하다. 미국의 보건 시스템은 폭등 가격에 맞춰져 있다. 이 때문에 제약회사들은 같은 상품에 대해 더 높은 값을 받을 수 있다. 이 산업의 크기와 규모 때문에 미국의 제약 가격은 다른 시장에서도 기준이 된다. 이러한 문제점을 해결하기 위해 다양한 조치를 취해 왔으나 지금까지 큰 효과는 없었고, 약값은 지속해서 상승하고 있다. 예를 들어 노바티스Novartis가 판매하고 있는 글리벡Gleevec이라는 약은 백혈병 치료에 쓰이는 데, 2001년 이 약의 연 공급 가격이 3만 달러로 측정되었을 때도 비쌌다는 의견이 팽배했으나, 지난 10년간 이 가격은 3배로 올랐다.[25] 그렇지만 많은 선진국에서는 국가의 고액 요양비 제도나 개인의 보험 가입 등으로 누군가가 부담 해야 하는 고가의 약값을 환자가 실제로 지급하지 않아도 된다.

의료 비용은 생애 첫 단계부터 비싸다. 많은 나라에서 22주에서 26주 사이에 조산한 영아에 대해 제공하는 보조금의 문턱을 내리고 있다. 그러나 이에 대한 의료비는 막대하다. 23주 조산 영아들에게 들어가는 의료비는 약 25만 달러로, 기간을 다 채워서 나온 영아들에 비해 30배가 더 비싼 의료비가 들어간다.[26] 세계 기대 수명은 보건 환경의 개선에 따라 매년 6개월씩 늘어나고 있다. 결론적으로 우리 개개인은 모두 이전보다 더 많은 건강관리를 받아야 한다. 인생 마지막 2년의 의료비가 생애 전체 의료비용의 약 80%를 차지하고 있으므로 우리의 요구 사항 또한 이 2년에 집중되어 있다. 임종시 더 나은 의료 제공은 중대한 사안이며, 말기 환자 간병과 병원 사이의 균형도 중요해진다.

장수의 단점은 우리가 암, 치매, 알츠하이머와 같은 질병에 저항할 수 없는 나이까지 살게 된다는 것이다. 이 질병들의 치료엔 막대한 의료비와 시간이 들어간다. 나이가 들어가며 더 많은 질병에 걸리게 되고, 치료도 복잡해진다. 현재 80대는 평균적으로 4개의 다른 장애를 지니고 있으며, 이들 모두가 부작용을 동반하는 치료를 필요로 한다. 그러나 의료비용 상승을 노인들의 탓으로 돌려서는 안 된다. 앉아 있는 생활과 음주, 흡연과 같은 기호가 당뇨, 심장병, 간경변과 같은 만성질환의 증가로 이어졌고, 이들 모두 치료하기에 비싼 질환들이다. 대부분의 사람은 예방 가능한 증세를 치료하는 것보다는 보건 정책이 예방 자체에 주의를 기울이는 것과 같은 다른 해결책이 필요하다는 데에 동의하고 있는 듯하다. 이와 대조적으로 어떤 사람들은 우리가 흡연자와 비만인과 같은 인구에 대한 보건 예산을 줄이기 시작해야 한다고 생각한다.

긍정적인 측면을 보면, 인도는 질 높은 의료를 저렴하게 제공하는 개혁을 추진하고 있다. 예를 들면, 아라빈드 안과 병원에서는 백내장 수술을 50달러에 치료하고 있으며, 나라나야 헬스케어 병원에서는 세계 수준의 심장 외과 수술을 2,000달러에 실행하고 있다. 이는 미국에서 동일한 수술을 받을 경우 환자가 지불하는 의료비의 1/50에 불과하다. 나라나야 헬스케어 병원은 빠르게 성장하는 의료 관광 산업에 더욱 좋은 서비스를 제공하기 위해 카리브해의 케이맨 제도Cayman Islands에 의료 시설을 설립하였다.

또한, 일반 의료 기록이 아닌 개인의 유전자 정보에 따른 첨단 맞춤형 치료는 빠르게 발전하는 또 다른 분야이다. 이미 바이오테크 산업에는 많은 투자가 이루어졌으며, 효율성을 크게 높일 수 있는 맞춤 생산형 신약 개발에 곧 영향을 미칠 것으로 예상된다. 이러한 치료의 비용은 당연히 높다. 적은 인구수에 맞춘 약 개발은 물론, 여기에 더해 개인 맞춤형 지원 시스템이 부가되어야 하기 때문이다. 많은 사람이 비용 때문에 2025년까지 이러한 산업이 큰 영향을 미칠 것이라 생각하진 않으나, 개인 맞춤형 의료 서비스는 이 비용을 감당할 수 있는 사람들에게는 커다란 기회가 될 것이다.

의료 서비스의 세계에서 자동화와 로봇이 직업의 효율성을 향상시키거나 혹은 아예 대체할지에 대한 논의가 이어지고 있다. 고도 지식, 고비용, 반복적인 일을 하는 제약사와 같은 직업이 인공지능 로봇의 조합으로 인해 가까운 미래에 대체될 것으로 여겨지며, 10년 후에는 로봇이 혼자서 수술을 진행하게 될 것이다.[27] 이미 중국과 미국 등지의 몇몇 병원에서 빠르게 세일즈 포인트로 사용되고 있는 다빈치 시스템은 몇 가지 준비를 거친 후에 중요한 수술을 진행할 수 있다. 그러나 차후에 발전을 거친 이 시스템이 과연 외과 의사 역할을 완전히 대체할 것인지 혹은 효율성 향상에 도움을 줄 것인지는 의문이다. 트럭 운전수, 회계사, 그리고 준법률가들마저 IT와 AI의 선도자들에 의해 대체될 수 있는 직업으로 여겨지는 지금, 수술실에서 로봇 외과의만이 수술을 집도하는 장면은 아직 꽤나 멀리 떨어진 미래로 여겨진다. 일상적인 수술을 자동화시키는 기술은 이미 이곳에 존재하거나 개발 중일지도 모르나, 뭔가가 잘못됐을 경우를 대비하며 인간 외과의가 수술실에 있어야 한다는 관점이 대부분이다. 대다수 상업 비행기의 조종실과 비슷한 상황이다. 비행기는 이제 이륙과 비행을 혼자서 수행할 수 있다. 그러나 비행기마다 조종실에는 혹시 모를 상황을 대비하여 완벽히 교육받은 파일럿이 한둘은 꼭 있다. 미래의 의사들은 분명 지금의 의사들보다 더 적게 일하게 될 것이다. 그러나 자동화와 고도로 교육받은 보조 스태프들이 더 많이 일을 하는 상황에서도, 팀 리더 혹은 갑판의 선장과 같은 외과의들의 존재는 앞으로도 오래도록 수술실의 중심으로 남아 있을 것이다.

어쩌면 이 모든 것들이 비즈니스 모델로 귀결될지도 모른다. 제약 산업의 시스템은 때때로 찾아오는 10억 달러짜리 대성공에 대한 기대를 기반으로 성장하지만, R&D연구개발 예산이 주요 제약 개발에 대한 확신에 의해 정당화되기 때문에 이 시스템은 시간과 비용이 많이 들 수밖에 없다. 특허 인증이 완료된 약의 비싼 비용도 설명이 된다. 제품 개발은 보편적으로 높은 실패율을 기록하고 있으며, 현 시스템에서 나오는 약의 아주 소수만이 금전적, 보건적 측면의 이익을 가져다준다. 예를 들어 가장 최근에 승인된 70가지의 항암제는 환자들의 수명을 약 2개월만중간값 늘릴 뿐이다.

어떤 사람들은 시퀀싱seguencing 기술이 제약 개발의 효율성에 도움을 줄 것이라 이야기하고, 어떤 사람들은 빅데이터가 비싼 임상시험을 줄이거나 혹은 아예 없앨 수 있을 것이라 희망한다. 주식 가격이 높은 약값에 기반한다는 것을 고려했을 때, 그리 많은 사람이 큰 제약회사들이 심각하게 다른 접근 방법을 고려할 것이라 믿진 않는다. 대부분의 큰 제약회사는 예방용 백신보다는 치료용 약에 중점을 두는 것을 선호한다. 이는 금전적으로 당연한 처사이다. 해마다 25만 달러를 벌어다 주는 항암제가 분명 누군가에겐 똑같은 질병을 예방할 수 있는 500달러짜리 백신보다 매력적일 것이다. 많은 사람이 예방보다는 치료에 집중되어 있는 현 시스템을 해결하지 않는다면 비싼 개발 비용과 비싼 의료 서비스 비용은 자연스럽게 따라올 수밖에 없다고 생각한다.

어쨌든 간에 전체적인 공공 보건을 향상시키는 데에 있어 예방적 의료 서비스의 원칙은 칭송받아 마땅하다. 그러나 시스템은 이를 따르기엔 어려운 상황이며, 이러한 서비스가 요구하는 만큼의 지원을 할 수 있는 경제를 갖춘 나라는 굉장히 드물다. 치료보다 예방에 금전적 지원이 들어가기 시작하려면 시간이 필요하다. 몇몇 사람들은 2020년까지 예방 위주 의료 서비스의 모바일 헬스 복지 산업이 500억 달러에 이를 것이라는 맥킨지의 예상과 의견을 같이하며 긍정적인 의견을 보였다.

공공 교육의 향상 또한 이 과정에 있어 필수적인 부분을 차지하고 있다. 작은 것들도 결국 연계되어 있다. 인도에서는 임신한 여성의 4~16%가 빈혈 상태이며, 식이 섭취에 관한 제대로 된 교육은 영아 생존율에 커다란 영향을 미친다. 그러나 이러한 변화는 대중의 인식으로 이루어지며, 경비 절감의 혜택이 20~50년에 걸쳐 드러나는, 단기적으로 가시적인 결과를 낼 수 없는 사안이기 때문에 갑작스럽게 모든 것이 해결되리라 보기는 어렵다.

의료비 지불은 국가의 부담과 환자 부담과의 균형으로 이루어진다. 국가의 의료보험 제도에서 민간의 의료보험으로 전환한다는 사고방식에는 찬성하는 사람도 있고, 반대하는 사람도 있다. 시민들은 각각 의료비 예산이 다르고 쓸 수 있는 금액에 한계가 있기 때문에 그 예산을 초과할 경우에 국가는 의료 제공을 중지하거나, 초과분을 세금으로 반환 요구하거나, 복지수당에서 차감한다는 생각에 찬성하는 사람도 많다. 일반적으로 말하면, 직접적이냐 간접적이냐를 불문하고, 또 약값이냐 진료비냐를 불문하고, 환자의 자기부담액을 늘리는 것이 점점 기대되고 있다.

민간보험이 부유층 사이에서 이미 자리를 잡고 있는 신흥경제국에서는 부유층 이외에 모든 국민이 가입할 수 있는 건강보험 제도의 정비가 큰 과제이다. 영국의 국민보건서비스NHS 제도는 많은 지지를 받고 있지만, 장기적으로 이 제도의 지속 가능성에 의문을 제기하는 사람도 많다. 이에 대한 잠재적인 대안으로서, 인도나 남미 여러 나라에서 검토하고 있는 저소득자 전용의 '마이크로 의료보험'에 초점을 맞추고 있다. 이 제도는 가입자가 휴대전화 청구액에 추가하여 매월 소액의 보험료를 지불하고, 그것을 재원으로 많은 의료 보험을 조달한다. 하지만, 여전히 해결되지 않은 의문은 남아 있다. 마이크로 의료보험은 어느 정도의 의료 서비스를 제공할 것인가? 정부는 얼마나 많은 재정을 더 지원해야 하는가? 인도는 결코 미국만큼 의료에 많은 돈을 쓰지 않을 것이지만, 더 많은 혁신, 데이터의 효과적인 사용, 새로운 의약품 가격 책정 시스템, 마이크로 보험 이니셔티브, 더 많은 민관 협력, 그리고 약간의 정부 지원 증대로 미국 수준의 동등한 서비스를 제공할 수 있을 것인가?

확실히 실현 가능하고 지속 가능한 보건복지 제도가 필요하다. 세계 공통의 해결 방법이 나올 가능성은 희박하지만, 아마도 많은 국가, 지역 단위로 새로운 변화가 일어날 것이다. 이 변화는 점점 증가하고 있는 건강한 고령자에게 비용 대비 효율이 높고, 보다 효과적이고 공평한 의료 시스템 제공을 목표로 이루어질 것이다. 미국의 한 보건경제학자가 말했듯이, "우리는 가능한 한 늦게, 빨리 죽고 싶어한다." 향후 10년 이내에 이를 실현할 수 있다면 성공했다고 말할 수 있을 것이다.

지역사회 복지

> *'주거지에서의 계속 거주'에 대한 열망은 분권화를 지향하는 보건 개혁과 만난다. 새로운 관리 모델은 소비자 중심적, 돌보미 중점적이며 돌봄 서비스 환경의 전체적인 조직화를 향상시킨다.*

'죽을 권리'에 대한 이슈는 아툴 가완디Atul Gawande의 최신작 《어떻게 죽을 것인가》에서 심도깊게 다뤄지고 있다. 이 책은 제대로 기능을 하지 못하는 말년 요양 패러다임이 불러오는 금전적, 감정적 비용이 어떻게 환자와 그의 가족에 영향을 미치는지를 생생하게 서술하고 있다. 많은 사람이 노인 요양에 대한 접근법 자체가 하루 속히 바뀌어야 한다고 보고 있다. 이 사안에 관련된 경제적, 사회적 영향은 이미 뚜렷하며, 이를 제대로 수행하지 못한 결과는 점점 수면 위로 분명하게 드러나고 있다.

노인 복지를 지원하는 것은 삶의 마지막 이전에 오는 가장 빠르게 성장하는 시장 중 하나이며, 사회가 지급해야 할 가장 큰 비용이기도 하다. 당연히 대부분의 사람은 선택지가 주어졌을 때 요양원에 가지 않고 집 혹은 그들의 지역사회에 남아 있기를 선호한다. 미국은퇴자협회AARP의 조사 결과에 따르면, 미국에서 '주거지에서의 계속 거주'를 희망하는 사람은 90%에 달한다.[28]

그러나 최근까지도 서비스, 기술, 사업 모델 모두 이를 반영하지 않았으며, 사람이 아프기 시작했을 때 특히 더 그러했다. 그리고 사람들은 결국 아프게 된다. 세계보건기구WHO에 따르면, 65세 이상의 인구 중 70%가 어떠한 형태든 지원을 필요로 했으며, 유럽에서는 65

세가 되면 3명중 2명은 2개 이상의 만성질환을 갖게 된다고 예측됐다. 이미 치매는 암보다 더 많은 사회적 비용을 지급하게 하나, 훨씬 적은 리서치 예산을 배당받는다. 2030년에는 만성질환에 의한 전 세계의 GDP 손실 금액이 47조 달러에 달할 것으로 예측되고 있다.[29]

문제는 우리의 보건 시스템이 만성질환이 아닌 급성 환자 치료에 중점을 두고 있다는 점이다. 우리가 앞에 두고 있는 도전 과제는 삶의 질을 저하시키지 않고 향상하는 것이지, 질병을 치료하는 것이 아니다. 예를 들어 유럽은 약 75%의 보건 예산을 만성질환의 관리와 치료에 쓰고 있으나 약 3%[30]만이 예방에 쓰인다.[31]

공공과 민간 납부자들은 현 시스템이 지니고 있는 문제점과 다가오는 인구 변화에 의한 지속 불가능성을 주시하고 있다. 또한, 새로운 모델의 성공 척도는 삶의 유지가 아닌 삶의 질을 향상하는 데에 있다. 새로운 요양 모델은 세 가지로 요약할 수 있다. 소비자 중심, 돌보미 중점, 그리고 서비스 환경의 조직화이다.

집은 요양의 초점이 되어 가고 있으며 IoT, 스마트 하우스 솔루션, 웨어러블, 로봇과 같은 기술들이 원격 조종 요양을 제공하여 환자들이 집에 더 오래 머물 수 있도록 할 것이다. 스마트 장치, 소비자 친화적 모바일 앱, '텔레 헬스Tele Health'와 다른 센서들은 추적과 데이터 생산을 가능케 하며, 이들은 환자의 미래 수요를 예측하는 데 사용되고, 가장 효과적인 요양 계획을 구축하며 고위험군 환자들을 분류할 수 있다. 공유 가능한 진료 기록은 이미 보편적으로 사용되고 있으며, 환자와 의사에게 모두 더 나은 가시성과 제어권을 부여한다. 만일 가능하다면, 특히 만성질환을 여러 개 앓고 있는 환자들의 경우에는 자기 자신이 가장 효과적인 돌보미가 될 수 있다. 그들은 매일매일 약을 언제 먹을지, 해결책이 무엇인지, 이해당사자가 되고 금전 관리를 스스로 할 수 있게 된다. 이는 모든 사람에게 어려운 일이다. 특히 시야각과 이동 능력, 인지 능력이 현저히 떨어지는 노인에게 있어 더 그렇다. 돌보미가 이 사안에서 중요한 역할인 이유다.

돌보미는 보통 두 종류로 분류된다. 가족무보수과 전문가비의료인다. 가족 돌보미는 노쇠한 고령자가 개인으로 기능할 수 있도록 편안한 서비스를 제공하나, 종종 굉장한 스트레스를 받으며 제대로 인정을 받지 못할 뿐 아니라 지원도 받지 못하는 경우가 많다. 미국에서 돌봄 수혜자에 비례한 가족 돌보미의 비율은 빠르게 감소하고 있다. 미국은퇴자협회의 보고서에 따르면, 2030년까지 이 비율은 80세 이상의 인구 한 명당 8명에서 3명으로 줄어들 것으로 예측되었다. 더욱 적어지는 돌보미 세대를 지원하기 위해 몇몇 국가에서는 가족을 위한 새로운 서비스를 개발 중이다.

2011년 메트라이프MetLife 연구에 따르면, 미국에서 가족 돌보미의 일생 비용은 돌보미 활동으로 인해 못 번 돈을 계산했을 때 개인별 30만 달러가 넘어간다.[32] 현재 미국에 4,400만 명의 무보수 돌보미들이 있다는 것을 고려하면, 이를 시장 요율로 계산할 경우 몇십억 달러가 넘는 비용이 나온다. 그러나 가족 돌보미들은 금전적인 보상을 받지 못하며, 자신의 커리어와 개인 생활에서 많은 손해를 본다. 가족 돌보미들의 업무 생산성은 19%나 떨어지며, 스트레스로 인해 그들 자신이 만성질환이 발병하거나 우울증 증세를 보이기도 한다. 이를 인지한

CareLinx, Honor과 Homteam과 같은 새로운 돌보미 서비스 플랫폼들은 2015년에 1억 달러 이상의 벤처 지원금을 받아 기존 가족 돌보미들을 돕고자 했다. 같은 시기에 온라인 포털 사이트 Unforgettable.org, 소셜 로봇Jibo과 현장 교육 서비스Care at Hand들 또한 서비스 조직화와 수행을 지원함으로써 이러한 구조를 바꾸고자 노력 중이다.

만성질환에 있어 서비스 조직화는 가장 중요한 문제다. 환자는 혼자서 치료 프로그램을 관리하는데 종종 어려움 또는 부담을 느낀다. 이런 문제를 해결하기 위해 미국에서는 환자가 증상의 개선 없이 재입원하게 되면 병원에 패널티를 부과하고 있다. 따라서 병원에서는 환자의 증상을 정기적으로 점검하게 되고, 가능한 경우에는 환자의 지역사회에서 의료 서비스를 제공하게 된다.

그러나 집에서의 치료가 모든 것을 해결해 주지는 않는다. 새로운 기술과 서비스 모델이 소개되며, 인간 간의 접촉을 유지하고 외로움과 고독을 이겨내는 것은 지속적인 문제가 될 것이다.

여성의 선택 딜레마

> *부유한 국가에 사는 여성들에게는 더 많은 선택지가 주어진다. 그들은 이를 이용하여 그들 삶에 대한 통제권과 영향력을 증대하면서 지속해서 변화와 결단을 이끌어왔다. 그러나 전 세계적으로 여성 평등을 향한 여정은 아직 멀기만 하다.*

여성의 평등한 권리에 대한 논쟁은 한 세기 이상 중요한 의제가 되어 왔다. UN의 밀레니엄 개발목표MDGs의 노력에도 불구하고 학교에 가지 못하는 여자아이들의 수는 여전히 남자아이들보다 많다.

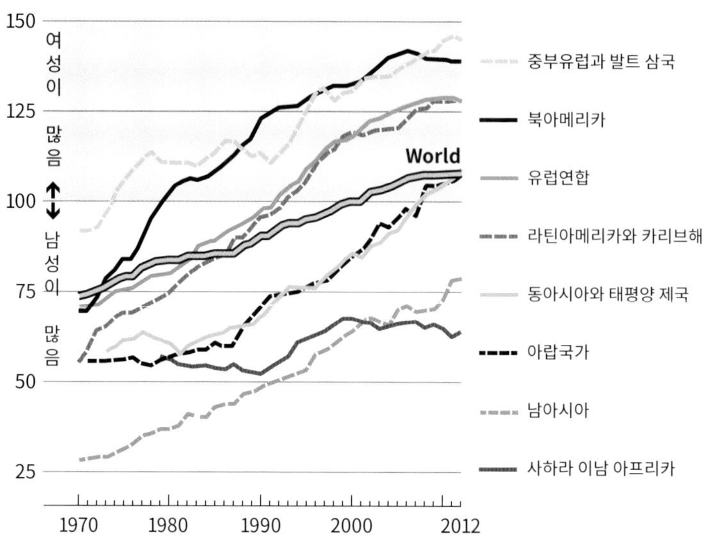

【도표 8】 제3차 교육에서의 여성 대 남성 비율 (출처 : 이코노미스트, 세계 은행, 유네스코)

아프리카와 남아시아에서 2차 교육을 끝낸 남자아이들의 수는 여자아이들의 1.55배이다. 부유한 국가들에서도 삶은 딱히 평등하지 않다. 여성과 남성의 평균적인 임금 차이는 20%다.

그런데도 여자아이들이 학교에 갔을 때, 그들은 보편적으로 남자아이들보다 뛰어난 기량을 보이며, 최근에는 이러한 현상이 대학까지 이어지고 있다. OECD 국가의 여성들은 이제 대학 진학생의 56%를 차지하며, 이는 1985년의 46%보다 증가한 수치다. 2025년에는 이 수치가 58%까지 오를 것으로 예측된다.【도표 8】 대학에 가는 여성들은 그들의 남성 동료들보다 졸업할 가능성이 높으며, 대부분 더 나은 점수를 받는다. 향후 10년 동안 이 수치는 분명 평등권에 영향을 미칠 것이다.

대부분의 정부는 경제학적으로 더 이득이기 때문에 여성들이 일하는 것을 권장한다. 어떤 예측은 여성의 노동 참여가 늘어났을 경우 세계 GDP가 5~20% 상승할 것으로 이야기한다. 맥킨지 글로벌 연구소의 보고서에 따르면, 참여에 따른 성별 격차, 근로 시간, 생산성이 모두 평등해진다면 세계 경제는 2025년까지 28.4조 달러 26% 증대할 것이다.[33] 잠재적인 이득은 여성이 아직 유급 노동에 참여하지 못하는 곳에서 더 크다. 예를 들어 인도는 60%나 더 부유해질 수 있다. 그러나 사업에서의 성 평등은 어느 곳에서나 아직 갈 길이 멀다. 유럽연합에서는 관리직의 1/3만이 여성으로 이루어져 있다.[34] 룩셈부르크에서의 여성 임원의 수는 이 수치의 절반으로 떨어진다. 포춘 500 기업의 회장 20명 중 1명만이 여성이다.

어떠한 경우에 성 평등은 기회보다는 가난의 결과이다. 참여율의 성별 격차가 가장 적은 곳은 아프리카의 가난한 국가들이다. 이곳의 여성과 남성은 모두 집에서 일하며, 농사를 짓고 있을 가능성이 높다. 인도는 놀라운 경제성장에도 불구하고 세계에서 가장 불평등한 사회 중 하나이다. 여성은 보수를 받고 일하는 사람들 중 겨우 1/4을 차지하며, GDP의 17%밖에 해당하지 않는다. 이 수치에는 당연히 무보수 노동은 포함되지 않았다. UN 개발 프로그램UNDP은 최근에 인도를 성 평등에 있어 아프가니스탄을 제외한 최악의 국가 중 하나로 분류하며, 137개국 중 132등을 부여했다. 남아시아의 어떤 지역에서는 여성이 요리, 육아, 노인 돌보기 등 무보수 노동의 90%를 담당한다. 그들은 바깥에서 일하는 남성에 비해 상당히 비가시화되었다. 대조적으로 중국의 여성은 GDP의 41%를 담당하고 있다.

많은 부유한 국가에서 여성들에게 주어지는 기회의 양은 늘어나고 있다. 교육에의 접근, 효과적인 피임과 논란이 있긴 하지만 이혼율 상승은 여성이 출산을 미루고 커리어 구축을 선택했다는 것을 의미한다. 여성이 많이 일할수록 그들은 차별에 더 거세게 저항 할 것이다. 남성과 똑같은 교육을 받은 여성들은 보수가 좋은 직업을 찾을 가능성이 높으나, 보수의 불평등은 여전히 존재한다. 여성은 여전히 남성 급여의 3/4밖에 받지 못하고 있다. 2006년부터 노동에 참여하는 여성은 세계적으로 15억 명에서 17.5억 명으로 늘었으나, 여성이 평균적으로 받는 연봉은 남성의 2005년 평균 연봉과 같다.[35]

금전적으로만 계산된 불평등이 전부가 아니다. 어떤 경우에 여성이 남성보다 적게 버는 이유는 그들이 택하는 진로와 생활 방식이기도 하다. 여성과 남성이 비슷한 급여를 받으며 커리어를 시작했다 하더라도 가족에 대한 의무는 여성에게 우선적으로 부여되며, 이는 시간이 지날수록 여성이 상대적으로 남성보다 급여를 적게 받는 이유가 된다. 어떤 국가에서는 육아 비용이 비싸고 직장으로 복직하는 것이 오히려 경제적인 부담이 되기도 한다. 이 때문에 주된 양육자인 여성들이 출산 휴직 기간이 끝나도 복직을 포기하거나 연기하는 경우가 많다. 가족을 두고 아이를 돌보기 위해 일시적으로 직장을 떠난 여성이 소득으로 남성에게 따라잡기는 어려울 것이다.

근로 유연성의 상승은 분명 큰 도움이 된다. 그러나 탄력적인 스케줄에 대한 대가는 더 크다. 기업들에 있어 근로 시간은 직원이 내내 일을 하고 어떤 특정 시점에 탄력적 근무가 가능한 경우 더 가치가 있기 때문이다. 어떤 사람들은 만일 기업들이 다른 관점으로 노동을 바라본다면 성별 급여 격차가 상당히 줄어들 것이라고 이야기 한다. 예를 들어 기업들은 더 오래, 특정 시점에 일하는 개인들에게 불균형적으로 인센티브를 적용하는 일을 그만둬야 한다는 주장이다. 물론 탄력근로제를 선택하기 어려운 CEO, 법정 변호사, 외과의와 같은 직업들도 있다. 그러나 모든 직업이 급여를 받기 위해 아침 9시부터 퇴근 시간까지 꾸준히 있어야만 하는 것은 아니다.

여성들은 종종 회사에 취직되기를 기다리지 못하고 스스로 해결한다. 이는 부분적으로 왜 미국 사업의 30%가 여성에 의해 운영되고 있으며,[36] 왜 2008년 금융위기 이후에 영국 여성 자영업자들이 50% 이상 늘어났는지 설명한다.[37] 개발도상국에서 휴대전화, 소액대출, 심지어 스쿠터와 같은 인도 스쿠터 판매량의 60% 이상을 여성이 구매했다. 혁신적인 여성 기업가들을 자유롭게 했다. 패달 방식의 수도 펌프, 전기가 제공되지 않는 농촌 지역의 난방 및 조명 공급의 소규모 프랜차이즈, 그리고 지역 커뮤니티를 위한 크라우드 소싱 등여성을 단조로운 삶에서 해방하는 더 많은 아이디어들이 있다.[38]

일자리에서 여성과 남성이 진정으로 평등해지려면 남성 또한 여성과 평등하게 집안일을 해야 한다는 데에 많은 사람이 동의한다. 그리고 이러한 변화는 점차적으로 일어나고 있다. 이를 독려하기 위해 여성성을 재해석하는 데 중점을 뒀던 여성들은 남성성에 대한 관점을 전환해야 할지도 모른다. 아이를 돌볼 잘 나가는 고소득 슈퍼히어로라는 남성의 성공적인 이미지를 포용하기보다는 아이를 돌볼 줄 알고 파트너보다 적게 벌어도 만족할 줄 아는 남성들을 축하해야 할 것이다.

결론: 해답은 북유럽 모델에 있다

많은 사람이 위에서 언급된 사안들을 각각 별개의 것으로 볼 수도 있지만, 저들 모두는 연결되어 있다. 더 불균형한 사회에서 사는 더 많은 사람들은 예견된 소수의 미래 중 하나다. 이 불균형을 다루는 것은 우리에게 주어진 가장 큰 과제 중 하나이다. 많은 나라에서 갈수록 불평등이 확대되고 고령화가 진행되고 있는데, 어떻게 부를 균등하게 창출하고 더 나은 복지를 제공할 수 있을까? 지역적 차이를 고려한다면 답을 내는 과정은 결코 순탄하지 않을 것이다. 그러나 답을 찾는 사람들은 이 연결성을 더욱 더 자세히 탐구 중이며, 잠재적 원인과 결과를 찾아내고 있다. 금전적인 일만 이야기하는 사안은 아닐지도 모르나 이는 분명히 중요한 문제이다.

대부분의 사람들은 가난이 줄어든 더 평등한 사회를 원한다. 그러나 맨 위에 있는 몇몇 사람들은 그들의 영향력이 줄어드는 것을 그리 달갑게 여기진 않는다. 많은 사람이 이에 대한 변화를 원한다. 많은 나라에서 소득 불평등의 상승은 한 세기 동안 쌓인 게 아닌, 지난 20년간 나타난 현상이다. 많은 사람이 1985년을 유럽과 미국 불평등의 시작으로 지목한다. 만일 우리가 점점 더 부담이 되어가는 인구의 노화로부터 비롯된 보건, 환자 복지와 의료에 대한 기대를 이야기하고자 한다면 변화가 일어나야 한다. GDP의 20%를 의료복지에 쓰는 것이 미국에서 어느 정도의 시간 동안 가능할지도 모르나, 많은 나라에서 이는 불가능하다. 세금이든 박애주의든 혹은 이 둘 모두에 대한 기대든, 부의 재분배가 이 사안에서 큰 역할을 할 것은 분명하다. 그러므로 우리는 명백히 인구 증가와 융합을 관리해야 할 뿐만 아니라, 실업자와 노인을 위해, 그리고 의료 복지 제공을 위해 적절한 비용을 집행해야 한다. 그렇다면 우리는 어디서 제대로 된 롤모델을 찾을 수 있을까?

비교적 평등한 사회는 북유럽의 작은 나라들에서 찾아볼 수 있다. 스칸디나비아와 네덜란드가 취한 방법들은 분명히 가시적인 결과를 내고 있으며, 어느 크기까지 적용할 수 있는지는 분명 탐구해 볼 만한 대책들이다. 방갈로르에서 이루어진 교육에 대한 논쟁에서, 한 정부 대표는 핀란드의 세계적인 학교 시스템이 13억 명이 넘어가는 인구의 나라에는 적용이 불가능한 정책이라고 주장했다. 그곳에 있던 다른 사람들은 동의하지 않았다. 그들은 북유럽 대책이 적은 인구수에 맞춰져 있을지 몰라도, 그곳에서 이루어진 많은 성공적인 결과물은 분명 주목할 만하다고 이야기했다. 많은 사람이 높은 세율을 지목하지만, 다른 사람들은 교육 방면뿐만 아니라 북유럽 문화의 보건복지, 부의 재분배, 열린 마음과 공동체 의식을 그 배경으로 보고 있다. 몇몇 사람들은 '스칸디나비아의 낮은 소득 격차, 낮은 빈곤선과 높은 경제성장과 같은 바람직한 측면이 관대한 복지 국가를 만들었고, 1960부터 시작하는 높은 세율을 30년 동안 유지할 수 있도록 만들었다'고 이야기했다.[39] 스칸디나비아는 20세기에 포괄적인 사회 복지 시스템을 구축한 유일한 나라는 아니다. 서유럽에서 보편적인 복지 기관의 구축에 대한 핵심적인 합의는 이미 20세기 초부터 이루어졌다. 북유럽 국가들의 사회복지제도 청사진은 다른 대중 세력과 강력한 노동운동이 결합한 결과물이다. 그 때문에 몇몇 사람들은 '스칸디나비아 수준의 재분배와 사회적 안전망을 구축하기 위해선 이 안건을 밀어붙일 수 있는 강력한 대중운동을 만들어 내는 수밖에 없다'고 이야기한다.[40]

극단적인 수준으로까지 나아가지는 않았으나, 확실히 많은 북유럽 국가는 고령화가 진전되고 있으며, 종속인구지수*가 높고, 청년 실업률이 20%에 달하며, 높은 사회적 비용을 부담하고 있다. 그럼에도 북유럽 국가들은 이주민에 열려 있으며, 성 평등과 교육 두 측면에서 모두 높은 점수를 받을 뿐만 아니라 법적 정년을 더 늘렸으며, 세계 최고의 복지 수준을 자랑한다. 또한, 북유럽 국가들은 지속적으로 번영하고 있다. UNDP에서 발행한 HDI인간개발지수는 기대 수명, 교육 그리고 1인당 수입을 복합적으로 적용한 수치를 이용해 나라들을 인간 개발의 4가지 단계로 분류한다.[41] 이 수치는 개발 경제의 중점을 단순 회계에서부터 사람 중심의 정책으로 끌어오기 위한 목적으로 만들어졌다. IAHDI불평등조정 인간개발지수는 '불평등이 반영된 한 사회의 인간 개발 평균 수준을 측정'한다. 지난 10년간 노르웨이, 덴마크, 스웨덴과 네덜란드와 같은 국가들은 단 한 번도 상위 10개국 아래의 순위로 떨어진 적이 없다.

---

* 종속인구지수(Dependency, Ratio, 부양비) : 총인구 중에서 생산가능연령층(15-64세) 인구에 대한 비생산연령층(0~14세, 65세 이상 인구의 합) 인구의 백분비로서 생산가능연령층 인구가 부양해야 하는 경제적 부담을 나타내는 지표이다.
* 사회적 비용 : 기업 등의 경제 활동 결과로 인해 사회 전체가 부담하는 손실을 뜻하며, 공해, 환경 파괴, 도시문제 등이 포함된다.

인간개발지수의 순위	인간개발지수 (HDI)		불평등 조정 인간개발지수 (IHDI)	
	값	값	종합손실(%)	HDI 순위와의 차이
	2015	2014	2014	2014
Very High Human Development				
1 노르웨이	0.944	0.893	5.4	0
2 오스트레일리아	0.935	0.858	8.2	-2
3 스위스	0.930	0.861	7.4	0
4 덴마크	0.923	0.856	7.3	-1
5 네덜란드	0.922	0.861	6.6	3
6 독일	0.916	0.853	6.9	0
6 아일랜드	0.916	0.836	8.6	-3
8 미국	0.915	0.760	17.0	-20
9 캐나다	0.913	0.832	8.8	-2
9 뉴질랜드	0.913	…	…	…
11 싱가포르	0.912	…	…	…
12 홍콩, 차이나(SAR)	0.910	…	…	…
13 리히텐슈타인	0.908	…	…	…
14 스웨덴	0.907	0.846	6.7	3
14 영국	0.907	0.829	8.6	-2
16 아이슬란드	0.899	0.846	5.9	4
17 대한민국	0.898	0.751	16.4	-19
18 이스라엘	0.894	0.775	13.4	-9
19 룩셈부르크	0.892	0.822	7.9	0
20 일본	0.891	0.780	12.4	-5
21 벨기에	0.890	0.820	7.9	1
22 프랑스	0.888	0.811	8.7	0
23 오스트리아	0.885	0.816	7.8	2
24 핀란드	0.883	0.834	5.5	10
25 슬로베니아	0.880	0.829	5.9	8

【도표 9】 IAHDI (불평등 조정 인간개발지수), 2014 .(출처 : UNDP)

【도표 9】 만일 우리가 이 6가지의 과제에 대한 해결책을 알아보고자 한다면 북유럽 국가들과 그들의 이웃으로부터 많은 것을 배울 수 있을 것이다.

CHALLENGE 2:
미래의 공간

사람들이 도시로 이동하여 생활함에 따라 인프라가 압력을 받게 된다. 더 나은 삶의 질을 제공하고 농촌 지역사회를 지원하는 지속 가능한 도시를 어떻게 만들 수 있을까?

CHALLENGE 2
: 미래의 공간

FUTURE AGENDA

2007년 5월, 최초로 세계 인구의 절반 이상이 도시에 거주하는 것으로 집계되었다. 2030년까지 도시 인구는 50억 명에 이를 것으로 추산되며, 2050년에 이르면 세계 인구의 70%가 도시에 거주할 것으로 전망된다. 【도표 10】[42] 런던 정치경제대학교LSE에서 진행된 도시 고령화 프로젝트[43]에 따르면, 2015년 매시간 40명 이상이 뭄바이인도와 카라치파키스탄, 라고스나이지리아 그리고 다카방글라데시와 같은 대도시로 이주했으며, 도시로만 이주하는 경향을 보였다. 아프리카와 아시아 대륙 내에서 이동이 증가함에 따라 많은 인구가 도시로 유입되는 세계 지형이 그려지고 있다. 그러나 이들을 수용할 인프라는 부족한 상황이다. 유엔의 분석에 따르면 현재 도시 인구의 1/3이 빈민가slum, 게토ghetto 등 계획되지 않은 지역에 거주하고 있으며, 이러한 지역에 거주하는 인구가 계속 증가하고 있다. 고층 주택이 거의 없는데도 불구하고 인도 뭄바이에서 가장 인구밀도가 높은 카마티프라 지역에는 1㎢에 무려 12만 명의 주민이 살고 있다. 이 숫자는 런던에서 가장 인구밀도가 높은 지역의 8배에 달한다. 도시 공간을 효율적으로 활용하는 방법이 중요한 문제가 되었다. 도시의 모든 주민에게 어떻게 거주 시설을 공급할 것인가는 도시 계획자들에게 골치 아픈 문제일 것이다. 이주자의 대량 유입으로 지역 인구가 폭발적으로 증가하면 주택 가격이나 주택 임대료가 덩달아 상승하게 된다. 계속 증가하는 이주자들을 수용하기 위해서는 새로운 주거 공간과 주택 소유 모델을 개발해야 한다. 주택 외에도, 도시 주민들이 이동할 수 있는 효율적이고 친환경적인 교통 인프라도 구축해야 한다.

따라서 많은 도시에서 공동 주택 개발과 대중 교통 시스템의 정비는 최우선 과제이다. 일부에서는 대기 오염 및 수해 발생과 같은 잠재적으로 더 큰 문제에 대해 우려하고 있다. 이미 대기 오염과 수해로 인해 수백만 명이 희생되었으며, 많은 주민을 살 곳을 잃었다. 이러한 위협은 앞으로도 지속될 것이다. 농촌 지역도 많은 문제를 안고 있다. 편리한 교통 시스템 구축, 의료 및 교육 서비스 제공, 기본적인 공중 위생 등은 많은 농촌 지역이 가지고 있는 과제이다.

하지만 해결 방법은 혼합되어 있다. 시민 중심의 도시 디자인과 도시 간 협력에서부터 중국인의 생활 방식에 대한 전체적인 재창조에 이르기까지 다양한 개발 단계가 있다. 이러한 해결 방법을 현실에 도입하는 것이 많은 도시의 최우선 과제이다. 이 장에서는 이러한 문제와 도시든 농촌이든 모두가 더 나은 삶을 살 수 있는 방법에 대한 잠재적인 해답을 살펴보기로 한다.

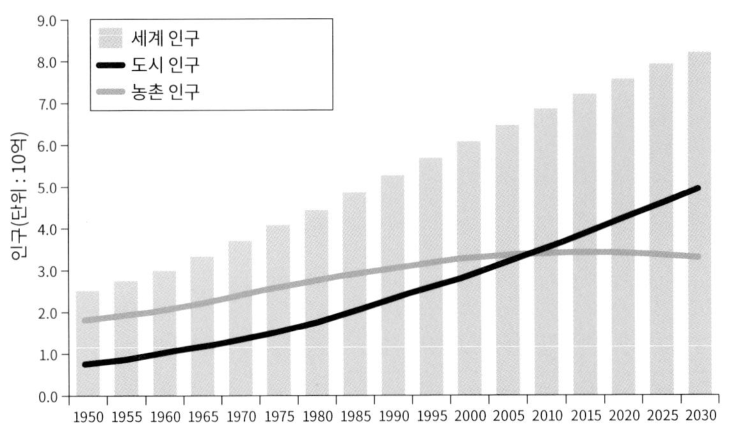

【도표 10】 2030년까지 도시와 농촌에 거주하는 세계 인구(출처: UNFPA, 유엔인구활동기금)

거주지 이동의 가속화

> *기후 변화, 대립, 자원 부족, 불평등 그리고 그러한 변화가 내키지 않은 정치 엘리트 집단이 유례없이 북반구로 이주할 것이다. 향후 50년간 10억 명 정도가 북반구로 이동할 것으로 전망된다.*

2015년 400만 명이 넘는 시리아인들이 내전을 피해 다른 나라로 탈출을 시도했다. 100만 명이 넘는 시리아 난민이 유럽행을 택하면서 유럽 전역에서 정치적 위기가 촉발되었다. 유럽 정치인들과 유럽 국가들은 국경 지역에 인력이 필요한 요구와 대량 이민이 갖는 정치적, 사회적 문제를 해결하기 위해 노력했다.[44] 언론에서는 국가와 국경을 넘어 새로운 터전을 찾기 위한 이민자들의 처절한 모습을 담은 사진들로 넘쳐났다. 시리아 난민들은 지금도 여전히 유럽으로 향하고 있으며, 그 탈출 행렬은 현재 기억되고 있는 단일 규모로 가장 큰 규모의 이주민들로 이루어져 있다.

그러나 유럽으로 향하는 시리아 난민의 행렬은 농촌에서 도시로 이주하는 인구에 비하면 미미하다. 단순히 규모 면에서만 보면 세계적으로 농촌에서 도시로 이주하는 인구수는 시리아를 탈출하는 시리아 난민들보다 많다. 가장 정확한 최대 수치는 매주 300만 명 이상이다. 2015년, 한 해 동안 중국과 인도에서 1,000만 명이 도시로 떠났다.[45] 물론 이러한 경향은 농촌에서 도시로의 일시적인 내부적 이동으로 인해 갑작스럽게 발생할 수도 있다. 예를 들어 태풍 하이얀이 필리핀을 강타하여 단 몇 시간 만에 400만 명의 이주민이 발생한 것으로 추산된다. 대부분은 고향으로 돌아갔지만, 나머지 이재민들은 다른 지역으로 터전을 옮겼다. 국경 이주는 유럽만의 특별한 현상이 아니다. 예를들면, 인도네시아와 말레이시아는 방글라데시와 미얀마에서 매일 유입되고 있는 이주민에 대처하고 있다.

국가 간 역사적, 경제적으로 연계되어 있는 경우에는 특정 지역으로 이주민의 이동이 발생한다. 이런 사례는 국제 언론에서 잘 다루어지지 않고 있지만, 구 소련 연방 국가와 러시아 간의 관계에서 찾아볼 수 있다. 때로는 이주 규모를 정확하게 파악하기 어려울 때도 있다. 그 이유는 이주민을 받아들이는 상대국에 이주민을 내보내는 경우가 많아서 순수 이주민 수가 적기 때문이다.

또한, 서방 국가의 국민 중에는 집단 이주로 인해 인구 구성이 왜곡되고, 자신들이 그에 따른 희생자라고 생각하는 사람들이 많은데, 세계의 다른 국가들도 이미 이러한 인구 불균형의 영향을 받고 있다는 사실을 이해하면 좋을 것이다. 가령 인구가 400만 명인 영토가 작은 나라인 레바논은 대부분 서방 국가들보다 이주민 비율이 높은데 현재 시리아 출신의 난민 150만 명과 팔레스타인 출신 난민 100만 명이 살고 있다. 그러나 얼마나 많은 인원이 레바논에 계속 남아 있을지 예측할 수는 없으나, 많은 사람이 몇십 년은 더 머무를 것으로 내다보고 있다.

이 정도의 수치가 나타나게 된 원인은 다양하다. 전쟁과 갈등으로 인해 난민 수가 줄어들 기미가 보이지 않는가 하면, 기후 변화나 지역적 영향이 지난 20년간 예측되었던 피란에 영향을 미치고 있다. 유엔 난민기구는UNHCR 강제로 고향을 떠난 인구를 분석하면, 2015년이 최고 많았던 해이며, "122명 중의 한 명은 현재 난민이거나 고향에 터전을 잃었거나 망명할 방법을 찾고 있다."라고 주장했다.[46] 한편, 더 나은 경제적 기회를 찾고, 박해를 피하거나 천연자원이나 사회적 자원을 얻기위한 여러 요인들로 인해 이주하는 지역의 인구 증가와 경제적 불평등이 심화되면서 악화되고 있다.

밀고 당기는 이유에 따라 다양한 이주와 이민자의 유형을 묶으려는 시도가 진행되었다. 평론가들은 기후 이주자, 난민, 망명 신청자, 정치적 이주자, 경제적 이주자로 구분한다. 그러나 서로 구분하기 어려운 경우가 종종 있는데, 전쟁 지역에서 온 사람은 집을 잃어버렸거나 살고 있던 지역에서 발발한 전쟁이 가져온 경제적 타격으로 인해 힘겨운 생활을 했을 수 있다.

대량 이주의 영향은 여러 가지로 볼 수 있다. 가장 가시적인 변화는 이민자들을 수용한 국가나 도시에 사는 이주자들이 다른 국가의 문화와 생활, 그리고 안전에 대해 받는 위협에 대해 언급하듯이 대중과 소셜 미디어의 논평에 반영된 사회적 태도다. 사회적 태도의 변화는 거시적인 정책 변화로 이어진다. 정책 스펙트럼의 모든 측면에서 살펴보면 서양의 이민 정책의 최근 경향은 이민을 제한하기 위해 많은 엄격한 법과 정책에 초점이 맞춰져 있는 것으로 보인다. 이민자의 권리와 혜택 약화, 엄격한 수용소 규칙과 더 강화된 국경 통제가 당연해지고 있지만, 특정 이민자에 대한 공식적인 불법화와 가혹한 처벌, 심지어 향후 국경 지역의 군사 개입도 앞으로 불사할 가능성이 있다. 이러한 조치로 인해 헌법의 기본 이념에 문제가 제기될 것이며, 이에 따라 시리아 난민들의 고난과 관련하여 우리가 지금도 목격하고 있는 고통스러운 시민의 영혼 찾기 작업국가를 찾아 방랑이 발생될 것이다.

많은 신흥 경제 국가에서는 도시와 농촌의 이주를 줄이거나 중단하기 위한 정책들이 마련되었다. 중국의 악명 높은 거주권 또는 농촌세와 같은 후쿠hukou 체계의 시행과 모잠비크에서 시행되는 투자 인센티브 계획안이 대표적인 사례들이다. 더욱더 지역적인 수준에서 도시는 빠르게 성장하고 때로는 통계학적으로 비가시적인 인구에 대처하고, 지저분한 슬럼가와 판자촌과 같은 위험을 피하고자 인프라 서비스를 계획하고 있다. 이에 대해 우리는 특정 지역으로의 이주에 대한 찬반 논쟁에 균형점을 찾을, 더 중립적인 접근법의 근원을 살펴볼 수 있을 것이다.

그렇다면 앞으로 10년 후에는 어떻게 될까? 해안 지역은 더 잦은 홍수를 입게 되며, 극단적인 날씨가 일반적인 기준이 되며, 좋은 농토와 깨끗한 식수가 점차 귀해지는 등 기후 변화의 영향으로 인한 사람들의 이주는 21세기의 전형적인 특징이 될 것이다. 늘어나는 경제적 불평등도 더 많은 사람이 직업을 찾아 떠나게 할 것이다. 자발적으로든 비자발적으로든 이민자들을 대상으로 하는 인신매매는 막대한 이윤이 되는 사업이 될 수 있다. 그리고 지역의 인구 증가에 따라 지역의 자원에 큰 압박이 생겨, 정부는 해외 이산디아스포라으로 인해 발생되는 부담과 혜택을 완화하고자 해외 이주를 더욱 장려할 것이다.

특정 정치인으로 인한 실수에도 불구하고 이주 규모와 이에 따른 영향을 예측하는 것이 통계학적으로 매우 어려워지고 있으며, 잘못되거나 감정적인 정책 결정으로 이어질 수 있다. 그럼에도 향후 10년간 위험과 어려움에서 벗어나기 위해 10억 명의 사람이 도시로 이주할 수 있다. 우리는 이러한 전례 없는 인간의 대이동에 대한 지속 가능한 대응책을 찾는 수밖에 없다.

인프라 부족

> *인프라는 경쟁 우위의 원천이다. 신흥국들은 인력과 물자를 더욱 효과적으로 이동할 수 있도록 철도와 고속도로 건설에 막대한 자금을 투자하고 있지만, 선진국은 열악한 유산으로 인프라 유지에 어려움을 겪고 있다.*

모든 도시인들은 여러 방식으로 인프라 확충에 대해 시 당국에 압력을 행사하고 있다. 풍족한 생활과 복지의 기반이 되는 항구, 배관, 병원, 고속도로, 식수, 하수, 전화 시스템과 같은 인프라가 중요하기 때문이다. 운송과 통신을 촉진하고, 에너지와 식수를 제공하며 인간의 건강과 교육을 장려하는 방식을 통해 인프라는 국가의 경제를 번성하게 한다. 인프라를 짓는 비용은 막대하지만, 이러한 인프라에 투자하지 못한 것으로 인한 사회적 비용은 천문학적이다.[47]

한 국가와 도시가 경쟁력을 갖추기 위해서는 시장에 접근할 수 있는 공항이나 도로망과 가정과 기업에 에너지를 공급하는 전원과 생산성을 높이는 물을 안정적으로 공급하는 시스템을 정비해야 한다. 발전된 인프라는 경제와 환경, 사회적 발전에 엄청난 혜택을 제공하며, 무한한 성장과 더불어 사회경제적 혜택과 발전을 가능하게 한다. 인시아드INSEAD 학자이자《세계은행의 글로벌 혁신 지수 보고서》의 공동 저자인 브루노 랜빈은 "인프라 지출은 경제성장, 특히 하이테크와 지식 기반 산업의 성장에 있어서 점차 중요해질 것이다. 주요 인프라 프로젝트는 신규 산업을 간접적으로 부흥시켜 경제를 다각화하는 데 도움을 준다. 다른 곳에서는 할 수 없는 것을 좋은 인프라가 갖춰진 국가에서 할 수 있는 프로젝트들이 많다."라고 말한다.[48]

세계은행에 따르면, "연구를 통해 인프라 부문에서 매년 10%씩 늘리면 장기적으로 약 1%씩 생산량이 증가"하게 된다.[49] 이러한 결과는 전기와 운송 인프라에 투자하면 장기적으로 국내총생산이 증가하게 된다는 인과관계를 증명한 유럽연합의 연구와 일치한다.[50]

인프라에 대한 투자가 시급한 사례가 있음에도 인프라는 여전히 크게 부족한 상황이다. 세계은행은 필요한 예산과 현재 쓰이고 있는 예산 사이에 연간 1조 달러세계 GDP의 1.4%의 격차가 있다고 분석하고 있다.[51] 친환경 인프라를 개발하는 데에는 매년 2억~3억 달러가 추가로 들어갈 것으로 전망된다. 매킨지 글로벌연구소에 따르면, 2030년까지 현행 수준을 유지하려면 투자금을 60%[52] 늘려야 한다. 중요한 점을 지적하자면, 이러한 수치에는 유지관리비, 보수비, 예비비, 즉 기후 변화 적응 비용 등이 포함되지 않았다는 것이며, 신흥경제국들은 현재 수준 이상으로 인프라의 기준을 높이지 않을 것이라는 것이다.

선진국에서 두드러진 관심사는 상당한 유산 인프라에는 자산의 노후화와 엄격한 환경 규제, 공급선의 세계화로 인해 막대한 유지와 복구 비용이 필요하다는 것이다. 동시에 신규 인프라 공급은 수요를 따라가지 못하는데, 그 이유는 다양한 방해 요인이 있기 때문이다. 특히 2008년 글로벌 금융 위기 이후 공공 부문의 예산이 축소되고, 민간 금융회사가 리스크를 수반하는 장기 프로젝트에 투자를 기피하려는 경향이 있다.[53]

장기적으로 실제 인프라 투자액과 필요한 인프라 투자액의 간격을 줄일 수 있는 방법은 많이 있다. 이론적으로 말하면, 각국 정부 다음의 3가지 방법[54]을 선택할 수 있다. 첫째, 인프라 수요를 줄인다. 둘째, 새로운 인프라를 건설한다. 셋째, 효율적인 운용과 유지관리를 통해 기존의 인프라를 최적화한다. 어느 방법이든 선택할 수 있지만 가장 가능성이 큰 방법은 세 번째 방법이다. 빅 데이터와 디지털 네트워크를 활용하면 현행 인프라를 보다 효과적으로 활용하거나 경우에 따라서는 완전히 우회하는 것도 가능하다. 또한, 정책 입안자들은 변화하는 기술에 대한 내장된 유연성과 인프라 사용으로 장기적인 선택 사항에 사활을 건다. 최근에 등장한 한 가지 어려운 점은 기술 개발에 누가 책임을 지고, 누구를 신임할지에 관한 문제다.

이와 관련하여 인프라 개발의 자금 출처 등 개발 방식에 지속적인 변화가 있을 것으로 보인다. 세계적인 회계 컨설팅 기업인 프라이스워터하우스쿠퍼스*의 분석에 따르면, 상하수도 시설과 같은 특정 유형의 인프라에 전용 기금이 참여하는 것처럼, 정부가 단독으로 프로젝트를 진행하지 않고 민간 부문이 함께 참여하는 사례가 증가할 것으로 보인다. 그리고 한국, 중국, 인도, 러시아, 브라질, 인도네시아와 같은 고성장 경제국이 세계 투자 자본을 독점하게 될지도 모른다. 콜롬비아의 메데인의 도시 개발 사례에서 보듯이, 도시 문제를 종합적으로 해결하기 위해서는 정부가 민간 부문과 적극적으로 협력하여 도시의 제도적 구조뿐만 아니라 핵심 인프라를 개선해야 한다.

필요한 인프라를 필요한 시기에, 필요한 장소에 건설하기 위해서는 치밀한 미래 계획이 필요하다. 예측할 수 없는 규모로 많은 사람이 도시로 유입되고 있어 일부에서는 보다 적극적인 해결 방법을 요구하고 있다. 이는 필요한 인프라를 건설하는 것뿐만 아니라 그 인프라가 점진적으로 유연해져야 한다는 것을 의미한다.

---

*프라이스워터하우스쿠퍼스(PricewaterhouseCoopers, PWC) : 영국 런던에 있는 매출액 기준 세계 1위의 다국적 회계 감사 기업.

유연한 인프라

> *연결되고, 접근 가능하며, 분산된 인프라를 건설하는 것은 복잡하고 비용이 많이 들며, 또한 위험한 문제가 내포되어 있다. 보다 개방적이고 지속적인 유지 보수를 위해 시스템을 업그레이드하고 용도를 변경하려면 상당한 자원이 필요하다.*

오늘날 대부분의 세계는 운하와 철도, 도로와 같은 역사적인 인프라로 형성되었다. 수십 년에 걸쳐 인프라는 새로운 기회가 현실화됨에 따라 자연스럽게 바뀌었다선단에 증기 엔전의 도입과 아날로그를 대체하는 디지털 커뮤니케이션. 종종 거대한, 대부분 국가 소유의 공급 업체들이 일방적으로 소비자들에게 제품을 공급하는 세계가 독립적으로 운영되었다. 전기 공급 업체는 수자원 분배 업체와 협의하고자 할까? 실제로 규제 기관은 특정 분야에서 과도한 협업을 금지하고 있다.

그러나 오늘날 우리 주변의 인프라가 바뀌고 있다. 더욱 유연해지고, 여러 단체에 열려 있으며, 다양한 흐름으로 분리될 수 있다. 이러한 전환의 효과는 상당하다. 2025년까지 인프라는 지능화될 뿐 아니라 자체적으로 변화에 적응할 것이다. 에너지 흐름은 더 많은 에너지를 소비하고 생산하는 사람을 가리키는 '프로슈머들'이 온란인에 등장함에 따라 양방향으로 분산될 것이다. 시스템도 더욱 지능화되고 있다. 일례로, 물 공급은 특정 목적에 맞게 생활용수, 빗물, 수돗물과 같은 개별적인 물 유형을 활용할 수 있도록 보다 쉽게 확보하여 처리하고아니면 분리할 수 있을 것이다. 차량이 오류와 수리가 필요할 것을 알고또는 파악할 수 있어 제조 업체와 소유주, 서비스 제공 업체와 더불어 환경과 도로와 소통할 수 있을 정도로 스마트해질 것이다.

오늘날 건물과 소통 시스템은 이미 지능화된 운영이 가능함을 보여주고 있다. 워크숍을 세 차례 열었던 호주 브리즈번에 위치한 글로벌 변화 연구소의 리빙 빌딩Living Building이 대표적인 사례다. 이는 소비하는 양보다 더 많은 양의 에너지를 생산한다. 자연적으로 통풍되고, 태양 전지판을 통해 전력을 확보하고, 최대 6만 리터의 빗물을 저장한다.[57]

인프라의 유연성을 높여야 하는 이유 중 하나는 효율성을 추구할 필요가 있기 때문이다. 중요한 자원이 관계되는 경우에는 더욱 그렇다. 인프라 공급자와 규제 당국의 목표는 더 적은 자원으로 더 많은 서비스를 제공하고, 생산물을 재활용하며, 폐기물을 줄이고, 잘못된 공급을 방지하는 것이다. 이렇게 하면 단기적으로 비용과 종종 비싼 자원을 절약할 수 있을뿐더러 장기적인 계획을 개발하기 위한 기관들에게 욕망을 채워줄 것이다. 소규모 탈중앙화 공장들을 집결시켜서 '가상의 공장'이라고 부르는 기관즉 풍력 및 태양농장과 같은 하나의 공장으로 만드는 작업이 진행되고 있다. 덴마크에서는 현재 에너지 난방 시스템을 2050년까지 100% 재생 가능한 에너지 시스템으로 전환하는 작업을 진행하고 있는데, 이미 40%의 발전을 풍력으로 얻고 있다. 정보통신 기술을 활용해 전력망 기능이 향상되면 그 비율은 한층 더 높아질 것이다.[58]

앞으로 보게 될 에너지 프로슈머들의 숫자가 2025년까지 얼마나 변화할지는 얼마나 많은 사람이 차량과 같은 핵심 자산을 공유하고 물과 같은 중요한 자원을 재활용하고 용도를 다시 변경할지에 달려 있다. 인센티브는 중점을 둔 보조금과 발전 차액 지원 제도와 세금 우대 조치, 시장 침투 등에서 나올 것이다. 스마트 계량기의 보급은 예측에 상당히 도움이 될 것이다. 스마트 계량기에 대한 투자는 2015년 28억 달러에서 2025년에는 66억 달러로 증가하여, 2025년 스마트 계량기는 18억 개로 늘어날 것으로 예상된다.[59] 2015년에 파리에서 개최된 유엔 기후변화회의에서 나온 결과가 2025년까지 이행된다면 적응의 변화 속도와 인프라의 개방이 더 빨라질 것으로 전망된다.

선진국에서 '예전의 상태'를 새롭게 하는 것은 새로운 인프라를 구축하지 않고, 주로 기존 시스템의 이노베이션을 도모해 다른 목적으로 바꾸는 것을 의미한다. 원래 인프라가 부족하거나 낡아서 사용하지 않게 된 지역에서는 모든 시스템의 교체가 가능할 것이다. 예를 들면 1990년 휴대전화와 등장하며 유선전화 통신망의 정비 필요성을 뛰어넘어 버린 때와 같다. 그러나 이렇게 뛰어넘는 데는 한계가 있다. 대부분의 경우에는 배관 작업과 도로 와이어 그리고 건축 등 고정 자산이 필요하다.

이를 가능하게 하는 일은 더 많은 데이터에 접근하는 것이다. 빅데이터든 개별 데이터든, 처리가 끝난 데이터든, 데이터에 접근하고 스마트하게 사용할 수 있는 능력과 더불어 협업하는 것이 핵심이다. 그 이유는 진정으로 유연한 인프라 시스템은 다른 시스템과의 협업이 필요하기 때문이다.

즉, 이러한 전환에는 그에 따른 고통 이상의 비용을 지급해야 한다. 자연적으로 점차 개방되고 연결된 시스템은 사이버 테러에 취약하다. 인프라는 주의를 덜 받으면서 파괴나 심각한 상황을 유발하기 위한 집단의 매혹적인 대상이다. 인프라 제공 업체는 사이버 보안에 부지런히 대응해야 하며, 동시에 시스템을 모두 개방할 필요가 있다.

하지만 2가지 방법의 균형을 이루기는 쉽지 않다. 기대할 수 있는 혜택으로는 특정 용도를 위한 공급이 더 구체화된다는 것과 수요 공급의 관계의 적응도가 높아진다는 것, 효율성 향상과 인프라 제공 업체가 장기적인 견해를 통합할 수 있도록 도움이 되는 긍정적인 부산물이 있다. 내장된 유연성은 초조할 개념이 아니며, 오히려 다가올 변화의 물결이다. 오직 얼마나 채택할지가 문제로 남아 있다.

교통수단에 대한 접근

> *우리가 가까운 거리를 이동하는 광범위한 필요성이 도시 디자인과 도시 재생의 중요한 특징을 결정한다. 도시 설계자는 교통 인프라를 활용하여 사회 변화를 촉진하고 저탄소 생활의 실현을 추구한다.*

많은 도시에서 가장 눈에 띄는 것은 교통 인프라이다. 교통이 사회에 미치는 영향은 우리 주변에서 쉽게 찾아볼 수 있다. 지난 세기에 자동차 이용이 보편화되었다. 이를 통해 교통이 풍경을 형성하고, 경제를 활성화하고, 인간의 욕망을 충족할 수 있다는 것을 보여주었다. 미국 연방 도로관리국의 분석에 따르면, 간선도로에 10억 달러를 투자할 때마다 2만 7,823개의 일자리가 창출되었다.[60] 세계적으로 보면 많은 도로 건설 전략은 이러한 전제에 바탕을 두고 있다. 미국 중앙정보부CIA의 팩트북Factbook에 의하면 2013년 전 세계

에 건설된 도로 포장 및 비포장 는 6,400만 킬로미터에 달한다.[61]

Rank	Country	(km)
1	미국	6,586,610
2	인도	4,689,842
3	중국	4,106,387
4	브라질	1,580,964
5	러시아	1,283,387
6	일본	1,210,251
7	캐나다	1,042,300
8	프랑스	1,028,446
9	오세아니아	823,217
10	남아프리카 공화국	747,014
11	스페인	683,175
12	독일	645,000
13	스웨덴	579,564
14	인도네시아	496,607
15	이탈리아	487,700
16	폴란드	412,035
17	영국	394,428
18	터키	385,748
19	멕시코	377,660
20	파키스탄	262,256

【도표 11】 도로망이 발달한 세계 상위 20개국, 2013년 (출처: CIA 팩트북)

미국, 인도, 중국, 브라질, 러시아는 도로망이 발달한 상위 5개국이다. 【도표 11】* 자동차에 기반한 시스템은 접근성, 연결성 및 편의성을 제공한 반면, 소음과 오염, 도로 이용 부지의 확대, 도시 거주 지역 확대, 도심지 쇠퇴, 자동차 이용률이 높은 지역에서의 사회적 고립 증가 등의 문제가 발생했다.

미국과 같은 국가는 자동차에 매우 의존적이며 다른 교통 수단을 유지하는 데에는 투자가 부족한 상황이다.하지만 모든 국가들이 차량에 의존하는 것은 아니다. 세계경제포럼의 글로벌 경쟁지수에 따르면 아랍에미레이트와 싱가포르가 교통 인프라 전부문 에서 상위를

---

*이 자료는 국토 면적에 기반한 도로망의 길이(km)를 정리한 것이며, 실제로 2019년 현재 대한민국의 도로망은 세계 최상위 수준으로 발달되어 있다.

차지했으며, 유럽연합의 네덜란드 역시 상위권을 차지했다 전체적으로 4위.[62]

운송 시스템은 단순히 사람이나 물건을 이동시키는 것 이상의 의미를 가진다. 운송 시스템은 우리가 어떻게 이동할 것인지, 왜 이동하려는지 그 이유에 대해서도 긍정적인 영향을 미칠 수 있다. 운송 시스템은 우리가 원하는 사회를 실현하기 위한 수단이며, 개방성이나 이동성, 도시 디자인, 저탄소 생활의 실현과 같은 어려운 과제에 대처하기 위한 수단이기도 하다. 예를 들면, 누구나 이용할 수 있는 운송의 개방성은 격차의 문제를 해소하며, 유연하고 통합적인 운송 시스템은 시민의 이동성을 높인다. 설계 및 환경 중심의 운송 시스템은 도시 생활을 개선할 수 있으며 증가하는 도시 주민에게 더 나은 서비스를 제공할 수 있다, 저탄소 생활은 기후 변화를 해결하는 데 도움이 된다.

반드시 고려해야 하는 요소는 운송 제공보다는 접근성을 높이는 것이다. 뉴질랜드 교통부는 2042년을 목표로 하는 미래 수요 시나리오에서 "이동성이 아니라 접근성을 향상하기 위해 노력하고 있다는 점을 인식해야 합니다. 이러한 목표를 달성할 수 있는 세 가지 방법이 있습니다. 하나는 좋은 운송 시스템이고, 두 번째는 좋은 공간 설계이며, 다른 하나는 디지털 접근성 향상입니다"라고 지적했다.[63]

보편적인 논의를 자극한 원인은 도시화의 증가로, 도시인들은 다른 형태의 교통수단과 다양한 교통 서비스를 요구한다. 이러한 변화의 다른 주행자들로는 우버와 같은 새로운 소유권과 사용 모델이 있다. 그러나 피크 차량 현상에 대해 많은 전문가가 지적하듯이[64] 근본적인 변화가 필요하다. 오늘날 전 세계 지구 온실가스 배출의 1/3을 차지하는 것이 교통수단이므로 이를 해결하기 위한 방법을 모색해야 한다.

그렇다면 통합되고 내적인 교통수단을 통해 무엇을 기대할 수 있을까? 더 좋은 선택과 더 좋은 연결따라서 효율성뿐 아니라 여행객의 편의를 고려 그리고 더 친환경적이고 지속 가능한 옵션들이 있다. 많은 전문가는 통합된 교통 허브가 필요하고 이것이 성공해야 한다고 언급한다. 그러나 각 허브를 이루는 재료는 지역을 고려할 때 상당히 다양할 수 있다. 싱가포르에서는 버스와 기차를 기다리는 시민을 위해 상점과 에어컨을 설치하는 것이 중요하며, 중국 선전은 지하 5개 역과 국경 통제 지점, 수많은 상업 지역을 갖춘 허브 건설을 목표로 한다.[65] 스톡홀름의 하마비 스요스타드 지역은 친환경 도시 개발을 통해 지속 가능한 교통 시스템을 추진하고 있다. 트램노면 전차, 자전거, 도보를 기본 이동 수단으로 하고, 바이오 가스를 활용한 대중교통과 카셰어링 보급에 주력하고 있다. 이곳의 인프라는 폐기물, 생활 하수, 에너지를 재활용하는 '지역 내 순환 시스템'으로 계획되었다.[66]

시민들의 사회적 요구를 해결하고, 도시 빈민층에게 혜택을 주는 교통 솔루션이 무엇보다 중요하다. 빈곤층은 이동 수단의 선택권이 없어 불편을 겪으며, 오염과 위험한 조건에 노출되는 경우가 있다.[67] 이를 해결하기 위해 저소득층이 거주하는 지역이 공간적으로 변두리로 밀려나는 것을 대비하고, 비공식적인 교통에 과도하게 의존하는 시스템을 개선하고, 저소득층에 자전거를 보급하고, 보행자를 위한 충분한 인프라인도, 좌석, 화장실 등를 제공하는 것이 중요하다.[68] 그러나 교통 빈곤은 비단 개발도상국만의 문제가 아니다. 자선단체 서

스트랜스는 수백만 명의 영국인들에게도 일상적인 문제라고 지적한다.[69]

빈곤층을 위한 이동 수단 Pro – poor Mobility 에서 강조된 사안처럼 '사회적 교통' 해법을 통해 많은 것을 배울 수 있다.[70] 가령 동아프리카에 있는 자전거 택시 보다보다스 와 인도에 있는 친환경적인 다이얼 인력거 서비스는 저렴하면서도 저탄소 교통수단이라는 점에서 빈곤층이 이동하는 방법을 고려해 보자.

물론 통합적인 해결 방법이 하루아침에 마련될 수는 없다. 새로운 방식은 언제나 어렵다. 하지만 기술과 장래에 대한 전망은 현재 진행되고 있는 변화에 중대한 영향을 미친다. 이로 인해 대중 교통 사업자들은 큰 기대감을 가지고 사회에 해결 방법을 제시하게 된다. 어떤 사업도 정부가 단독으로 할 수는 없다. 이러한 변화에는 새로운 사람과 기술이 적용될 수 있는 새로운 비즈니스 모델과 협력하는 파트너십이 요구된다.

자율주행차

> *자동차의 완전 자율 주행이 실현되면 고속도로에 화물 트럭이 줄을 지어 주행하고, 도심지에는 소형 배달 차량이 운행된다. 정보통신기술(ICT)이 결합된 커넥티드 카connected car는 네트워크를 구축하고, 다양한 기술을 테스트하여, 운전자 없이 주행하는 혁신적인 체험을 제공한다.*

미래의 운송 수단인 무인 또는 자율주행차의 역할이 화제가 되고 있다. 수년간 논의해 온 자율적으로 길을 찾아 주행하는 자동차와

트럭 그리고 버스의 현실이 점차 현실에 가까워지고 있으며, 앞으로 10년 내에 분야와 지역마다 발전 속도가 다르겠지만, 일부 지역에서 기초적인 수준에서 중요한 기술적 진전을 목격하게 될 것으로 전망된다.

지난 30년 동안 방향을 설정하고, 원칙을 검증하면서 무인 차량에 대한 많은 의문점들을 가령 데이터 접근, 소유권 및 공유 그리고 네트워크 신뢰성 해소하기 위한 많은 개념 증명 테스트가 진행되었다. 일부 자동차 제조 회사는 기술에 확실한 자신감을 갖게 되었다. 볼보사는 사고가 날 것 같을 때 차량이 조치를 취할 수 있는 능력이 있다고 보고, 2020년 이후 볼보 차량을 타면 사고가 나지 않을 것이라고 선언했다. 구글과 애플 그리고 아마존과 같은 기업들이 최근에 발표한 연구를 보면 자동차 부문 외에서 진행된 혁신이 개발 속도를 높일 수 있다. 2025년까지면 완벽한 자율 경험보다는 기초적이거나 보조된 운전이 가능한 수준의 자율주행차를 만나게 될까? 아마도 핵심은 향후 10년 내에 변화나 혁신이 어느정도 이루어질 것인가이다.

세계 자율주행차의 선두 주자인 커넥티드 카는 많은 기업에 있어서 최우선 순위다. 2013년에 일본의 대표적인 자동차 기업인 닛산은 2020년까지 몇 종류의 무인 자동차를 개발한다는 계획을 발표했다. BMW와 메르세데스 벤츠는 독일 아우토반 고속도로 을 따라 주행하는 커넥티드 카를 개발했다. 여기서 자율주행은 자동으로 주행선을 지키고, 주차, 가속, 브레이크, 사고 회피 그리고 운전자 피로 탐지 등과 더불어 크루즈선으로 변환하는 제어 그리고 보조 주행으로 바뀔 수 있도록 가동된다. 2014년에 테슬라는 모델 S 전기차량에 오토파일럿 시스템을 도입했다. 이듬해에 델피 오토모티브가 설계한 차량이 미국 대륙횡단 주행에 성공하며, 전체 주행의 99%가 자동 주행으로 진행되었다. 최근 애플의 자율차량 프로젝트인 '타이탄'이 애플의 주력 프로젝트로 밝혀지면서 실리콘밸리에서 또 다른 프로젝트가 진행 중인지에 대해 많은 관심을 불러 모았다.[71] 그러나 구글은 이미 한 발 더 앞서서 100여 대 이상의 차량이 100만 마일의 주행을 끝마쳤다. 구글은 미국 국방고등연구기획국DARPA이 주최하는 로봇 자동차 경주대회인 그랜드 챌린지에서 우승한 2005년부터 무인 차량에 대한 연구를 시작했다. 그후 구글은 자율주행차에 대한 당국의 승인을 얻어 2012년에 도로 주행을 실시했고, 2020년에 자율주행 차량을 선보일 계획이다. 여기서 근본적인 문제는 도시에서 주행할 수 있는 차량을 선보여 로터리를 돌고, 예측하지 못한 보행자와 충돌 사고를 방지할 수 있는가이다.

또한, 도시 내와 도시 간에 상품을 운반하는 것에 대한 관심도 많았다. 이미 광산업과 농업과 같은 일반 도로를 벗어난 분야에서 자율주행 차량의 많은 기술이 대규모로 도입되고 있다. 트럭이나 기차 행렬과 고속도로를 따라 마주 보고 달리는 전자공학적으로 연결된 장거리용 트럭 행렬이 등장하고 있다. 다임러Daimler의 자동 운전 트럭이 네바다주 간선도로에서 시험 주행 허가를 받았으며, 볼보와 스카니아와 같은 경쟁사들이 스웨덴에서 비슷한 시험 주행을 하고 있다.[72] 그러나 이 분야에서 실제적으로 바뀐 것은 소형 도심 배달 차량이다. 무인 전기 차량이 느린 속도로 가정과 사무실 그리고 배달 지점과 심지어 차량 바로 앞까지 제품을 운송한다. 많은 사람은 아마존이 이 분야의 선두에 설 것으로 본다. 실제로 인건비를 줄이고 도착 스케줄을 최적화한다는 점에서 배송 거리를 단순화할 수 있는 기회는 매우 매력적인 사업 의제이다.

하지만, 핵심 플랫폼에 관련되는 지극히 중요한 문제가 미해결인 채로 있다. 즉 휴대전화 사업자는 이미 데이터를 공유하고 있지만, 자율 주행차의 모든 시스템이 기능하기 위해 필요한 공유 데이터를 누가 보유하고, 또 어떻게 데이터에 접근할 수 있을까? 이는 신용이나 유용성, 법적 책임의 문제이며, 또한 당사자가 속한 위치에 따라 정부, IT 기업, 자동차 제조 기업 간의 균형이 크게 달라진다. 이것들은 꼭 해결해야 할 문제들이다. 대부분의 비즈니스 모델은 도로 위의 자율 주행 차량에 대해서 100%의 가시성을 요구한다. 99%로는 충분하지 않기 때문이다.

여기에는 까다로운 문제가 있다. 보험사의 관점에서 자율자동차의 출현은 차량 사고가 일어나지 않으며, 자동차 보험이 더 이상 필요하지 않다는 것으로 해석될 수 있다. 그러나 보험회사는 이러한 위험을 자동차 소유주에서 자동차 제조 업체나 도로망 또는 전체 교통 시스템으로 이전될 뿐이라고 본다. 차량 시스템 고장 비용이 중요해짐에 따라 아직 해결하지 못한 큰 문제로 남아 있다.

현재 자율 운전 기술은 안전성이 증명되어 많은 투자가 이루어지고 있다. 도로가 더 안전해지고 혼잡이 해소되면 사회적으로 큰 이익이 될 것이다. 미국과 유럽연합 등 각국 정부가 규제 문제에 대해 논의를 시작하여 일부 시스템사고 발생 시 자동으로 통화하는 eCall에 대해서는 몇 년 이내에 장착을 의무화하는 움직임도 있다. 2025년 즈음에는 승용차나 상용차트럭를 막론하고 자율 주행 차량이 고속도로에서 같은 방향을 향하여 일제히 달리고, 시내 거리에는 무인 배달 로봇카가 운행되고 있을지도 모른다. 하지만 승객을 태운 택시의 자율 주행은 몇 년을 더 기다려야 할 것으로 보인다.

대기 오염

> *많은 도시에서 심각해지고 있는 대기 오염이 사람들의 목숨을 위협하고 있으며, 의료와 에너지, 교통 및 도시 설계 등의 태도와 정책을 변화시키는 가시적인 촉매 요인이 되고 있다.*

델리, 파트나, 괄리오르 그리고 라이푸르는 세계에서 가장 오염된 네 도시이며, 전부 인도의 도시들이다. 실제로 세계에서 가장 오염된 상위 20개 도시들 중 13곳이 인도에 있다.【도표 12】 베이징은 10마이크로그램의 입자들로 구성된 가시적인 스모그로 덮인 악명의 도시로 유명하지만, 인도의 많은 도시는 훨씬 심각한 수준으로 2.5 마이크론보다 적은 입자들이 폐로 들어가면서 목숨을 위협하고 있다. 델리의 대기 오염은 세계보건기구가 정한 안전 기준 수치보다 15배나 높다.[73]

그 원인이 디젤 차량의 배기 가스인지, 공장에서 배출하는 매연인지, 슬럼가에서 사용하는 등유 난로의 그을음인지는 모르겠지만, 인도의 대부분의 도시에서 대기 오염으로 인한 천식, 암, 심장발작, 뇌졸중 등의 발병률이 확연히 높아지고 있다. 인도에서는 매년 대기 오염이 원인으로 보이는 질병으로 약 62만 명이 목숨을 잃고 있다.

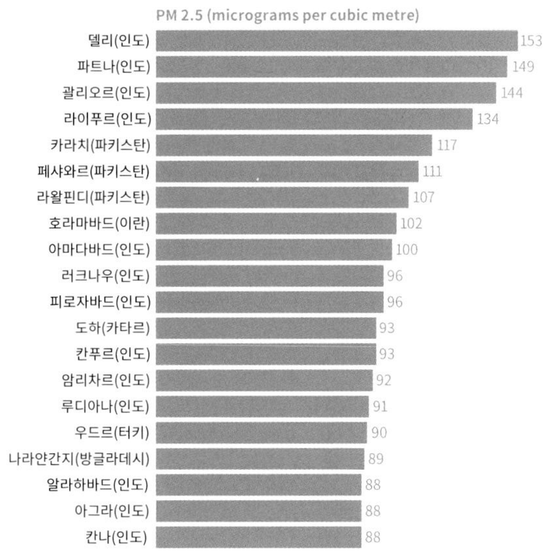

【도표 12】 세계에서 가장 대기가 오염된 도시들, 2014. (출처: 세계보건기구)

하지만 이는 인도만의 문제가 아니다. 중국에서는 대기 오염으로 매일 4,000명이 사망하고 있으며, 전체 사망자의 약 17%를 차지한다. 그리고 중국의 여러 도시에 사는 사람들의 수명은 대기 오염으로 인해 중국 평균 수명보다 5년 정도 짧다. 중국인의 80%가 안전 수준보다 나쁜 대기질에 노출되어 있으며, 베이징의 대기 오염 농도는 심각해서 숨을 쉬기만 해도 하루에 담배 40개비를 핀 것만큼 폐에 치명적이다.[74] 최근 몇 년간 보통 착용하는 종이 마스크에서 초강력 마스크로 바뀌고 있으며, 일부 중국인들은 나쁜 대기질로 인해 임신을 늦추고 있다. 앞서 언급했듯이 세계은행에 따르면 전체 국가들을 대상으로 볼 때 오늘날 대기 오염이 가장 심각한 곳은 인도나 중국이 아니라 아랍에미리트로 나타났다.[75]

2012년에 세계적으로 심각한 대기 오염으로 인해 700만 명이 사망했다. 산업화가 확대되고, 차량 소유가 늘어나고 여기에 기후 변화가 겹치면서 상황이 더욱 악화되고 있다. 경제협력개발기구OECD는 대기 오염이 조기 사망의 가장 큰 요인이 될 것으로 보고 있다.[76]

악화된 대기질에 대한 중요한 문제는 여러 발생 요인이 있으며 다양한 지역에 영향을 미친다는 것이다. 산업 전략과 에너지 정책, 차량 배기가스 배출, 도시 설계, 교통수단 선택에 이르기까지 대기 오염을 증가시키는 요인들이 얽혀 있다. 천식, 심장병, 만성 심부전증과 암은 꾸준히 늘어나고 있다. 시야 악화와 잿빛 하늘은 대부분의 세계 도시들을 거주하기에 매력 없고 유해한 곳으로 만들고 있다.

최근 몇 년 사이에 대기 질을 크게 개선한 유럽의 도시도 있다. 예를 들면, 런던 시장은 대기 오염으로부터 시민의 건강을 지키고, 대기 질을 개선하기 위한 시민 의식 제고 캠페인을 진행했다. 저탄소 배출 기준을 강화하고, 노후 택시를 폐기하고, 버스를 청결하게 하고, 40만 동의 빌딩에 공기 청정 시설을 설치했으며, 교통 시스템 개선을 최우선 과제로 추진하고 있다. 한편, 유럽연합은 지속적으로 공기 질이 나쁜 17개 국가에 대한 법적 조치를 진행하고 있다. 불가리아, 라트비아, 슬로베니아에 대해서는 매년 교통사고로 숨지는 사람보다 더 많은 사람이 사망하고 있는 문제를 해결할 것을 촉구하고 있다. 미국에서 1990년부터 대기질이 개선되고 있지만, 질병통제예방센터CDC에 따르면, 여전히 문제가 산적해 있다. 현재 예상대로라면 미국의 오염은 2025년까지 더욱 심각해질 것으로 전망된다.[78]

국민의 관심이 높아지고 건강 피해에 대한 우려가 정치적 문제로 떠오르고 있는 인도와 중국 정부는 대응책을 확대하고 있다. 중국 정부는 전국에 센서망을 설치하고 정기적으로 온라인에 데이터를 공시하고 있다. 인도에서 대기질을 감독하기 위해 비교 수치가 최근에 개시되었지만, 구하라트와 마하라슈트라 그리고 타밀 나두 등 공업단지가 위치한 세 주는 특정 물질 배출에 대한 허용권을 거래하기 위한 세계 최초의 시장을 열 계획이다. 구하라트주의 수라트에서 증기를 생산하기 위해 석탄을 태우는 300개의 면직 공장이 특정 물질 배출권을 최초로 거래할 예정이다.[79] 다른 지역의 공장들에서도 이미 모니터링 장비를 통해 배출 물질에 대한 자료를 수집한 상태다.[80]

모니터링과 배출 허용권 외에 다른 주에서도 과감한 조치를 취하고 있다. 세계보건기구가 중국에서 오염이 가장 심각하다고 보고 있는 서부 지역의 란저우시에는 거대한 배수로에 오염된 대기를 가두기 위해 주변 산지에 거대한 도랑을 파는 계획을 발표했다. 그러나 란저우시의 악화된 대기질은 석탄을 덜 태우거나 차량에서 배출되는 매연을 줄이면 개선될 수 있다. 오히려 지역 부호들이 산을 폭파해 대기질이 더 악화되는 것이다. 700개 이상의 산봉우리가 평지로 개발하기 위한 명목으로 파헤쳐지고 거대한 배수로가 되면서 문제가 심각해졌다.

도시 거주인들이 더 건강해질 수 있는 도시 설계에 대한 새로운 접근법이 요구되고 있다. 결과적으로 생산성과 수명이 늘어나고, 공동체 회복력이 증진되며, 보건 서비스에 대한 수요가 줄어들게 된다. 우선 최우선 순위는 차량 의존도를 줄이는 것이다. 인도와 여러 도시에서 시민들이 도보나 버스 또는 자전거로 출퇴근하며, 5%만이 차량을 소유하고 있다는 점에서 인도는 차량을 이용한 출퇴근 비율이 많아지기 전에 대중교통 시스템을 수립할 시간적 여유가 있다. 이미 14개 도시에서 지하철을 건설했거나 건설 중이다.

만약 인간이 유발한 대기 오염 물질이 계속해서 배출될 경우, 2050년에는 세계 인구의 대부분이 심각한 대기 오염 속에서 살아가게 될 것이다. 경제협력개발기구OECD는 향후 세계적으로 오염된 식수보다 대기 오염이 더 큰 위험 요인이 될 것으로 예측하고 조속한 대책을 호소하고 있다. 많은 국가에서 직면한 과제는 국민의 건강에 미치는 영향과 지속적인 경제 성장에 대한 욕구의 균형을 맞추는 것이다. 이들 국가는 여전히 화석연료를 사용하고 있으며, 에너지 확보에 급급하여 청정 에너지 확보는 생각하지 못하는 지역도 있다. 하지만 시민의 관심을 환기시키고 행동을 일으키도록 촉구하는 것은 탄소 배출 감소 목표가 아니라, 뚜렷하게 보이고 피해를 끼치는 대기 오염이라고 생각하는 사람이 늘어나고 있다.

천식을 앓는 아이들이 늘어나고, 잿빛의 도시 하늘과 점차 증가하고 있는 호흡 문제는 상향식으로든 하향식으로든 전반적인 변화를 필요로 하는 원인으로 주목받고 있다. 결과적으로 대기 오염은 급속도로 기후 변화의 중심 과제가 되고 있다. 우리가 어디에서 어떻게 살아갈 것인가? 이를 개선하려고 하면 어떤 많은 문제에 직면하게 될 것 이며, 또한 도시에 대해서 그리고 그 도시를 어떻게 활용할 것인지에 대한 우리의 생각이 바뀔 수 있다. 하지만 우리가 우려하고 있는 도시 문제는 대기 오염만이 아니다.

홍수에 취약한 도시

우리가 살고 있는 대부분의 도시는 홍수에 대비되어 있지 않다. 많은 지역과 가정에서는 수해 보험에 가입할 수 없어 위험에 노출되어 있다. 이러한 상황은 나아지기보다는 오히려 악화되고 있다.

과거의 기상 데이터를 보면, 2015년은 관측 사상 지구가 가장 더웠던 해였으며, 세계 곳곳에서 자연 재해로 인해 막대한 피해가 발생했다. 네팔에서는 지진이 일어났고, 인도 첸나이에서는 100년만에 최악의 홍수가 발생했으며, 인도 전역에서는 기록적인 더위가 찾아왔다. 미얀마, 방글라데시, 인도에는 몬순monsoon에 동반한 폭우가 내렸고, 모잠비크와 말라위에는 대규모 홍수가 덮쳤으며, 에티오피아에는 큰 가뭄이 발생했다. 유럽은 강력한 엘리뇨 현상의 영향으로 인한 홍수 피해를 입었다. 엘니뇨는 또 태평양 적도 해역의 수온을 상승하게 하여 미국에 폭우와 홍수를, 남미에 폭풍이나 홍수와 작물의 흉작을 초래했다.

2015년 자연 재해로 인한 희생자는 2만 3,000명을 기록했다. 4월에 발생한 네팔의 대지진으로 많은 희생자가 발생하여 전년도 자연 재해 희생자 수보다 7,700명을 많았지만, 과거 10년간 평균 희생자 수인 6만 8000명을 크게 밑돌았다. 보험회사의 분석에 의하면, 2015년 자연 재해로 인한 피해 금액은 2009년 이후 최저 수준으로 낮아졌으며, 보험 청구 금액도 270억 달러로 줄어들었다. 2020년까지 보험금 청구 금액은 고성장 시장에서 2배로 증가할 것이며, 성숙 시장에서도 약 1.5배로 급등할 것으로 보인다. 그렇다면 상황이 개선되고 있는 것인가, 아니면 악화되고 있는 것인가?

지금 인류는 기후 변화 문제에 직면해 있으며, 이를 대처해야 한다는 인식이 널리 퍼져 있다. 혹자는 2000년 이후 인류 활동이 지구 생태계에 엄청난 영향을 미치기 시작한 인류세Anthropocene라는 시기에 있다고 주장한다. 인간이 과거에 행한 행동이 지구에 향후 거역할 수 없는 장기적인 영향을 미치고 있다는 것이다. 해양 산성화와 질소 순환, 생물 다양성 상실은 종종 가장 심각한 돌이킬 수 없는 문제로 조명받고 있지만, 기후 변화가 가장 정치적으로 조명받고 있는 핵심 이슈라는 것에는 의심의 여지가 없다.

2015년 제21차 유엔기후변화협약 당사국총회에서 채택한 파리협정을 현재 각국이 이행하려고 노력하고 있어, 전체 지구 온난화 목표를 1.5~2도로 낮출 수 있을 것으로 기대하는 사람들이 있다. 하지만 그다지 낙관적이지 않은 목소리도 많다. 과거의 인간 활동이 이미 폭넓은 영향을 미치면서 21세기 중에 지구 기온이 3~4도 상승할 것이라는 우려가 확산되고 있다.

지구 온난화를 해결하기 위해서 에너지 시스템뿐 아니라 인간의 행동에도 상당한 변화가 뒤따라야 한다. 영국에서 매일 자동차 운행으로 소비되는 에너지는 풍력, 태양 그리고 파도라는 세 가지 재생 에너지로 공급되는 에너지양보다 훨씬 많다. 난방과 항공 여행, 제조 그리고 우리가 사용하는 전자 장비에 쓰이는 전기로 인해 청정 기술을 통해 공급되는 양보다 더 많은 에너지가 사용되고 있다. 현재와 같은 소비 행위로 탄소 중립 에너지를 공급할 수 있는 국가는 극히 소수이며, 초효율 배터리와 더불어 핵에너지나 태양에너지의 성장 없이는 평균 2도, 3도 또는 4도의 기온 상승을 억제하는 것은 불가능하다.

아무도 이것이 어떤 의미인지 정확히 모르지만, 영국 기상청은 기후 변화에 대한 정부 간 협의체에서 발표한 평가 보고서를 토대로 일어날 수 있는 결과를 간략히 표로 정리했다.[82] 이 보고서는 북극과 남극의 대륙빙하가 더 녹는 것과 더불어 아마존과 미국 남서부, 중국의 남부 지역 그리고 대부분의 아프리카 지역의 사막화를 설명한다. 그러나 가뭄과 허리케인이 자주 그리고 점차 강도를 더하며 발생하지만, 계절이 바뀌고, 인류가 대비해야 하는 가장 큰 문제는 바로 홍수다.

직접적으로 해수면 상승과 폭우로 인하거나 더 불안정한 기후 패턴의 부산물로 인해 현재 처리 가능한 수준보다 더 많은 물빗물을 처리하는 시설의 증설이 여러 지역에서 최우선적인 과제다.

수량이 증가한 것에 따른 많은 문제점은 산림 파괴와 언덕에 집중된 경작으로 인해 나타난다. 이는 토양의 빗물 흡수력이 저하되고, 빗물의 흐름 속도가 더 빨라져 빗물을 배수하거나 가둬둘 수 있는 여지가 없는 도심 지역에 큰 방류 문제를 발생하게 한다.

우리는 대부분이 도시에 거주하며, 도시의 대부분은 해안가에 위치해 있기 때문에 많은 사람이 피해를 볼 수 있다.[83] 뉴욕, 보스턴과 광저우, 뭄바이, 나고야, 선전 그리고 오사카는 가장 취약한 도시들이다.【도표 13】 세계에서 가장 '취약한' 이 10개의 도시에 거주하는 인구는 합쳐서 1억 5,000만 명이 넘으며, 2025년까지 50%인 7,500

만 명이 더 늘어날 전망이다.[84] 세계에서 가장 부유한 50개 도시 가운데 22개 도시는 심각한 홍수 위험을 안고 있으며, 수해로 인해 주거, 빈곤, 에너지 비용 그리고 사회적 와해라는 피해를 입게 될 것이다. 2070년까지 수해 위험에 노출된 자산은 현재보다 10배 이상 증가하여, 매년 세계 경제적 생산량의 9%가 넘는 35조 달러에 이를 것으로 전망된다. 전문가들은 장기적인 관점에서 세계적으로 10억 명의 사람이 기후 변화 결과로 인해 내륙이나 북쪽으로 이주해야 할 것으로 전망한다.

기후 변화는 인류에 그 이상의 피해를 준다. 지금보다 심각한 가뭄이 앞으로도 계속된다면 작물, 야생생물, 식수 공급에 큰 위협을 받게 된다. 한편 우리는 해수 수용성 및 가뭄에 강한 작물이 개발되었다는 성공 사례를 보고 있으며, 캐나다와 시베리아의 기온이 더 온화해져 더 많은 사람이 방문하고 있다는 소식도 듣고 있다.

1	광저우
2	마이애미
3	뉴욕
4	뉴올리언스
5	뭄바이
6	나고야
7	탬파
8	보스톤
9	선전
10	오사카

【도표 13】 세계에서 홍수로 가장 위험에 처한 10개 도시, 2015 (출처: OECD)

그렇지만 대부분 지역에서 기후 변화의 영향을 해결하는 일이 최우선 과제가 될 것이다. 지난 수십 년간 자연을 개발하여 꾸준히 건물을 지었으며, 많은 지역에서 범람원은 주목받지 못했다. 더욱이 네덜란드의 경우 일부 건물만 정기적으로 발생하는 홍수에 대비할 수 있도록 설계되었다. 일부 다른 국가에서는 이에 대한 실질적인 건축안이 제시되었다.

건물을 재건하는 것이 아닌, 탄력성 관점에서 인프라를 재고할 수 있는 기회가 있다. 일부 도시는 런던의 템스강 장벽과 유사한 새로운 인프라를 건설하려는 노력을 하고 있다. 1960년대에 설계되어 1982년부터 운영에 들어간 템스강 장벽은 높은 조수로부터 런던시를 보호하기 위해 설계되었다. 애당초 매년 한두 차례만 사용될 용도로 계획되었는데, 2014년에는 무려 48번이나 폐쇄되었다. 이 장벽이 없었다면 2014년에만 트라팔가 광장은 17번이나 물에 잠겼을 것이다. 도시를 보호하기 위해 의도적으로 농촌 지역을 침수시키는 방식을 진행하고 있는 중국의 주강 삼각주 지역에서도 지속 가능한 홍수 대책에 대해 논의하며 계획을 수립하고 있다.

사람들이 도시에 사는 것을 포기하거나, 가까운 장래에 자진해서 내륙으로 이사할 것이라는 생각은 하지 않을 것이다. 그러나 이미 뉴욕처럼 홍수가 빈번하게 발생하는 도시에서는 재보험 회사들이 수해 보험의 재보험 인수를 거절하고 있는 점을 감안하면 향후 10년 이내에 적극적인 수해 대책을 강구할 필요가 있다. 많은 사람이 우려하듯이 지구 온난화가 가시화되면 홍수에 대한 우리의 의식이나 행동도 크게 달라질 것이다. 수해 피해를 입을 경우 곧바로 복구될 수 있도록 대비해야 한다는 보편적인 생각을 갖게 될 것이다.

기본적인 공중위생

> *나쁜 위생은 공중보건에 지속적으로 영향을 미치며, 특히 여성의 사회적 진출을 제한한다. 정부와 기부 단체는 변화를 추진하기 위해 위생과 교육 그리고 혁신의 측정을 최우선 과제로 삼고 있다.*

수해 대책과 안전한 식수 확보는 신문의 헤드라인을 장식하는 큰 과제이다. 그리고 그다지 뉴스가 되고 있지는 않지만 물을 둘러싼 문제로서 위생 시설이 있다. 아주 옛날에 해결되어야 할 문제지만 도시 지역과 농촌 지역을 불문하고 지금도 수백만 명이 화장실을 이용할 수 없는 상태에 있다. 위생적인 화장실을 이용할 수 있으면 질병이 줄어들고, 세대 수입은 증가하고, 여성을 학교에 보낼 수 있고, 환경 보전에도 도움이 되며, 인간의 존엄성도 높아질 것이다. 유엔은 밀레니엄 개발 목표 중 하나로서 화장실 이용 증대를 내걸었지만, 2015년 그 목표에 약 7억 명도 이르지 못했다. 유엔이 새롭게 채택한 지속 가능 개발 목표는 2030년까지 수자원 및 위생의 가용성과 지속 가능한 관리를 보장하는 것이다. 분명히 어려운 문제가 아닐 수 없다. 세계보건기구에 따르면, 깨끗한 화장실을 이용할 수 없는 사람은 약 25억 명으로 세계 인구의 30% 이상에 달하고 있다. 이중 대다수가 아시아나 아프리카 농촌 지역에서 극빈 생활을 하고 있는 사람들이다.

지금도 세계의 약 1억 3,000만 가구에는 화장실이 없다. 이것은 10억 명 이상의 사람이 개방된 덤불 뒤나 밭 또는 길가에서 용변을 보고 있다는 것을 의미한다. 대변 1그램에는 100만 마리의 박테리아와 1,000만 개의 바이러스가 들어 있어, 대변을 통해 질병이 쉽게 확산되고 있다. 결과적으로 보건 담당자들이 오염된 식수와 비위생적인 식사 준비 과정에서 발생되는 질병을 통제하기는 어렵다.

이는 특히 여성과 아이들에게 영향을 미친다. 어린 여자아이의 경우 생리 중에 깨끗하고 안전한 화장실을 이용할 수 없으면 학교에 결석하게 되고, 어두운 밤에 집밖으로 나와 용변을 봐야 하기 때문에 성추행을 당할 확률이 높다. 이는 장기적으로 건강과 학업, 생계 그리고 안전에 영향을 미치게 되어 결과적으로 잠재적인 생산성이 제한되게 되어 국가 경제에 타격을 입히게 된다.

인도는 집안에서 용변을 보는 것이 청결하지 못하다. 가장 하위 계급인 불가촉천민은 용변을 직접 처리해야 한다는 인도 농촌의 보편화된 관념으로 인해 이 문제가 심각하다. 이로 인해 불가촉천민들은 빈곤한 생활을 하게 되며, 특히 힌두교 공동체 내에서는 더러워진 것을 다른 사람이 청소하지 못하게 한다.[85] 모디 인도 총리는 이러한 문제를 인정하고 개방된 지역에 방치되어 있는 대변을 치우기 위한 대대적인 캠페인의 일환으로 직접 빗질을 하고 델리 거리의 쓰레기를 수거했다. 그러나 인도인들의 태도가 바뀌려면 많은 세월이 걸릴 것이다. 2005년에 실시된 정부 조사에 따르면 도시와 농촌에 거주하는 힌두교 가정의 67%가 무슬림 가정의 42%에 비해 개방된 곳에서 용변을 해결하는 것으로 나타났다.

콜레라나 에볼라와 같은 질병의 발병에 대처하기 위해서는 1차 보건 시설이 중요하다. 그렇지만 주민들이 아프면 맨 먼저 방문하는 의료 시설임에도 불구하고, 특히 농촌 지역의 1차 보건 시설에는 대부분 위생적인 화장실이 없다. 안전한 식수나 화장실이 없고 위생 상태도 나쁘기 때문에 의료 종사자는 제대로 된 감염 예방이나 대책을 실행하지 못하고 있다. 위생적인 시설은 질병의 창궐을 통제하고 차단하는 데 매우 중요하다.

유엔의 밀레니엄 개발 목표와 지속 가능한 개발 목표에 의거하여 각국도 대대적으로 공중 위생 정책에 힘을 쏟기 시작했다. 하지만 각 정책의 책임은 복잡하고 여러 부처에 걸쳐 있다. 예를 들면, 보건복지부, 환경부, 행정안전부, 수자원공사 등이 얽혀 있으며, 중앙 정부와 지방 정부, 지역과 도시마다 관할이 정해져 있다. 야외에서의 배설이 지하수, 연안 해수, 지표수에 미치는 오염 문제가 점점 더 심각하게 인식되고 있으며, 그에 따라 중복되거나 조정되지 않은, 실행 불가능한 정책이 발표되고 예산과 우선순위의 불균형 등의 복잡한 문제가 발생하고 있다.

물, 화장실, 위생 문제를 개선하면, 주민의 건강도 개선될 수 있다는 이해가 높아짐에 따라 새로운 통합적인 정부 기관이 프로젝트에 보다 전략적으로 투자할 것으로 기대되고 있다. 현재 이 분야를 주도하고 있는 글로벌 기관은 세계은행그룹이다. 세계은행그룹은 물, 위생, 영양, 건강 등의 문제를 13개의 프로젝트로 구분하고, 인도, 파키스탄, 라오스, 캄보디아, 베트남, 에티오피아, 모잠비크, 우간다, 잠비아, 아이티 등 10개 국가에서 약 4억 4,000만 달러 규모의 사업을 진행하고 있다.

이와 함께 더 나은 측정과 연구가 필수적이므로 투자 추적 메커니즘을 강화할 필요가 있다. 이용 가능한 공중화장실의 수를 조사하는 것은 비교적 간단하지만, 개인 위생 습관을 모니터링 하는 것은 어렵다. 개발도상국의 경우, 많은 부문별 지표를 동시에 모니터링 할 준비가 되어 있지 않으며, 특히 이러한 지표로 직접 측정하기도 쉽지 않다. 세계보건기구와 유니세프는 현재 이 문제를 해결하기 위해 각국 정부와 협력하고 있다. 단순하고 측정 가능한 필수적인 지표를 식별하고 사용하여 도시 설계 기획자와 정책 결정자에게 제공하고 있다. 개인적인 습관의 문제를 다루는 캠페인은 공중 위생에 미치는 영향의 중요성에 비해 큰 효과를 얻기는 어렵다. 그보다는 화장실 이용에 의해서 개인이 얻을 수 있는 편리성, 사회적 평가, 안전성 등의 이익을 호소하는 편이 더 효과적일 것이다. 이러한 캠페인은 정부가 설치한 화장실의 이용을 높일 수도 있고, 가정에서 직접 화장실을 만들도록 장려할 수도 있다.

시설에 대한 투자와 교육 외에도, 새로운 화장실을 설치하는 프로세스와 자금 조달의 혁신이 중요한 역할을 하게 될 것이다. 신흥시장에서 가장 큰 장애 중 하나는 복잡성이다. 부품을 하나하나 만들고, 여기저기서 장인을 불러들여 화장실 자재를 별도로 찾아내야 한다. 이러한 과정에는 시간과 에너지가 많이 소요된다. 이를 혁신적인 방법으로 개선한다면, 선진국에서 이노베이션을 통해 폐기물 처리의 자동화를 이루었던 것처럼 큰 성과가 있을 것이다.

최근 빌 게이츠 재단은 화장실 재개발 콘테스트를 개최하여 개발도상국 시장에 적합한 혁신적인 화장실 디자인을 모집했다. 이 콘테스트에서 캘리포니아공대 마이클 호프만의 응모작이 당선됐다.

이 화장실은 솔라패널을 동력원으로 하는 전기화학반응기를 사용하여 배설물에서 수소를 생성함과 동시에 소변 속의 염분을 산화시켜 염소를 발생시키고 살균 작용이 있는 용액을 만들어내 화장실로 흘려 보내는 구조로 되어 있다. 그리고 생성한 수소는 요리용으로 사용하거나 연료 전지에 저장하여 전기를 만들어 낼 수 있으며, 수소 등을 만든 뒤의 잔류 고형물은 퇴비로서도 활용할 수 있다. 이 화장실의 프로토타입prototype은 바로 야외 테스트에 이용되었으며, 이르면 2년 이내에 실용화될 것으로 보인다. 빌 게이츠 재단은 매년 화장실 분야에 8,000만 달러를 투자할 계획이다. 세계보건기구WHO의 예측에 따르면, 이러한 투자는 생산성 향상과 의료비 감소 등 사회적, 경제적 이익의 형태로 900%의 수익을 발생시킬 것으로 보인다.

일부 도시가 더 많은 디지털 인프라를 제공하는 것에 초점을 맞추고 있는 지금, 위생 시설이 세계 주요 이슈로 남아 있다는 것은 놀라운 일이다. 일부에서는 깨끗한 공기와 식수 공급이라는 기본적인 문제를 해결하지 않은 채, 여행 정보 애플리케이션을 제작하는 것이 어떤 의미가 있는지 의문을 제기한다. 다른 관계자들은 삶의 질을 높이기 위해 세계적으로, 지역적으로 해결해야 할 복잡한 문제로 보고 있다.

생태 문명

> *지난 40년간 중국은 장기적인 환경의 영향을 우려하지 않고 빠르게 성장해 왔다. 그러나 중요한 도전에 직면한 오늘날 지속 가능한 발전의 긍정적인 희망이 나타나고 있다.*

발전과 환경이라는 어려운 문제에 직면하여 많은 사람은 미래가 어둡다고 본다. 일부에서는 물, 대기 및 인프라 문제를 해결하고 있지만, 많은 사람은 핵심 신흥 국가들에서 시간이 부족하다고 본다. 그러나 현재 변화가 일어나고 있다. 그것도 예상치 못한 방향에서 변화가 진행되고 있다. 만약 여러분이 길거리에서 사람들에게 어떤 국가가 천연자원을 보호하고 환경을 개선하기 위한 가장 야심찬 계획을 갖고 있는지 물어본다면 중국이라고 답변하는 사람은 거의 없을 것이다. 2016년에 예일대학에서 발표한 환경 성과 지표와 같은 순위 결과를 보면 【도표 14】, 중국은 178개 국가 중 109위라는 것을 보게 될 것이다. 이는 대기질과 농업과 같은 부문의 구체적인 수치를 고려할 때 매우 낮은 수준이다.[87]

그러나 산터우, 선전, 톈진, 청두 등 중국에서 급성장하고 있는 대도시에 사는 사람들은 다른 견해를 보인다. 이들은 중국 경제에 도움이 되는 환경을 무시하는 것을 삼가고 '생태 문명'에 대해 생각한다. 또 이들은 중국 공산당이 거대한 방향 전환을 추진하는 방법과 이를 위해서 공무원들이 전체적인 정부 체계를 대대적으로 개편하는 방법에 대해 생각하도록 중국 정부가 어떻게 해야 하는지에 대해 이야기한다. 이보다 중국은 지속 가능성을 핵심으로 삼으며, 말

그대로 규정집을 수정하고 있다. 다른 국가들은 토론하고, 보고서를 발간하고 틀과 가이드라인을 개발하고 향후 20~30년 또는 50년 후의 변화에 대해 로비 활동을 하는 반면, 중국은 2020년경에 시행될 실질적인 변화에 대한 작업을 착수했다. 사실 그래야만 한다.

많은 관계자는 파리에서 진행된 기후변화회의에서 중국이 보인 변화된 태도와 2015년 9월에 열린 유엔회의에서 기후 변화를 해결하기 위해 2030년까지 탄소 중립국이 되고자 발표한 전략과 공약에 감명을 받았다. 아시아 소사이어티의 잭슨 유윙Jackson Ewing과 같은 전문가들은 "지난 몇 년간 환경과 기후 정책에 있어서 중국의 위상이 크게 변했다"고 논평했다. 그러나 현재 진행되고 있는 상황을 들여다보면 당연하다. 중국이 엄청난 환경 문제에 직면했을 뿐 아니라 규모와 산업 역량을 고려할 때 어떤 일을 착수할 수단을 갖추고 있다.

현재 진행되고 있는 여러 문제들을 해결하기 위해 중국공산당 중앙위원회는 생태 문명이라는 개념의 지속 가능한 개발 사업을 진행하고 있다. 중국 정부의 최상위 권력기관인 중앙위원회는 대대적인 변화를 시작한 곳이다. 1978년 제11차 당의회의 제3차 총회에서 역사적인 '개혁 개방' 정책이 중국의 현재 경제성장을 이끌어왔다. 그 후 중국의 국내총생산은 590억 달러에서 10조 달러로 증가했으며, 1990년과 2005년 사이에 4억 7,000만 명의 중국인들이 빈곤에서 구제되었다.

순위	국가	지수	추이
1	핀란드	90.68	↑
2	아이슬란드	90.51	↑
3	스웨덴	90.43	↑
4	덴마크	89.21	↑
5	슬로베니아	88.98	↑
6	스페인	88.91	↑
7	포르투갈	88.63	↑
8	에스토니아	88.59	↑
9	몰타	88.48	↑
10	프랑스	88.20	↑
11	뉴질랜드	88.00	↑
12	영국	87.38	↑
13	오스트레일리아	87.22	↑
14	싱가포르	87.04	↑
15	크로아티아	86.98	↑
16	스위스	86.93	↑
17	노르웨이	86.90	↑
18	오스트리아	86.64	↑
19	아일랜드	86.60	↑
20	룩셈부르크	86.58	↑
21	그리스	85.81	↓
22	라트비아	85.71	↓
23	리투아니아	85.49	↓
24	슬로바키아	85.42	↓
25	캐나다	85.06	↑
26	미국	84.72	↓
27	체코	84.67	↓
28	헝가리	84.60	↓
29	이탈리아	84.48	↓
30	독일	84.26	↓
109	중국	65.10	↓

【도표 14】 예일대학교 환경성과지수, 2016 (출처: 예일대학교)

경제성장이 둔화되면서 향후 미래의 지속 가능한 방향과 환경과의 연계 성장에 관심이 쏠리고 있다. 2014년 11월, 제18기 중앙위원회 제3차 전체회의에서 생태 문명 청사진이 공식적으로 착수되었다. 후진타오胡錦濤 전 주석은 "생태 문명 건설의 핵심은 자원 역량과 자연의 법칙 그리고 지속 가능한 개발을 동반한 환경적 개념 위에 자원을 절약하고 친환경적인 사회를 건설하는 것"이라고 말했다.[88] 지속 가능한 개발의 중국식으로 해석한 개념인 생태 문명은 혁신에 대한 중국 정부의 관심에 새로운 활로가 되고 있다. 2015년에 유엔은 "국가 전략이나 새로운 포스트 2015 개발 프레임워크인 생태 문명에 대한 중국 정부의 관심은 세계에 중요한 의미를 갖는다."고 말했다.

현재 중국에서 진행되고 있는 구체적인 조치는 다음과 같다. 처음으로 재산권을 확립하고, 천연자원을 관리하기 위한 규제 시스템을 활용하고, 상당히 보조금을 받은 가격보다는 실제 가격을 제대로 반영하는 자원에 돈을 지급하여 사용하는 시스템을 설립하고, 핵심 분야를 규정하고 천연자원 고갈을 감독하는 등 중국의 지리를 개발하고 보호하기 위한 시스템을 마련하며, 민감한 육지 및 해상 자원을 둘러싼 생태학적 한계를 설정하고, 세계적으로 주목받고 있는 산업화에 '오염 제공자 부담' 원칙에 의거하여 환경 보상 메커니즘을 시행하고 있다. 중국에서 논의된 생태 문명은 중국에 중심을 둔 전략이지만, 이 용어는 서구식 산업화에 대한 비판적인 의미로도 사용되고 있다.

목표와 강령들 중에서 가장 하향식 변화들 중 하나는 정부의 성과 지표 시스템의 개편이다. 국내총생산은 지난 몇 년간 중국의 핵심이었지만, 중앙위원회는 이러한 지표와는 다른 성과 평가 시스템을 제안했다. 새로운 지표로는 자원 소비, 환경 변화 그리고 친환경적 효율로 모두 파리 기후협약에서 합의된 목표와 일치한다.

자세한 보도는 없지만, 변화는 이미 진행되고 있다. 중국은 2015년에 태양광 에너지 생산량을 20GW까지 두 배로 늘렸으며, 생산 목표량을 1,000GW로 잡고 있다. 2030년에는 중국이 2005년의 이산화탄소 배출량인 국내총생산 단위별 60~65%에서 더 낮출 계획이다. 중국은 기후 변화와의 전쟁을 경제 개혁을 가속화하기 위한 기회로 보고, 더 지속 가능한 미래 개발을 달성해 가고 있다.

중국이 인류 문명의 사슬에서 다음 단계로 나아가면서, 향후 경제 성장의 둔화에 잘 대처할 수 있을지는 분명히 논란의 여지가 있다. 그러나 기후 변화에 세계가 대처해야 한다는 배경이 있고, 중국이 지금까지 국민 건강에 해로운 영향을 미치는 석탄 에너지에 크게 의존해 왔으며, 향후 환경 보전 기술로 세계를 리드할 기회가 있다는 것을 고려하면, 장기적으로 중국의 생태문명이 미치는 영향에 이의를 제기하는 사람을 없을 것이다.

도시 간 경쟁과 협력

> *도시 간 치열해진 경쟁이 국경을 초월하고 있으며, 변화를 주도한다. 국가는 가장 긍정적이고 최고의 결과를 얻기 위해 경쟁하면서도 포화와 자원 고갈 그리고 오염이라는 성공의 어두운 단면을 피하기 위해 협력하기도 한다.*

국제 무역과 세계적인 영향력은 일반적으로 국가 차원에서 정부 간의 관계에 따라 결정된다. 국가는 세계무역기구와 같은 기관의 도움을 받아 상호 이익이 되는 방향으로 협상하기 위해 협력한다. 도시 행정의 경우 시간이 많이 소요되는 과정은 특히 문제가 많다. 도시의 다른 지역과 비교가 되지 않을 정도로 세계 생산량의 대부분을 담당하고 있다. 현재 대표적인 600개 도시가 세계의 GDP의 80%를 생산하고 있다.[89] 일부 도시는 무역과 비즈니스 기회를 창출하기 위해 적극적으로 움직이고 있으며, 그로 인해 발생하는 세수의 증가에 따라 영향력이 커지고 있다. 일부에서는 미래의 성공은 국가 간이 아닌, 도시 간의 활동과 협력이 좌우할 것이라고 주장한다. 18세기에 사라진 도시국가라는 개념이 다시 떠오르고 있다.

도시는 다른 지역에서는 찾을 수 없는 번영의 기회를 제공한다. 인구밀도가 높아서 기업은 폭넓은 관계를 구축하고 자금 조달과 고객 발굴을 쉽게 할 수 있다. 경제 규모와 성장도 중요하고 필요하지만, 비즈니스와 규제 환경, 인적 자본의 질, 그리고 도시가 제공하는 삶의 질과 같은 다른 요인들이 도시의 전반적인 경쟁력을 결정한다.

실제로 번영하려면 도시는 사무실과 연구 공간이 더 필요하다. 카페, 콘서트, 예술 쇼 그리고 열린 공간은 시민들이 만나고 상호작용하는 데 필요하다. 걷기나 자전거 타기를 장려하며, 대중교통을 개선하고, 녹지를 늘리는 등 살기 좋고 건강한 도시를 만들기 위해 막대한 투자가 진행되고 있다. 예를 들면, 뉴욕의 하이라인과 런던의 올림픽 파크, 서울의 복원된 청계천이 좋은 사례들이다.[90]

도시 개발자들은 문화에 주목한다. 예를 들면, 아부다비는 사디야트섬에 문화지구를 개발하고 있다. 파리의 1/4 정도의 면적에 세 개의 미술관루브르, 구겐하임, 자예드을 개관하여 중동의 예술 선도 도시로 자리매김하고, 2030년까지 원유 의존 경제에서 탈피한다는 계획이다.

도시의 경우 '브랜드'도 중요하다. 특정 사람이 끌어들이기 위해 그에 맞는 이미지를 홍보한다. 일례로 뉴욕은 '절대 잠들지 않는' 타이틀로 자부심을 갖고 있다. 반면 텍사스주의 오스틴은 '오스틴을 이상하게'라는 슬로건으로 다른 이미지를 홍보하며 도시가 창의성에 중점을 둔다는 것을 강조한다. 이와 같은 브랜딩은 도시 성장이 도시의 정체성과 매력을 형성하는 문화를 없애려고 하는 것은 안 된다는 인식을 상기시킨다.

세계의 유명한 도시는 지금 이노베이션 측면에서 점점 더 중요한 역할을 담당하고 있다. 이스탄불, 파리, 런던, 뉴욕과 같은 거대 도시의 시장들은 그들의 결정에 대해 유권자들에게 직접 책임을 지고, 국가나 국회의원보다 빠르게 움직이며, 무역에서 이주, 교육에 이르기까지 폭넓은 문제에 대해 즉각적이고 영향력 있는 조치를 취한다. 시장의 막강한 영향력이 핵심이다. 런던의 혼잡 구역 지정*, 뉴욕의 비만세, 파리의 자전거 대여 및 도시 교통을 개선하는 여러 대중 교통 시스템은 모두 도시에서 정한 표준 사례이다. 또한 상업용 건물에 대한 에너지 효율 향상을 장려하는 멜버른의 1,200개 빌딩 프로그램과 홍콩, 뉴욕, 싱가포르, 시드니에서 채택하고 있는 환경 친화적인 건축 법규를 고려해 보자. 오슬로는 2019년부터 모든 자가용 운행을 도심에서 금지할 것이라고 발표했다. 아직 독립적이지는 않지만, 많은 사람들은 앞으로 중요한 도시 변화를 정부가 아닌 시의회가 주도할 것이라고 예측하고 많다.

반면 단점으로는 도시의 영향력이 정부의 영역을 넘어서면서 농촌에 대한 정부의 관심이 줄어든다는 것이다. 도시인들은 농촌 지역 거주자들과 절연되어 사회적 문제로 커질 우려가 있다. 약 6,000

---

*런던의 혼잡 구역 : 런던 중심부에 설정된 구역으로 특정 시간 대에 차량을 운행하면 요금을 부과한다.

만 명의 중국 아동이 농촌에 거주하고 있지만, 부모들은 일자리를 찾아 도시로 몰리고 있다. 아이들은 도시에서 자란 아이들보다 영양실조에 걸리고 학업 능력이 떨어질 수 있다.91 스리랑카와 필리핀과 같은 도시 이주 규모가 큰 국가들도 비슷한 문제를 앓고 있다.

지속되는 성장으로 인해 도시는 번영에 따른 부산물에 취약해 진다. 현재 도시는 세계 천연자원의 75%를 소비하며, 온실가스 배출량의 60% 이상을 차지한다. 급격한 도시화로 인해 삶의 질이 나빠졌으며, 심지어 부유층에게도 영향을 미친다. 여러 지역에서 균열이 발생하고 있다. 남아프리카공화국에서는 대중교통이 부족하기 때문에 슬럼가 주민들은 요금이 비싼 미니버스 택시를 이용해서 출근해야 한다. 필리핀의 마닐라에서 인도의 델리, 파키스탄의 라호르, 탄자니아의 다르에스살람에 이르기까지 많은 도시의 주민들이 정전이나 열악한 위생 시설에 시달리고 있다. 주민들은 값비싼 페트병의 물을 사지 않을 수 없다 런던 시내 중심지는 슈퍼 부유층만이 거주하는 일종의 게토가 되었으며, 사회적으로 중요한 직업에 종사하는 노동자들은 도시의 외곽으로 밀려나 간호사, 교사 경찰 등의 인력이 부족한 상태다. 도시가 효과적인 운송, 전력, 위생 및 보안을 제공하지 못하면, 도시의 경제적 잠재력을 달성할 수 있는 노동자들을 끌어들이지 못할 것이다. 이러한 문제를 협동으로 해결하고 있는 도시도 많다. 예를 들면, C40 도시 기후 리더십 그룹*은 기후 변화를 해결하기 위해 폐기물 관리, 건물 효율성, 교통과 같은 문제에 대해 서로 학습

---

* 도시 기후 리더십 그룹(Cities Climate leadership group, C40) : 세계 온실 가스의 80% 이상을 배출하고 있는 대도시들이 기후변화에 적극 대응하기 위해 2005년 발족시킨 세계 대도시 협의체. 런던 · 뉴욕 · 파리 등 40개 정회원 도시와 16개 협력회원 도시로 구성되어 있다.

하면서 세계 주요 도시의 정책입안자들을 연결하고 있다. 【도표 15】[92]

【도표 15】 C40 도시들(출처: C40)

도시들 간의 최상의 방법을 공유할 수 있는 통로로서 C40은 점차 강력한 조직이 되고 있다. 아마도 G20보다 미래의 문제를 해결하는 데 더 영향력이 있을 것이라고 말하는 사람도 있다. 에콰도르 퀴토의Quito IDE 비즈니스 스쿨에서 열린 워크숍이 끝난 후, 저녁 식사 때 나는 키토 부시장 옆에 앉았다. 최근에 선출된 부시장은 다른 도시들이 어떻게 진행하고 있는지에 관심이 많았다. 우리는 범죄 자본에서부터 공공 부문과 사적 부문의 체결된 파트너십 연결고리를 갖춘 진보적이고 현대적인 도시에 이르기까지 콜롬비아 메델린의 변화에 대해 이야기했다. 부시장은 도시 간 협력 조직으로서 C40의 잠재력을 높이 평가하고, 키토를 변화시킬 수 있는 방법을 신속하게 파악, 채택, 적용하기 위해서는 C40의 지원이 필요하다고 강조했다.

물론 도시가 항상 성장하는 것은 아니다. 일부 도시는 쇠락하고 있다. 미국의 경우, 10곳 중에 한 곳은 쇠락하고 있으며, 독일의 쇠락하는 도시보다 3분의 1이 더 많다. 중국 도시는 2050년까지 인구가 정점을 찍으면서 같은 운명을 맞이하게 될 것이다. 일부 오래된 산업도시들도 쇠퇴의 길을 걷고 있다. 도시가 살아남으려면 도시 설계자들이 성공할 수 있는 정책들을 발굴하는 데 힘을 기울여야 한다. 대표적인 사례로는 독일의 데소-로슬라우와 미국의 피츠버그가 있다. 두 도시는 방치된 건물을 철거하여 부지를 다시 자연으로 복원하고 있다.

오프그리드(off-grid)

> *불평등한 이유나 자발적 선택에 의해 오프그리드(접촉하지 않는) 생활을 하고 있는 사람들은 사회적 구분을 심화시키거나 개인 생활과 건강, 그리고 건강한 삶을 증진할 수 있다. 어떤 방식이든 그렇게 생활하는 것은 혁신을 위한 비옥한 기반을 제공한다.*

일반적으로 사람들은 도시로 이주하여 보다 잘 연결된 삶을 추구하지만, 다른 사람들에게는 반대인 경우도 있다는 것을 알아야 한다. 불평등한 이유에서나 자발적으로 선택하여 오프그리드 생활을 하는 사람들은 예전보다 세계와 인간 세상이 확실히 더 연결된 세상에서 사회적 구분을 심화시키거나 개인 생활과 건강한 삶을 증진할 수 있다. Internet.org[93]에 따르면, 2005년 기준으로 세계 인구의 90%가 모바일 신호권 내에 거주하고 있으며, 30억 명은 인터넷과 연결된 세상에서 살고 있다.

아르헨티나의 멘도사Mendoza에서 이러한 인터넷 연결성을 이용하여 일과 휴일을 하나로 만드는 데 성공한 여행자들을 많이 만났다. 즉 비즈니스와 레저를 혼합한, 이른바 '블레저bleisure'라는 트렌드이다. 과거 20~30대는 장기 휴가를 내고 3개월~6개월간 배낭여행을 하였지만, 요즈음 젊은이들은 자신들의 스타일로 더 오랜 기간 배낭여행을 하고 있다. 우리가 만났던 대부분의 여행객은 파트타임이나 프리랜서로 근무하면서 남아메리카와 그 인근 지역을 1~2년 가량 여행하고 있었다. 일주일에 이틀 정도 와이파이가 연결 되는 곳을 찾으면, 여행하면서 일도 하며 돈을 벌 수 있다. 이런 식으로 여행객들은 유스 호스텔에서 투숙하고 장거리 버스를 타면서 경비를 절약하는 대신, 에어비앤비Air B&B를 통해 좋은 아파트에 투숙하고 차량을 공유할 수 있다. 더 중요한 사실은 공공부문이나 IT, 마케팅 기업의 고용주들은 이들이 이런 방식으로 근무하는것에 호의적이라는 것이다. 아마도 프리랜스 산업이 성장하고 앞으로 일부 부문에서 직업 중심보다는 프로젝트 중심의 와이파이 노마드족들이 증가할 것으로 전망된다.

하지만 이러한 사례는 소수의 운이 좋은 경우에만 해당하며, 세계 인구의 60%는 아직 인터넷에 연결된 생활을 하지 못하고 있다는 점에 주목해야 한다. 많은 사람이 다양한 이유에서 오프그리드 삶을 살고 있다. 접속하지 않는 생활은 편안하고 행복한 삶의 질을 향상시키거나, 사회로부터 격리되어 정신적 스트레스를 높이는 잠재력을 가지고 있다.

이러한 현상 이면에는 몇 가지 요인이 있다. 우선 가장 두드러진 요인은 접근의 불평등이다. 접근 장벽은 주로 인프라의 품질, 경제성과 관련성이다. 접근의 불평등은 인터넷뿐 아니라 교육과 의료에도 적용된다. 접근의 불평등의 주요한 결과는 사회적 불평등을 높일 수 있는데, 이는 빈부의 격차가 커지고 있기 때문이다. 유엔의 지속 가능 개발 목표 10SDGIO은 국내 및 국가 간의 불평등을 줄이는 것을 목표로 하고 있다. 예를 들면, 세계 인구 중 10억 명 이상의 사람들은 아직도 전기 없이 생활하고 있다. 즉 세계 여러 도시에서 100여 년 전부터 당연히 이용하고 있는 전기를 세계의 200만 곳의 마을에서는 지금도 이용하지 못하고 있다. 10억 명의 오프그리드 인구 중 많은 사람이 야간 전등에서 식품 보전에 이르기까지 전기의 기본적인 혜택을 누리지 못할 뿐만 아니라, 대기 오염과 나무와 촛불, 등류 또는 파라핀 사용으로 인한 건강상의 질병으로 고통받고 있다.

그러나 몇 년간 아무런 움직임이 없다가 이 문제를 해결하기 위한 거대한 운동의 징후가 나타나고 있다. 아프리카와 인도, 남아메리카에서 많은 스타트업과 정부 정책, 그리고 기업의 사회적 책임CSR 사업이 지지를 얻고 있다. 케냐와 탄자니아의 M-코파 그리고 오프그리드 전력은 전력망에 없는 농촌 지역에서 100% 재생 가능한 솔루션으로 옮길 수 있도록 하는 분야에서 선두를 달리고 있다.[94] 아프리카의 상당수 국가들은 일반전화를 건너뛰고 바로 휴대전화로 이동한 것처럼 전력 공급에서도 건너뛰는 양상을 지켜보고 있다. 태양전지판 가격의 하락과 배터리 저장 능력 향상, 저렴한 LED 전력이 모든 국가에 접근 가능하고 구매할 수 있는 에너지를 제공하는 혁신적인 사업 모델과 부합되고 있다. 마을이든 가정에서든 쓰는 만큼 지급하는 전기가 생활을 탈바꿈하고 있다. 아이들은 밤에도 책을 읽을 수 있어서 교육 수준이 향상되고, 부모들은 일몰 후에도 일을 계속할 수 있고, 음식이 하루 안에 상하지 않고 일주일 내내 차갑게 보관될 수 있다. 100년간 많은 사람이 당연하게 생각했던 기본적인 변화가 기존에 뒤처져 있던 많은 사람에게도 나타나고 있다.

오프그리드 생활의 다른 면은 일부 사람이 디지털과 단절될 수 있는 긍정적인 선택권이 있다는 것이다, 경제, 정치, 사회, 문화 그리고 프라이버시 문제로 인해 점차 많은 사람이 디지털 생활을 선택하거나 탈퇴하고 있다. 데이터가 점차 다양해지면서 많은 사람은 디지털 생태계를 피하기 위해 자발적으로 선택하거나, 일부의 사람들은 디지털 생태계로부터 몸을 숨긴다. 다른 사람들에게 있어서는 자급자족과 탄력성의 문제이다. 오프그리드 생활은 영구적이거나 일시적인 선택일 수 있다. 가령 많은 개인과 가족, 그리고 공동체는 스크린과 웹에서 보내는 시간을 줄이고, 건강과 복지, 그리고 교육적 성과를 개선하기 위해 디지털 해독 방식을 선택함으로써 일시적으로 오프그리드을 택하고 있다.

디지털 오프그리드 생활은 잠재적으로 장점과 동시에 단점이 있다. 핵심적인 장점으로는 스트레스가 줄고, 행복이 증진되며, 환경 발자국이 감소하고, 반어적이지만 지구와 주변 사람들과의 연결성이 증가하고, 비용이 감소한다. 자주 언급되는 단점으로는 불평등 증가, 디지털 접근성의 불평등으로 인한 단절이다. 많은 연구 결과를 보면 디지털 단절로 인해 실제든 인식되든 경제, 사회, 그리고 민주적 불평등이 심화되어 정보를 가진 자와 갖지 못한 자 간의 갈등과 불안정이 나타날 수 있다.

유엔의 지속 가능 개발 목표 중에서 "누구도 뒤처지지 않도록 한다."라는 목표는 금후 많은 사람에게 혁신 기회를 제공하게 될 것이다. 이는 인프라에 대한 투자 증가나 보조금 지원 또는 뒤처진 사람이 사회정치적 불안정과 노동자 파업, 절망감과 불행이 증가하면서 발생되는 정신질환으로부터 보호를 받는 방식을 모색하는 것을 통해 접근성을 개선하는 것이다.

결론: 스마트시티 vs 더욱 스마트한 시민

두 도시는 같을 수 없다. 도시마다 고유의 특징이 있으므로 모두가 잘 살 수 있는 최적의 공간을 제시한 세계적인 청사진은 없다. 가령 개인의 이동 관점에서 뭄바이 시민의 55% 이상은 걸어서 출퇴근하며, 런던은 20%, 뉴욕은 10%의 시민이 걸어서 출퇴근한다.【도표 16】

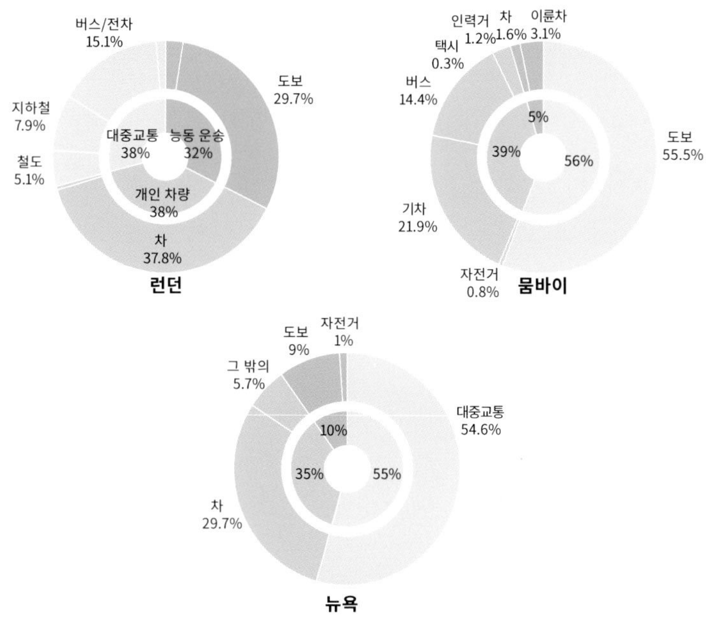

【도표 16】 런던, 뭄바이, 뉴욕에서 출퇴근하는 방식 (출처: LSE 시티스)

마찬가지로 뉴욕 시민의 58%가 매일 대중교통을 이용하고 있으며, 런던의 대중교통 이용률은 41%이고, 뭄바이는 39%이다.[95] 오염이라는 시각에서 보자면 상하이의 1인당 이산화탄소 배출량은 뉴욕보다 많고, 멕시코시티, 런던, 베를린 그리고 요하네스버그의 평균치의 두 배에 달하는 45%이다. 정답은 확실한데, 한 곳에만 문제가 있는 것이 아니다. 보고타를 위시한 라틴아메리카의 도시들은 버스 교통 시스템이 가장 효율적인 것으로 평가되지만, 라틴아메리카에 1인당 살인율 면에서 세계에서 가장 위험한 도시들이 밀집해 있다.[96]

소위 스마트시티에 대한 잠재성이 커지고 있다. 최근에 인도에서는 기존의 중소 도시를 현대화하여 100개의 스마트시티를 대도시의 위성도시로 개발하는 150억 달러의 계획이 추진되었다. 이 계획의 목표는 양질의 식수, 전력과 더불어 개선된 폐기물 관리와 대중교통 시스템을 제공하여 이들 도시의 기본적인 인프라를 개선할 뿐 아니라, IT 연결을 통해 도시 문제에 스마트한 해법을 제시하는 것이다.

다른 도시에서도 IT로 가능해진 스마트시티의 꿈의 실현을 이미 착수했다. 많은 사람은 완벽한 스마트시티란 재생 에너지 시스템과 효과적인 교통망 그리고 디지털 인프라가 모두에게 최고로 효율적인 지속 가능한 환경을 창출하는 목표와 일치한다고 본다. 두바이 외 도시들은 이 목표를 실현하기 위한 계획을 마련했지만, 일부 주목할 사례들은 도시와 기업들이 파트너십을 통해 마련하고 있는 다양한 계획들이다. 대규모 센서망과 클라우드 기반의 스토리지 그리고 예측 분석 도구가 통합된 리우데자네이루와 같은 많은 주요 도시의 시장들이 IBM에서 마련한 스마터 시티/스마터 플래닛 계획을 받아들였다. 사물인터넷IoT 역량의 증명 사례로 산호세와 인텔의 협업은 보다 잘 연결된 인프라를 통해 대기 오염과 소음 공개, 교통 흐름을 개선하는 데 중점을 두었다. 아랍에미레이트의 마스다르는 계획 이면에, 지구상에서 가장 지속 가능하고 환경적인 스마트시티들 중의 한 곳이 되기 위한 목표를 세우고 있다. 또한 한국의 송도신도시는 시스코시스템즈의 '스마트+커넥티드' 구상을 도입하여 유비쿼터스 데이터 공유, 빌딩 오토메이션, 고속 네트워크, 모든 쌍방향성 접속에 의한 이상적인 스마트시티 실현을 목표로 하고 있다. 이러한 상당수 계획들은 스마트한 도시를 추구하지만, 도시 자체적으로 어디까지 스마트해질 수 있는가? 시민들이 더 많은 정보를 얻고, 더 나은 결정을 내리고, 핵심 전략의 개발과 실행에 더 많이 참여할 수 있게 되는가? 하는 의문이 제기된다. 점차 도시 인구가 증가함에 따라 시민들이 더 나은 삶에 적극적으로 참여하고 관심이 커지게 될 뿐 아니라 이를 위한 스마트시티 기술에 중점을 두게 될 것이다. 우리가 도시와 그 속의 공간 활용 방법을 바꾸는 일은 기술을 입히는 일인 만큼 시민들이 도시 공간과 어떻게 관련되어 있는지의 문제와 같다.

예를 들어 싱가포르의 인구가 두 배로 증가하면서 더욱 효율적인 도시로 성장하기 위해서는 대중교통의 확충을 핵심 요인으로 보고 있다. 따라서 2030년까지 80%의 가구가 전철역에서 10분 거리 내에 위치해 있을 것이며, 이동 거리의 75%는 대중교통으로 가능해질 것이다. 더 많은 사람이 대중교통을 이용하도록 장려하는 일은 상호 이익win-win이다. 런던은 유럽의 여타 도시들보다 대중 데이터가 공개되어 있어서 협력과 의사결정이 더 원활하도록 공유된 정보를 현명하게 사용할 수 있는 중심지로 급부상하고 있다. 여기에는 도시 안에서의 다른 집단, 특히 정부 부처 간의 협력이 내재되어 있다. 예를 들면 두바이에서는 최근 몇 년간 놀라울 정도의 하드웨어상의 진보가 있었음에도 대부분 지역이나 정부 부처 단위로 혁신이 이루어졌다. 사실 공공 부문의 다른 부처들 간에는 협력이 거의 이루어지지 않는다. 만약 나빠진 대기질과 급증하고 있는 도시 비만율과 같은 중요한 문제들을 해결하려면 보건부, 교통부, 기획부, 경제부, 관광부 등 정부 부처들 간의 심도 있는 협력이 요구된다. 시민들과 함께 도시를 설계하는 것은 일반적인 요구사항이다.

도시든, 농촌 지역이든 어떻게 사는가에 대해서 많은 어려운 문제에 직면해 있는 것은 분명하다. 하지만 우리가 협력하여 정책을 제정하고 더 나은 삶의 질에 가장 도움이 되는 접근법을 시행할 수 있다면, 큰 진전을 이룰 수 있을 것이다. 대두되고 있는 문제들을 해결하는 방법을 찾기 위해 미래로 눈을 돌릴 때에는 백미러를 들여다보는 것도 중요하다. 오늘날에도 해당되는 과거의 교훈이나 적절한 통찰력이 있을까? 있을지도 모른다. 약 반세기 전인 1961년, 제인 제이콥스는《위대한 미국 도시의 죽음과 삶》이라는 책에서 "도시가 모든 사람에 의해 만들어졌을 때, 그때에만 모두를 위한 어떤 것을 제공할 수 있다"라고 강조했다. 이는 오늘날에도 해당되는 말일 것이다.

Chapter 4

CHALLENGE 3: 미래의 권력

서방 국가가 중앙정부의 영향력을 도시와 네트워크에 양도하고, 아시아와 아프리카의 국가는 더 큰 권력을 주장하는 시대에, 누가 어떻게 글로벌 리더십을 주도해 나갈 것인가?

CHALLENGE 3
: 미래의 권력

FUTURE AGENDA

세계적으로 누가, 어디서, 어떻게 권력을 만들고 사용하는가에 영향을 주는 중대한 움직임들이 일어나고 있다. 지정학적 수준에서 중국과 인도의 증대되는 영향과 재등장뿐 아니라 경제적으로나 정치적으로 아프리카의 향후 역할에 대한 많은 질문이 쏟아지고 있다. 서방이 마지못해 더 많은 영향력과 통제권을 '다른 국가'에 양도함에 따라, 세계인들은 치열한 경쟁에 직면한 유럽과 미국이 특히 20세기 행사했던 영향을 지속할 수 있을지에 대해 깊이 있게 살펴보고 있다. 21세기는 앞으로 중국의 시대가 될 것인가? 아시아 국가의 연합이 21세기를 주도할 것인지 아니면 미국이 영향력 있는 지위를 유지할 것인가? 안보와 기술 또는 무역이 미래의 리더십을 정의할 것인가?

세계 곳곳에서 일어나고 있는 변화는 중앙정부의 역할과 권력에 영향을 미친다. 일부 지역에서 정부 주도의 변화가 많지만, 일각에서 민간 부분은 특히 국민국가와 반대되는 도시의 경우에 직접적인 방식으로든 연합의 방식으로든 영향력을 확보하고 있다. 중앙정부

보다 시장市長이 더 중요한 지위를 차지하는 도시도 있다.

사물인터넷IoT이 현실화되고 기술 의존도가 증가함에 따라 데이터 보안과 소유권을 둘러싼 우려가 증가하고 있다. 데이터는 국경이나 기업의 방화벽을 인식하지 못한다. 모든 것이 네트워크의 일부가 될 수 있는, 항상 모든 것이 연결된 세계에 살게 됨에 따라 개인정보를 둘러싼 규제와 같은 문제가 점차 부상하고 있다. 일각에서는 전력 공급에 대한 변화와 화석연료에서 재생 에너지로의 변환과 에너지 저장의 중요한 문제에 더 많은 관심을 두고 있다.

이러한 핵심 문제들에 걸쳐서 확실한 것은 얼마만큼 행사되어야 하는가의 권력의 속성이 변화하고 있다는 사실이다. 우리는 파편화되면서도 연결된 세계로 이동하고 있다. 이 장에서는 미래의 권력을 살펴본다. 다양한 각도를 통해 권력이 어떻게 등장하고, 다양한 지역에서 현 상태에서 가장 두드러진 변화가 무엇인지를 살펴볼 것이다.

권력과 영향력의 이동

> *경제력의 무게 중심이 200년 전 원래 위치했던 동쪽으로 이동하고 있다. 최근에 초강대국들은 이러한 변화 속도를 조절하고자 하지만, 인구와 자원이 매장된 위치를 고려하면 현실적으로 조절하기 어렵다.*

미래의 영향력에 대한 견해는 지정학과 세계화에 대한 거시적인 관점과 강대국의 역할로 요약된다. 일례로 우리는 세계화와 국제 무역 시대의 종말을 목격하고 있는 것일까? 2차 세계대전이 발발하면서 구축된 구조는 퇴물이 되어가는 것으로 보이며, 2015년이나 2016년에는 더 이상 원래의 목적에 적합하지 않다. 세계 곳곳에서 이를 바꾸려는 움직임이 포착되고 있다. 서구 시장이 약화되고 있으며, 미국이 갖고 있던 평화 일꾼이자 수호자로서의 열망이 식고 있다. 그리고 유럽은 헌법적 난제에 직면해 있다. 젊은 인력과 중산층의 증가로 혜택을 입고 있는 아시아 국가들은 세계 무역에 영향을 미칠 뿐 아니라 외교 무대에서 큰 역할을 수행하고 있다. 아프리카와 남아메리카는 중요한 영향을 미치지는 않지만, 활용할 수 있는 천연자원이 풍부하여 앞으로 10년 후에는 변화가 일어날 수 있다.

일각에서 예측하듯이 다가오는 10년이 아시아의 세기가 될지의 여부는 인도양 지역의 권력이 점차 저무는 전후 무역로의 변화에 따라 보게 될 것이다. 2000년과 2010년 사이에 남남 무역이 두 배로 증가했으며, 이는 2025년까지 세계 무역의 1/3 이상을 차지할 것으로 보인다.【도표 17】 많은 학자는 수세기 동안 성장한 후에 유럽의 경제적 호황기가 상대적으로 저물고 있다고 지적한다. 일각에서는 유럽의 실험은 호황기가 있었으며, 유럽인들은 앞으로 10년간 이러한 경제적 실패의 반향 효과를 처리하는 데 주력해야 한다고 주장한다. 다른 학자들은 유럽이 경제 위기를 헤쳐나가야 한다고 주장하는 반면, 다른 학자들은 세 가지 가능한 옵션을 예측한다. 하나는 북남 분기점을 따라 유럽이 두 개로 분할될 것과, 둘째는 도이치마르크와 리라와 같은 유로화 이전의 주요 화폐가 다시 도입되거나, 셋째 유로존이 개별 국가 화폐와 경제적 이익으로 완전히 재분할될 수 있다는 것이다.

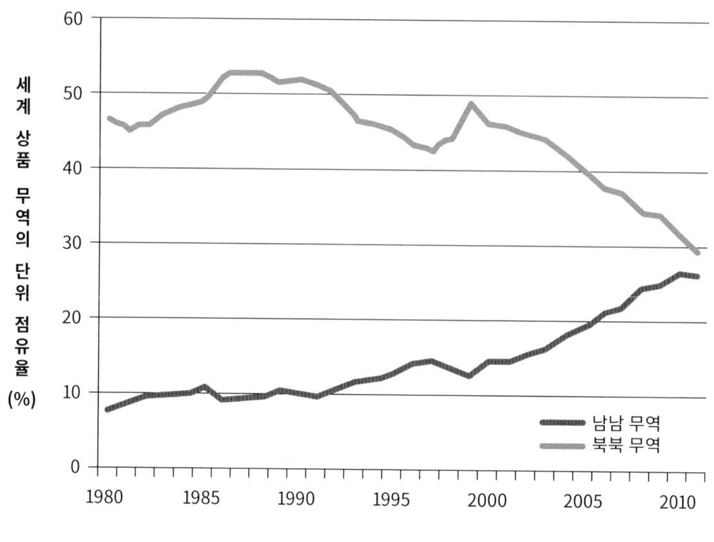

【도표 17】 남북 세계 무역 지분 (출처: 이코노미스트)

아시아에 대해 논의하는 동안 이미 독일이 필요한 시기에 대비하여 도이치마르크를 발행했다는 소문을 들은 바 있다. 몇 달 후 필자는 베를린에서 지급 방식의 미래에 대한 의견을 개진했었다.

필자가 들었던 루머를 독일 은행계의 선임위원들과 공유하고 사실인지 물었다. 답변은? 바로 "현명하지 못한 방식으로 보입니다." 였다.

유로가 화폐인 것과 관련하여 어떤 문제가 발생하든 독일은 향후 10년간 유럽연합에서 계속 최강자로 군림할 것이다. 그러나 전반적으로 유럽의 영향력은 영국의 브렉시트Brexit 투표 또는 현재 발생할 가능성이 있는 그렉시트Grexit와 같은 내홍으로 약화될 수 있다.

유럽과 아시아를 연결하지만, 어떤 면에서는 경제 최강국과는 거리가 먼 국가는 바로 터키다. 뉴델리에서 인도은행과 진행된 좌담회에서 터키는 유럽의 중국으로 묘사되었다. 이는 흥미로운 관점이면서도 프랑스에서 정의된 것과는 완벽하게 일치하는 것은 아니었다. 1996년에 유럽연합의 세관연합이 설립된 후로 2014년에 터키의 유럽 수출량은 약 700억 달러로 전체 수출의 43.5%를 차지했다. 2025년에 터키가 "세계에서 가장 진보적인 무슬림 국가"라는 설명이 유효하든지 간에 터키의 지정학적 위치가 세계 무역에서 중요한 영향을 갖기 때문에 지역 경제와 세계 경제에 미치는 영향력은 증대될 것으로 보인다.

그러나 러시아의 경우에는 전망이 밝지 않다. 러시아는 인구 감소, 비위생적인 물, 식량 공급 부족예전에는 구 소련의 구성국으로부터 공급을 받았음 등의 문제를 안고 있으며, 준국영 기업의 수익은 경제적 효율보다는 정치적 접촉에 의존하는 등 부패한 경제로 어려움을 겪고 있다. 고유가와 신용 시장에 대한 접근성이 개편되었음에도 2011년부터 2014년까지 국내총생산 성장률은 평균 2.4%에 그쳤다. 상당수의 경제학자들은 향후 10년간 러시아의 전망은 어둡다고 입을 모은다. 그러나 러시아에서 지위를 굳히는 데 주력하는 푸틴이 세계 무대에서 존재감을 유지하지 못하도록 하긴 어려울 것 같다.

중동은 어디를 가든 공통적인 특징들을 볼 수 있지만, 많은 지역적 차이도 확인할 수 있다. 특히 수니파와 시아파 간의 경쟁과 갈등, ISIS의 자금, 사우디아라비아에서 계획 중인 변화와 미래에 신新 페르시아 제국을 건설하고자 하는 이란의 야심과 관련된 것들에서 엿볼 수 있다. 정치 · 경제적인 이유로 중동에서 미국의 영향력이 감퇴하고 있다. 많은 석유수출국기구OPEC 회원국은 다양성을 증대할 필요가 있다. 이들 국가는 기후 변화 문제에 대처해야 하고, 중동과 장기적 관점에서 중요한 아프리카뿐만 아니라 성장하는 중국과 인도로 향하는 중추적인 관문 역할을 해야 한다.

혹자는 아프리카 대륙의 규모와 더불어 인도, 중국, 미국, 유럽 대륙을 합친 것보다 훨씬 큰 면적 2040년이면 세계에서 가장 많은 인력과 자원을 갖고 있다는 점을 잊고 있는 것 같다. 많은 경제학자들은 2020년이면 전체 국내 총생산액이 2조 6,000억 달러에 이르고 개인 소비 지출액도 1조 4,000억 달러에 이르면서 약 5억 명의 새로운 중산층 소비자들 영향이 발생할 것으로 예상한다. 문제는 시기인데, 인도처럼 향후 10년 내로 상당한 변화가 있을지 또는 전환기가 장기화될 것인지이다.

많은 경제학자들은 인도가 장기적으로 확실히 고지를 점할 것으로 보고 있다. 인도의 완벽한 인구 피라미드와 거대한 국내 시장, 증가하는 중산층, 많은 국내 기반의 다국적 사기업의 성공, 자원을 지키기 위한 군사적 팽창에 대한 관심이 적은 점, 세계적인 수준의 IT와 과정 혁신은 인도가 세계 경제 3위로 도약할 가능성을 높인다. 다른 경제학자들은 인도가 사업을 하기에 까다로운 국가이며, 인프라가 약하고 부패가 있어서 커다란 장애물이 된다고 지적한다. 인도 정부는 2020년까지 매년 상품 수출 규모를 9,000억 달러로 두 배 늘리면서 세계 무역에서 인도의 지분을 2%에서 3.5%로 늘릴 계획이다.【도표 18】 세계은행과 이코노미스트 인텔리전스 유닛EIU, 국제통화기금IMF, 국제연합UN은 앞으로 10년 후에 인도의 국내총생산 성장률이 6%에서 7% 사이일 것으로 전망하고 있다. 그러나 개혁에 대한 진행은 더디다.

아시아에서 싱가포르는 주요 세계 무역 허브로 지위를 유지하고 있으며, 국내총생산에서 아시아의 선두를 지키고 있다. 인도네시아는 진보적인 정부 정책과 탄탄한 원자재 수출 기반을 통해 꾸준히 증가세를 보이고 있다. 그러나 중국이 우세하다. 국제통화기금이 발표한 수치에 따르면, 지난 10년간 중국의 평균 수치는 세계 국내총생산 성장률의 25% 이상이었다. 일각에서는 특히 한 자녀 정책의 영향으로 인해 생긴 불균형한 인구 구조의 부담과 관련하여 중국 경제의 장기적인 지속 가능성에 의문을 제기한다. 만약 중국이 세계 질서를 재편하는 데 더 많은 경제력과 소프트 외교를 활용하고, 인민화폐renminbi가 세계의 보유 화폐로서의 달러를 찬탈한다면, 중국은 세계 무역을 지배할 수 있다.

남미로 눈을 돌리면, 브라질은 중국산 제품의 수요 감소 등 소비 추세를 반영하면, 향후 10년 동안 성장률은 3%를 밑돌 것으로 예상된다. 칠레, 페루, 멕시코와 같은 다른 남미 국가들은 새 환태평양 동반자 무역협정의 일환으로 혜택을 입게 될 것이다. 반대로 더 폐쇄적인 아르헨티나는 한 위기에서 다음 위기를 맞이할 것으로 평가된다.

북쪽에 위치한 미국에 대해 언급하면, 세계 인구의 20%를 차지하는 중국이 세계 GDP의 1/7약 14%을 창출하는 반면, 세계 인구의 6%를 차지하는 미국은 세계 GDP의 20~25%를 창출하고 있다.

【도표 18】 2020년까지의 인도의 수출량

무역과 에너지 분야에서 자급률이 높아지는 미국이 과연 앞으로도 세계의 바다 경찰관 역할을 맡아 국제무역의 루트를 지켜 나갈 것인가? 미국의 외교 정책과 경제적 영향력이 현저하게 감소하려면 아직 수십 년은 지나야 할 것 같다.

지난 수 세기에 걸쳐 세계 경제의 중심축이 바뀌었다. 중심축은 처음 1,000년간 이라크에 있다가, 1950년대에는 점차 뉴펀들랜드 해안에서 서쪽 끝으로 이동하였다. 1980년대 중반부터 서구에서 아시아로의 변화 속도가 급속도로 빨라져 매년 140km씩 이동했다. 이는 인류 역사상 가장 빠른 속도다. 맥킨지 모델은 2025년까지 인도와 아프리카의 성장으로 인해 경제 중심축은 중국과 몽골과 맞닿은 러시아 국경으로 이동할 것이라고 예측했다.【도표 19】[98] 변화가 있을 것이다.

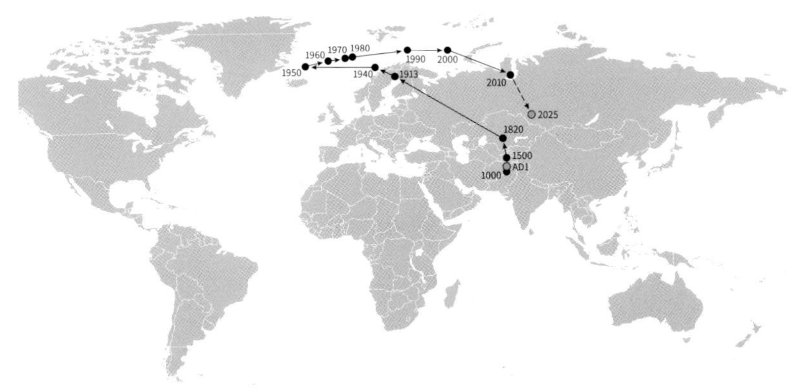

【도표 19】 세계 경제 중심의 이동 (출처: 매킨지 글로벌 연구소)

중국을 추종하는 현상

> *중국의 경제적 영향력이 지속됨에 따라 세계 곳곳에서 중국을 추종하는 현상이 나타나고 있으며, 중국의 문화적 영향력이 확대됨에 따라 중국에 대한 기대와 두려움이 급속하게 확산되고 있다.*

중국이 향후 10년 동안 중요해질 것이라고 말하는 것은 진부한 표현이다. 좀 더 흥미로운 질문은 무엇일까? 어떤 사람들에게는 중국은 약속의 땅이고, 다른 사람들에게는 고압적인 통치, 낡은 이념, 이기적인 고립으로 얼룩진 다루기 힘든 비굴한 땅이다. 요점은 아마도 이것일 것이다. 누구의 말이 맞는지는 그다지 중요하지 않다. 이러한 견해의 진실은 어쨌든 현실은 언제나 중간 어딘가에 있을 것이다 중국이 그러한 극단적인 렌즈를 통해 관찰되고 있다는 사실이다. 어쩌면 중국은 세계를 구하거나 우리 모두를 파멸시킬 것 같다.

점차 더 많은 사람들이 일상생활에 미치는 중국의 영향력또는 중국산 제품을 인식함에 따라 이렇게 생각하는 경향이 지속되고 있다.

중국인의 소비가 갖는 중요성은 이미 명백한 현상이다. 중국의 매출에 따라 애플의 주가가 널뛴다. 우버에 따르면 중국이 모든 우버 여행의 30%를 차지하며, 중국인들은 스코틀랜드인들보다 더 좋은 위스키를 마시며, 중국인 영화 관람객 수가 할리우드 영화의 흥행을 결정하고 있다. 실제로 할리우드 영화 〈분노의 질주Fast and Furious〉는 중국에서 3일 동안 1억 8,000달러의 수익을 거두었다.

소규모 기업의 경우, 중국인 소비자들이 네덜란드산 에담Edam 치즈와 같은 제품에 관심을 보임에 따라 중국 시장이 급속도로 주요 판매처가 되고 있다. 이러한 수치는 중국인 인구만으로도 상승한다. 2015년 중국의 '중산층' 또는 '상대적으로 부유한' 중국인 수는 같은 계층의 미국인 수를 앞질렀다.[99]

따라서 많은 대·소규모 외국 기업이 앞으로 10년간 탁월한때로는 '오직 예상 가능한 정도의' 기회로 중국 시장을 바라보고 있다.[100] 중국은 부자들이 중국 국경을 성공적으로 통과할 수 있는 일종의 엘도라도로 소개된다. 다른 측면으로는 많은 서구 기업의 자금이 중국 소비의 아주 미묘한 움직임과 긴밀하게 연결되어 있으며, 중국 시장의 변동으로 인해 많은 패닉을 일으킬 수 있다는 분석으로 이어질 수 있다. 중국 시장에서 무한한 비즈니스 기회를 찾는 낙관론자가 있는가 하면, 중국 시장의 불확실성을 지적하는 비관론자도 있다. 비관론자들은, 중국 소비자들은 변덕스럽고 다루기 어려우며, 중국 경제는 불투명한 부채를 안고 있으며, 부동산 시장과 주식 시장은 버블 현상을 보이고 있으며, 중국 정부가 서투른 방법으로 시장에 개입하고 있다고 지적한다.

그러나 중국이 부가가치 상품만을 소비하는 것은 아니다. 중국의 급격한 경제성장은 천연자원의 소비가 함께 급증함에 따라 가능해졌다. 실제로 중국은 석탄의 대량 생산과 소비로 인해 세계 최대의 탄소 배출국이 되었으며, 또한 세계 최대 희귀금속 소비국이기도 하다. 【도표 20】[101] 그리고 여기에 생수와 가축, 인산농업에 중요한 유한한 자원도 추가된다. 반면 중국은 동시에 세계 최대 재생 에너지 기술 투자국이기도 하다.

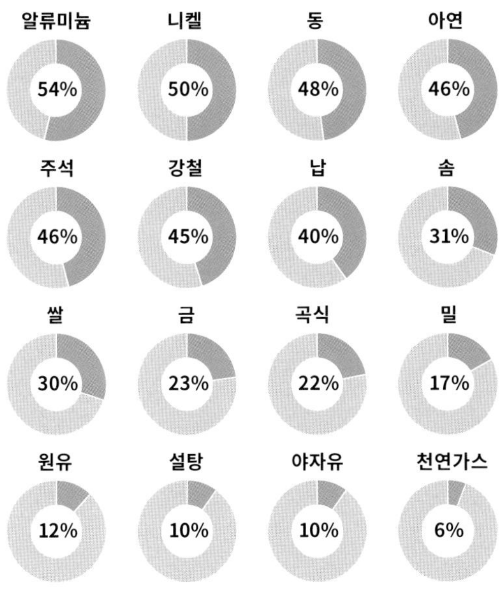

【도표 20】 세계 전체 자원 소비량 중 중국의 소비 비율 (출처: WEF)

중국은 특히 '싼샤 댐 프로젝트를 통해 수력 발전의 한계와 가능성을 탐색하는 문자 그대로 새로운 돌파구를 마련했으며, 이제는 광전지 태양 에너지와 풍력 에너지의 세계 최대 생산국이다. 혹자는 중국의 생태 문명 계획이 궤도에 오르면, 중국이 문제 해결의 중심이 될 수 있다고 생각한다.

2005년 서양 소비자들 중에 중국산 브랜드를 보게 될 것을 안 사람은 많지 않았다. 그해에 레노보가 IBM의 개인용 컴퓨터 인수했고, 이듬해에는 IBM 브랜드를 떼고, 서양의 시내 중심가에서 최초로 널리 알려진 중국산 브랜드가 되었다. 오늘날 서양 소비자들은 화웨이, 텐센트, 알리바바, 샤오미, 하이얼, 중국국제항공, 중국동방항공, 중국 유니온페이와 같은 브랜드에 친숙해지고 있다. 비록 직접 구매하지 않더라도. 텐센트특히 인스턴트 메신저 서비스인 위챗을 통해와 알리바바는 첨단 기술 분야를 선도하고 있으며, 이 외에도 많은 기업이 퍼스널 케어, 의류, 가전제품, 소매, 식품 분야에서 두각을 나타내고 있다. 또한, 중국은 세계 각국에 금융 투자를 확대하고 있다.【도표 21】 중국의 자본과 투자는 피렐리 타이어스, 바르셀로나 에스파뇰 축구 클럽, 미국의 스미스필드 푸즈 등 많은 서양의 대기업을 인수하고 있다. 중국의 재정 역할이 증가하고 있는 것 외에 중국의 기술은 가봉의 철도에서 영국의 원자력 발전소 건설에 이르기까지 세계 자본시장과 국가 인프라 사업에서 역할을 하고 있다.

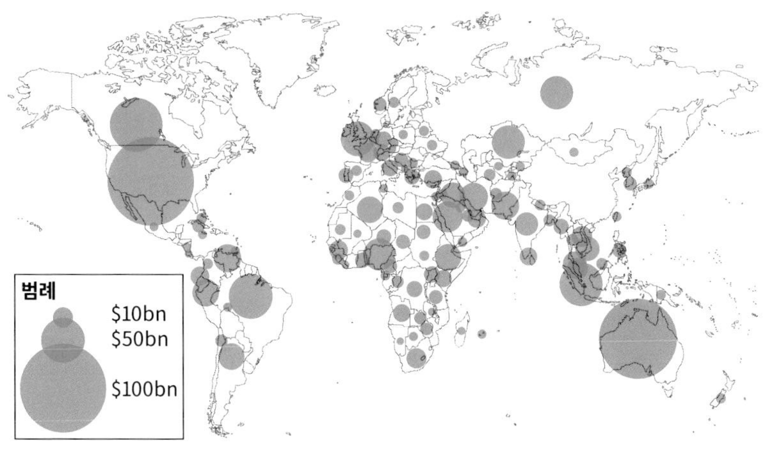

【도표 21】 세계 각국에 대한 중국의 투자 연황, 2014 (출처: 헤리티지 재단/미국기업연구소)

일각에서는 해외에 제품을 대량 생산하는 작업장에서 자체적으로 경쟁하는 혁신적인 생산국으로서의 중국의 변화를 우려스러운 징후로 본다. 반경쟁적 관행, 지적재산권 침해, 특허권 침해 그리고 보호주의 국가 정책이 중국 시장으로의 접근 경쟁을 어렵게 하고 있다.

그러나 다른 시각으로는 혁신을 주도하고, 새로운 아이디어를 제시하고, 창의적으로 투자하고, 기존의 다국적 과점에 도전하는 글로벌 무대에 선 새로운 주자로서 세계가 필요로 하는 대상이라고 본다.

많은 사람에게 있어서 군사력의 뒷받침을 받는 정치 세력으로서 중국의 부상은 두려움의 대상이다. 이들은 점차 팽창적인 자세특히 남중국해에서를 취하며, 사이버 안보와 개인정보 데이터, 인권 지지와 자원 소비에 대한 '방관적인' 태도에 관한 처참한 기록을 위협으로 지적한다. 다른 시각에서는 중국이 노인을 공경하는 계몽된 태도와 헌신적인 노동 윤리, 대외 정책에 대한 상대적으로 배타적인 정책을 강조하면서, 세계에 더욱 긍정적인 영향력을 주고 있다고 본다.

20세기가 정치 경제 분야에서 중국과 세계가 조우한 시대였다면, 앞으로 몇 해 동안은 문화 분야에서 만나는 시대가 될 것이다. 중국의 경제적 지배력이 꾸준히 증가하면서 적어도 예측 가능한 시기에 중국의 지배력을 추종하는 현상에 따른 문제가 전면으로 부상하게 될 것이다. 중국 정부의 조치와 행동에 대한 열렬한 논평을 보게 될 것이며, '독특한 중국식 사회주의'와 혼란스러운 유교에 기반한 정책 이념, 그리고 '중국식 사고방식'에 대한 혼동된 비판의 의미를 분석하려는 시도가 있을 것이다.

그러나 많은 사람에게 있어서 갑작스러운 중국 문화와의 만남은 새로운 사업 예절 꽌시 자본주의 등 을 배워야 하거나, 우리의 노후화된 인프라와 독특한 종교적 신념을 믿을 수 없다는 듯이 바라보면서 중국 음식과 수화를 요구하는 대담해진 중국인 여행자들과 얼굴을 마주해야 하는 형태로 이루어질 것이다. 그 결과, 이 불명예스러운 국가중국에 대한 매력은 20세기 미국에 대한 세계의 애증적 집착과 비슷해질 것이다.

아프리카의 경제 성장

인도와 중국, 미국 그리고 유럽을 합친 것보다 더 큰 면적을 가진 아프리카의 대륙과 그 자원의 규모에 대해 의심하는 사람은 거의 없다. 하지만 최근까지 일부 지역에서만 빠르게 성장하고 있는 시장으로 평가되고 있다.

아프리카 대륙은 지난 10년간 연평균 5%의 경제 성장률을 기록했다. 아프리카에도 중국처럼 이미 도시화되었거나 유럽처럼 인구가 100만 명을 넘는 도시도 많다. 인구는 꾸준히 증가하여 머지않아 아프리카 전체 인구는 20억 명에 달하게 될 것이며, 앞으로 몇 년 후면 아프리카에 50억 명의 새로운 중산층 소비자들이 나타나게 될 것이다. 【도표 22】[102] 하지만 같은 아프리카 국가라고 해도 경제 규모는 다양하다. 나이지리아, 앙골라, 리비아, 알제리는 원유 수출국이며, 이집트, 남아프리카공화국, 모로코는 경제 활동이 더 다양해지고 있다. 1인당 GDP가 2,000달러를 훨씬 넘는 나라도 많다. 또 케냐, 탄자니아, 가나, 카메룬은 농업 경제에서 탈피하려고 노력하고 있다.

그 동안 아프리카의 경제 성장의 바탕이 된 것은 상품 가격이다. 아프리카 대륙은 세계 광물 자원의 1/3, 세계 원유 매장량의 10%를 보유하고 있으며, 다이아몬드 거래량의 70%를 점유하고 있다. 이것들은 과거의 경제 성장에 도움이 되었지만, 극히 일부 상품과 국제 가격에 지나치게 의존했기 때문에 시장의 불안정을 초래했다. 특히 아프리카의 통화는 큰 타격을 받았으며, 2014년에는 최소 10개국의 아프리카 통화 가치가 10% 이상 하락했다.

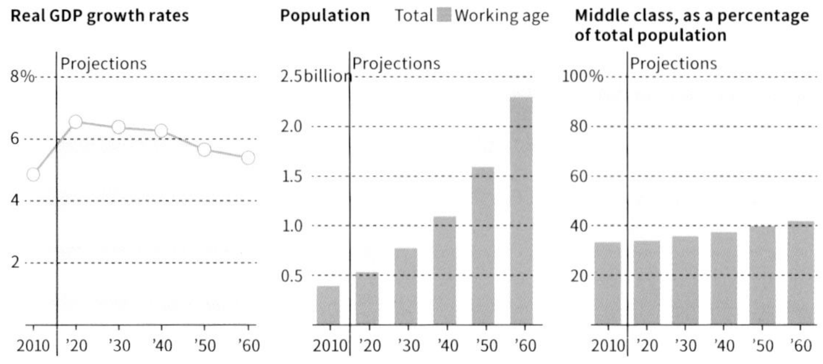

【도표 22】 아프리카의 증가하는 인구 (출처: 아프리카개발은행)

가격 변동성이 크긴 하지만 원유와 가스는 미래에도 중요한 요소가 될 것이다. 다시 말해서, 아프리카는 중요한 생산국으로 지금도 세계 원유량의 10%를 차지하며, 2035년에는 천연가스 생산량의 9%를 차지할 것으로 전망된다.

천연자원에 의존하는 경제에서 벗어나기 위해 다른 경제부문 육성에 힘써온 나라도 많다. 지금까지 특정 국가에서는 제조업과 서비스업, 관광 산업이 발전해 왔다. 하지만 에볼라, 특정 지역의 테러, 국가의 정치적 변화 등으로 관광 산업의 성장은 불안하다. 예를 들어, 나이지리아는 지금도 대규모 원유 수출국이지만, 서비스 부문은 나이지리아 GDP의 60%를 차지한다. 30억 달러 규모의 나이지리아 영화 산업의 본산인 놀리우드Nollywood는 미국의 할리우드보다 크며, 인도 뭄바이의 발리우드 다음으로 세계 두 번째 규모를 자랑한다. 마찬가지로 아프리카 대륙에서 두 번째로 큰 원유 수출국인 앙골라는 어업, 농업, 제조업 부문에서 성장세를 보이고 있으며, 정부 세입의 1/3을 원유 이외의 부문에서 조달하고 있다. 케냐, 나이지리아, 남아프리카공화국, 콩고민주공화국과 같은 일부 국가는 삶의 질을 개선하기 위한 기반을 구축하고 있으며, 특히 금융 부문과 의료 부문에 모바일 기술과 소셜 네트워크를 적용하는 세계 선두적인 국가로 평가되고 있다.

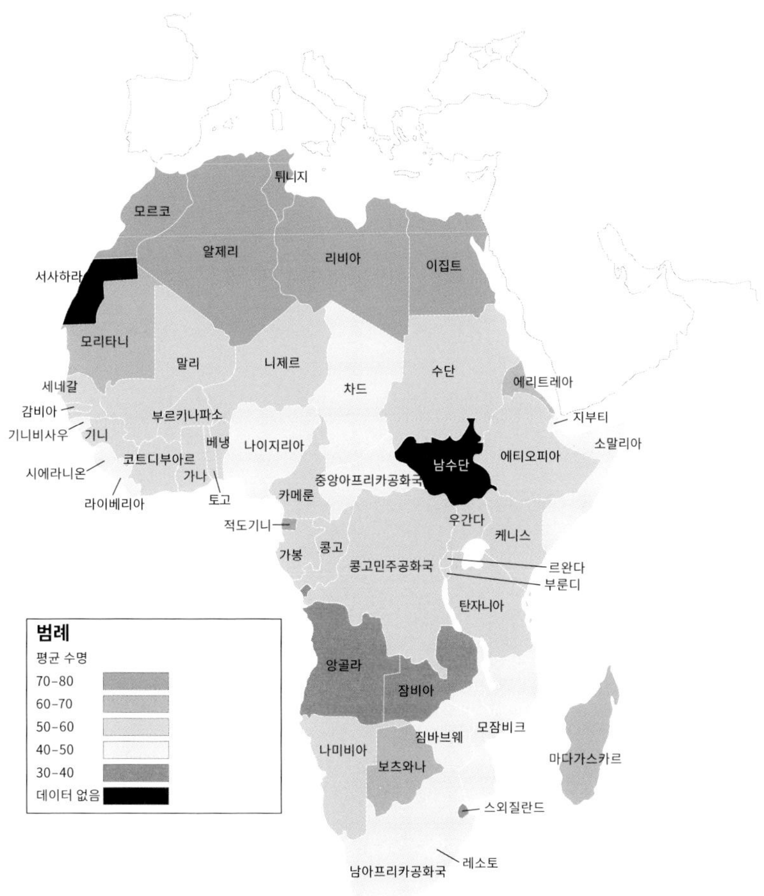

【도표 23】 아프리카 국가의 유아 수명, 2011 (출처: CIA 팩트북)

나이지리아와 에티오피아, 케냐, 앙골라, 가나, 잠비아, 모잠비크와 같은 일부 핵심 국가들을 중심으로 경제가 성장하고 있으며, 남아프리카공화국도 아프리카에서 크게 성장하고 있는 국가이다. 많은 경제학자는 남아프리카공화국을 아프리카의 대표적인 경제 발전 국가로 평가한다. 그러나 남아프리카공화국이 전반적인 아프리카 성장 과정을 대표하지는 않는다. 남아프리카공화국의 GDP 성장률이 심한 변동폭을 보이고 있지만, 지난 10년간 평균 약 2% 성장했으며, 향후 10년간 비슷한 성장 경로를 따를 것으로 전망된다.[103]

다른 전문가들은 국내총생산 성장보다는 수명, 유아 사망, 에너지 소비와 같은 문제를 강조한다. 지난 10년간 세계 수명이 평균 70세가 됨과 동시에 아프리카 전체의 평균 수명은 49세에서 55세로 10% 이상 증가했다. 가령 짐바브웨와 같은 국가 경우 경제난에도 불구하고 평균 수명이 37세에서 46세로 크게 상승했다.【도표 23】 2030년이 되면 아프리카 전체의 평균 수명은 64세로 늘어날 전망이다. 반면 유아 사망은 인구 1,000명당 81명인데 세계 평균 42명 대비 , 이는 1990년의 177명에 비하면 크게 낮아진 수치이다. 동시에 인구 1인당 에너지 사용량은 크게 증가하여 1990년 500kWh 킬로와트 – 시간 에서 2014년에는 평균 1인당 약 600kWh로 증가했다. 주요 측정단위인 킬로와트는 아시아 국가의 사용량과 크게 차이는 없지만, 유럽 국가의 사용량과는 크게 차이가 나는 수준이다.

아프리카는 유럽과 오랜 기간 무역 관계를 맺었음에도 불구하고 절반가량은 다른 신흥경제국들과 남남 South – south 무역을 하고 있다. 지난 10년 동안 중국은 아프리카와 무역을 두 배 이상 증가하여 현재 전체 무역의 17%까지 확대했으며, 중동을 거쳐 아시아와 남아메리카까지 교역을 확대하고 있다. 인도와의 무역은 아프리카 전체의 6%를 차지하고 있으며 브라질과의 교역은 3% 수준인데, 두 국가와의 교역량은 상당히 증가할 것으로 보인다.[104] 그리고 중국과의 교역에 대한 우려가 증가함에 따라 인도와 브라질이 아프리카 대륙의 교역량에서 중국을 따라잡을 것으로 보인다. 또한, 많은 전문가는 아프리카 역내 무역이 상당히 증가했다는 점에 주목한다.

정치적인 관점은 다르지만, 경제성장을 지향하는 공통 목표를 가지고 있는 아프리카 국가 간의 양자 협정은 떠오르는 대륙 간 협정과 무역지대 성장과 인프라에 대한 투자 증대와 연결되어 있다. 실제로 일부 아프리카 국가들은 민주주의가 훼손되어 있거나 권위주의적인 정권이 세력으로 남아 있지만, 앞으로 몇 년 후면 이러한 낡은 체제를 벗어 나게 될 많은 국가에서 경제 및 정치적 진보가 나타날 것이며, 인프라가 확충되고 무역 장벽이 철폐될 것이다.

2030년까지 아프리카는 도시화가 크게 이루어져서 인구의 절반이 도시에 살게 될 것이다. 아프리카의 18개 대도시의 전체 소비량은 대략 1조 3,000억 달러에 달할 것으로 보인다. 그 결과 생산성과 수요가 높아지고, 이에 따라 투자가 증가하게 될 것이다. 현재 아프리카 대륙 전체 인구의 절반이 25세 이하이며, 향후 20년 동안 15세 이상 인구가 매년 50만 명씩 증가할 전망이다. 이렇게 늘어나는 청년들에게 기회를 주는 것이 큰 과제이다. 아프리카는 세계에서 가장 높은 성장이 기대되는 시장이지만, 문제는 그 시기이다. 수년간 꾸준한 경제성장에도 불구하고 아프리카 중산층은 여전히 상대적으로 적은 편이다. 따라서 핵심은 향후 10년 동안 아프리카에서 중

대한 변화가 일어날 것인가, 아니면 인도처럼 오랜 전환기를 겪게 될 것인가 하는 점이다.

중앙정부의 영향력 감소

> *변화를 주도하는 중앙정부의 영향력은 향후 국내외적으로 많은 압박을 받게될 것으로 보인다. 점차 많은 다국적 기관들이 규제를 하지만, 시민들은 지역 네트워크 기반의 조치를 신뢰하고 지지하고 있다.*

화제를 서양으로 돌리면, 많은 사람은 정부와 통치는 유동적인 상태라고 본다. 더 큰 민주주의를 향한 20세기의 움직임은 중단된 것으로 보인다. 대부분 국가의 정부는 세계적인 차원에서 영향력이 약화되고 있으며, 무역 동맹이나 군사협정 또는 다극 그룹multipolar group의 일원으로서 점차 협력을 추구하고 있다. 세계 경제 위기가 일어난 후 국제통화기금IMF, G20, 세계은행 그리고 아시아인프라투자은행AIIB의 권력과 영향력이 중요해졌으며, 환태평양경제동반자협정TPP과 범대서양무역투자협정TTIP과 같은 다국적 무역 협정도 앞으로의 경제성장에 영향을 미칠 중요한 표준과 조약을 통제하기 위해 방법을 모색하고 있다. 세계보건기구WHO, 유엔식량농업기구FAO, 기후 변화에 관한 정부 간 협의체IPCC, 국제에너지기구IEA와 같은 국제 기구들도 세계의 방향에 영향력을 행사하기 위한 방법을 다각도로 모색하고 있다. 지역 내에서의 유럽연합EU, 아세안ASEAN, 걸프협력회의GCC, 미주기구OAS 등도 각기 다른 수준에서 미래 아젠다 설정을 목표로 하고 있다.

이런 사례를 들으면, 국가의 주권이 위협받는 것처럼 느끼는 사람도 있을 것이다. 선거에서 선출되지 않은 국제적인 기구가 주권국가를 제쳐두고 그 지역의 중요 사항을 결정하고 있다고 보는 중앙정부도 있다. 이는 특히 정치인과 정치 과정에 대한 신뢰가 하락하고 있는 일부 서양 국가에 해당된다. 아마도 민주주의로의 변화가 중단된 것처럼 보이는 것은 우연의 일치가 아니다. 2차 세계대전 중 민주주의 국가는 고작 11개국에 불과했었지만, 2000년에 이르러서 미국의 싱크탱크인 프리덤하우스Freedom House는 세계 국가의 63%인 120개 국가를 민주주의 국가로 분류했다. 하지만 경제정보연구소EIU는 실제 완전한 민주주의 국가로는 미국, 캐나다, 호주, 뉴질랜드, 일본, 유럽 국가 중 절반 이상, 그리고 우루과이와 코스타리카를 포함한 20개국에 불과하다고 보고 있다.106 그 다음 미완의 민주주의 국가는 타이완, 인도네시아, 그리스, 이스라엘, 멕시코 등 56개국이 있으며, 민주주의가 혼합된 39개국과 독재정치체제의 52개국이 있다.

	순위	지수	선거 과정과 다원주의	정부의 기능	정치 참여	정치 문화	시민의 자유
Full democracies							
노르웨이	1	9.93	10.00	9.64	10.00	10.00	10.00
아이슬란드	2	9.58	10.00	9.29	8.89	10.00	9.71
스웨덴	3	9.45	9.58	9.64	8.33	10.00	9.71
뉴질랜드	4	9.26	10.00	9.29	8.89	8.13	10.00
덴마크	5	9.11	9.17	9.29	8.33	9.38	9.41
스와질랜드	6	9.09	9.58	9.29	7.78	9.38	9.41
캐나다	7	9.08	9.58	9.29	7.78	8.75	10.00
필란드	8	9.03	10.00	8.93	7.78	8.75	9.71
오스트레일리아	9	9.01	9.58	8.93	7.78	8.75	10.00
네덜란드	10	8.92	9.58	8.57	8.89	8.13	9.41
룩셈부르크	11	8.88	10.00	9.29	6.67	8.75	9.71
아일랜드	12	8.85	9.58	7.50	7.78	9.38	10.00
독일	13	8.64	9.58	8.57	7.78	8.13	9.12
오스트리아	14	8.54	9.58	7.86	8.33	7.50	9.41
몰타	15	8.39	9.17	8.21	6.11	8.75	9.71
영국	16	8.31	9.58	7.14	6.67	8.75	9.41
스페인	17	8.30	9.58	7.14	7.22	8.13	9.41
모리셔스	18	8.28	9.17	8.21	5.56	8.75	9.71
우루과이	19	8.17	10.00	8.93	4.44	7.50	10.00
미국	20	8.05	9.17	7.50	7.22	8.13	8.24

【도표 24】 세계 완전한 민주주의 국가 20개국, 2015 (출처: 이코노미스트 인텔리전스 유닛 민주주의 지수)*

정부 체제로서 민주주의가 최고의 선택이라고 생각하는 사람들이 직면한 과제는 크게 세 가지다. 첫째, 탈식민지화의 일환으로 몇 단계 발전했거나 민주주의가 강제로 이식된 일부 국가들은 확실히 어려움을 겪고 있다. 대표적으로 남아프리카공화국과 파키스탄, 이라크와 리비아가 있다. 둘째, 오랫동안 민주주의를 빛냈던 일부 국가와 지역은 마비 상태에 있는 것처럼 보인다. 워싱턴 DC와 브뤼셀EU은 모두 다른 곳에서 합의와 교착 상태에 빠져 끊임없이 투쟁하는 것으로 보인다. 또한, 자선적인 독재 국가인 아랍에미레이트나 중국

* 위 자료는 2015년 조사 자료이며, 2018년 조사 자료에 의하면 대한민국의 민주주의 지수는 8.00으로 21위를 기록하여 아시아 지역에서는 가장 높은 순위를 기록했다. 한국은 선거 절차와 다원주의 항목에서 9.17로 가장 높은 점수를 받았지만, 정치 참여 항목에서는 7.22로 가장 낮은 평가를 받았다.

공산당과 같은 비민주주의 국가들도 잘 운영되고 있다. 그러나 대중 지지가 변화하고 있다. 미국인의 두 배 수준인 중국인들은 국가의 방향에 만족하고 있지만, 지난 30년간 유럽연합 전역에서 투표율이 1/3가량 떨어졌으며, 프랑스와 영국, 독일의 경우 의회 선거 참여율은 러시아와 미국만큼이나 저조하다.

한편, 주 또는 시 단위의 통치에 대한 신뢰와 믿음이 증가하고 있다. 점차 많은 시민이 자신과 같은 사람들은 현안에 대해 중요한 일을 할 수 있다고 자신 있게 생각한다. 세계 주요 도시의 시장을 돕는 기후변화리더십그룹C40이 가장 좋은 도시 운영 방법을 공유하면서 대중의 지지와 함께 시장실의 권력과 영향력을 증가시켰다. 뉴욕, 런던, 파리, 이스탄불, 에콰도르 키도Quito에서도 대도시 수준의 권력에 대한 지지가 늘어나고 있다.[107] 비슷한 지지 현상이 주지사들에게서도 확인할 수 있다. 보다 지역적인 수준에서 실제 공유경제와 보다 많은 공동체 수준의 협력이 증가하면서 책임과 리더십을 긴밀하게 강화하는 데 도움을 주고 있다.

정부, 특히 도시의 정보 공개는 지역사회와 네트워크에 큰 힘을 주고 있다. 세계에서 가장 정보 공개가 발달한 도시인 런던은 다양한 플랫폼을 도입해 데이터 공개에 대한 이노베이션을 촉진하고, 효율의 향상을 도모해 왔다. 국가 수준에서는 타이완, 영국, 덴마크, 콜롬비아, 핀란드가 2015년 세계 데이터 공개 지표에서 상위 5개국에 포함된다.108 오픈 데이터와 개인 데이터는 시민들에게 투명성을 제공하게 될 것으로 생각된다. 시민들은 오픈 데이터에 접속해 이용할 수 있는 동시에 자신이 원하는 개인 데이터를 공유할 수 있게 되어 데이터라는 사회적 자원을 활용하는 보다 좋은 방법을 만들어 나갈 것이다.

시민의 참여 기회가 증가하고, 클라우드 소싱crowdsourcing을 활용한 정책 결정이나 의사결정의 기회가 증가한다면 정치인의 필요성은 점점 줄어들지도 모른다. 그 한편으로 증가하는 것이 플랫폼 설계자와 토론 진행자의 중요성일 것이다. 이런 방향으로 나간다면 가장 큰 힘을 얻는 것은 인터넷으로 긴밀하게 연결된 시민들이다. 앞으로는 중앙정부의 영향력이 약해지고 분산화가 진행된다. 싱가포르의 사례를 보면, 공공 서비스의 제공을 분산화해서 초지역 밀착형 실행함으로써 불평등 해소에 효과를 얻고 있다.

동시에 정부와 규제 기관은 기업을 따라잡아야 한다. 현재 혁신은 주로 웬만한 국가들보다 상당한 자금력과 힘을 갖춘 실리콘밸리에 있는 기업들을 통해 진행되고 있다. 기술 변화가 사회적 수요를 충족함에 따라 사람들은 기술 회사들이 경계에 있거나 그 이상에 대한 신호를 볼 수 있도록 한다. 오늘날 많은 사람은 알파벳구글과 애플을 지켜 보고 있다. 애플은 개발 중인 사업에 대해 지독할 정도로 비밀에 부치는 것으로 정평이 나 있지만, 이제는 많은 사람이 애플에서 진행하는 카 프로젝트타이탄뿐 아니라 증강현실과 가상현실에 대한 작업에 대해서도 알고 있다.

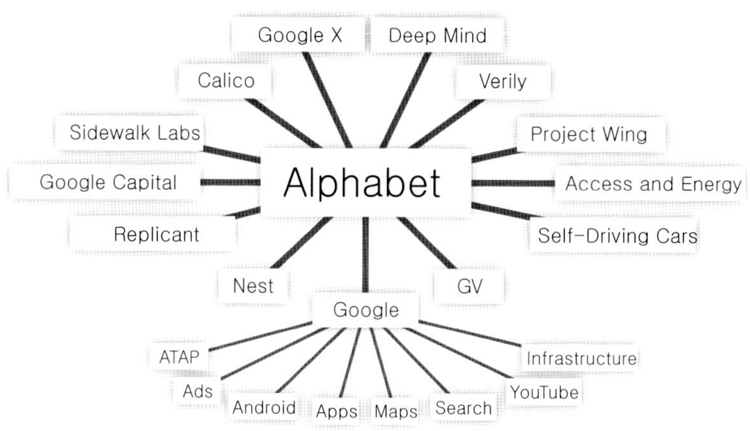

【도표 25】 알파벳 활동, 2016 (출처: 아르스테크니카)

알파벳의 경우 현재 진행 중인 사업에 대한 투명성이 더 높다.【도표 25】 자체적으로 진행된 무인자동차 및 가상현실 사업 외에도 다른 여러 분야에서 많은 작업을 진행하고 있다. 프로젝트 윙Project Wing은 드론 프로그램으로 현재 라이트 마일단거리 배달 방식을 혁신적으로 바꾸기 위해 아마존과 경쟁하고 있다. 한편, 베릴리는 콘택트렌즈 프로그램으로 태양전지로 구성된 스마트 렌즈가 체온과 혈중 알코올 농도와 같은 렌즈 착용 후의 생물학적 데이터를 수집하는 기능을 한다. 프로젝트 룬Project Loon은 인터넷 신호를 보내는Internet-beaming 핫에어 볼룬hot air balloons을 사용하는 전 세계인의 2/3를 연결하고자 하는 알파벳의 야심이 반영된 작품이다. '월스트리트 저널'에 따르면 구글 X는 인체에 암과 다른 질병의 징후를 확인할 수 있는 작은 자석 형태의 나노분자를 설계하고 있다. 한편, 보스턴 다이너믹스는 군사 용도로 사용하기 위해 동물에게서 영감을 받아, 치타 로봇이라는 세계에서 가장 빠르고 시속 29마일까지 속도를 낼 수 있는 로봇을 제작하고 있다. 또한, 칼리코Calico는 특정 사람들을 대상으로 장수와 관련이 있는 유전자를 조사하여 평균 수명을 연장하는 프로젝트를 진행하고 있다. 이러한 기관들이 신기술 변화의 독보적인 기술을 제작하는 것은 아니지만, 실리콘밸리의 대규모 기술 회사에서 가능한 중점과 사용 가능한 자원의 수준은 많은 사람에게 조만간 세상의 일부가 될 수 있는 인식을 확실히 심어주고 있으며, 이들이 이러한 시스템을 통제할 것이다. 기술을 통제하고 자원을 연결하는 일에서 국가는 어디에 있는가? 점차 구글과 애플과 같은 많은 기업이 자신들만의 방식으로 정부와 무관하다는 점을 입증하고 있다.

마지막으로 국가적인 수준에서 영향력에 미치는 하향 및 상향적 힘이 증대되는 시대에, 일부 학자들은 정부가 비정부 기구와 종교단체로부터 커다란 도전에 직면해 있다고 본다. 제3의 부문이 성장함에 따라 많은 비정부 기구들이 손을 뻗어 영향력을 얻었다. 옥스팜, 앰네스티, 월드비전, 그린피스는 이제 국경없는의사회MSF, 세이브더칠드런, 아소카, 그라민뱅크 및 빌 게이츠 재단과 협력하고 있다.[109] 이들은 국가적인 문제뿐 아니라 세계적인 수준에서 문제를 해결하기 위해 협상 테이블의 자리를 확보하고 있다. 그리고 많은 정부와 더불어 다보스포럼 수행단의 명단에 포함되어 있다. 따라서 이러한 다양한 기관들이 벌어진 간극을 채우고 있으며, 많은 경우에 정부보다 더 많은 혁신을 추진하고 있다. 하지만 일부 분야에서 반발을 불러일으키고 있다.

수 세기에 걸쳐서 영향력과 신뢰가 상당히 변화했다. 앞으로 논의를 진행하면서 다음 단계로 나아갈 새로운 사회 각층에 걸친 기관들이 등장할 것인가 또는 지역 공동체와 지역 대표, 종교단체, 비정부 기구 또는 네트워크와 소통하는 과거와 오늘날의 집단을 따르고 더 많은 영향을 행사하는 늘어난 연결성을 활용할 것인가라는 문제가 제기될 것이다. 어떤 방향으로 가든 많은 국가에서 정부의 영향력이 지속해서 감소하고 있는 것으로 보인다.

모든 것이 연결된 세계

> *1조 개 이상의 센서가 다양한 네트워크와 연결된다. 연결을 통해 이익을 얻을 수 있는 모든 것은 디바이스 또는 네트워크 중 하나에 연결될 것이다. 1만 배 이상의 데이터를 100배 이상의 효율로 전송할 수 있지만, 정보 보안에 대한 우려가 제기된다.*

2020년까지 500억 개 이상의 심카드SIM card가 사용될 전망이다. 모든 기록을 디지털화하고, 매월 전체 데이터 세트 양을 2배로 늘릴 수 있는 빠른 속도로 새로운 데이터가 만들어질 것이다. 데이터의 대부분은 인간과 기계의 대화뿐만 아니라 기계 간의 대화에서도 나올 것이다. 가까운 미래에는, 연결할 수 있는 것은 틀림없이 무엇인가 하나와 연결되어 있을 것이다. IBM, 노키아 등의 예측에 따르면, 2025년경에는 사물인터넷IoT으로 인해 전 세계에 1조 개 이상의 센서가 보급될 것이며, 상호간 또는 복수의 네트워크에 연결되어 1만 배의 데이터를 100배 이상의 효율로 전송하게 된다. 인터넷에 연결되어 이익을 얻을 수 있는 모든 것은 뭔가 하나에 연결되어 있을 것이다. 그것이 냉장고, 토스터, 완전 자율주행 트럭 또는 티셔츠일지도 모른다. 세상이 디지털화되면, 이전에는 생각할 수 없었던 방대한 양의 정보와 이익을 얻을 수 있지만, 반면에 예측할 수 없는 위험에 직면할 수도 있다

오늘날 지구 인구 중 33억 명 이상이 인터넷에 연결되어 있다. 세계 인터넷 인구는 3년마다 10억 명씩 증가하고 있으며, 10년 이내에 대부분이 어디서든지 인터넷을 할 수 있을 것이다. 스마트폰과 다른 장비는 변화의 주요 원동력이 될 것이다. 이미 26억 명이 스마트폰과 전자 장비를 사용하고 있는 상황에서 에릭슨은 2020년까지 전자 장비 사용 인구는 60억 명에 이를 것이라고 말한다.【도표 26】 노키아와 화웨이 같은 기업들은 18개월마다 사용자 1명당 데이터 트래픽을 두 배 늘릴 계획이며, 이는 모두가 매일 1GB의 정보에 접근할 수 있는 수준이다. 페이스북과 구글은 현재 인터넷을 사용하지 못하는 사람들에게도 연결성을 제공하여 디지털 단절을 메우기 위해 다량의 기구balloon와 드론을 구상하고 있다. 아프리카와 아시아가 새로운 연결의 80% 이상을 차지하고 있는데, 이에 따라 2020년까지 전체 스마트폰 가입 인구는 90억 명을 돌파할 것으로 전망된다.[113] 2015년 현재, 일부 국가는 인터넷 연결이 잘되어 있다. 1인당 디바이스devices 수를 기준으로 독일, 스웨덴, 네덜란드, 스위스, 미국은 이미 20대를 넘겼으며, 덴마크는 30대 이상, 한국은 이미 40대를 뛰어넘었다. 중국의 경우 빠른 속도로 6대를 돌파했다. 진행되고 있는 투자를 고려하면 2020년까지 세계적으로 1인당 평균 최소 10대를 기록할 것이라는 전망이 신뢰를 얻고 있다.[114]

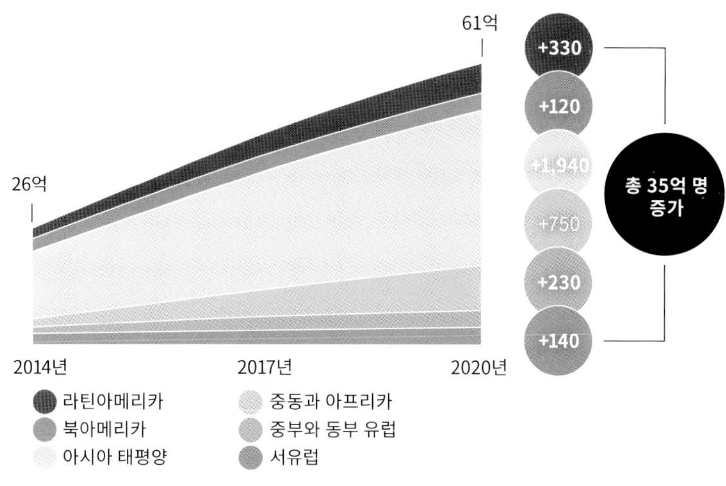

【도표 26】 2020년까지 지역별 스마트폰 가입자 수 (출처: 에릭슨)

그러나 사람들이 디바이스장치 대부분을 소유하거나 사용하지 않을 것이다. 아마도 300억 ~400억개의 디바이스 대부분은 기기에 내장될 것이다. 대부분의 디지털 정보는 클라우드에 저장되어 사용자들이 어디서든, 언제든 바로 접근할 수 있을 것으로 기대되며, 따라서 네트워크의 물리적 한계를 시험하게 될 것이다. 네트워크는 수요에 따른 역량을 만들기 위해 프로그래화될 수 있어야 하며, 이는 자체적인 최적화와 인지적 대부분의 디지털 정보는 클라우드에 저장되므로, 사용자는 언제 어디서나 즉시 접속하여 네트워크의 물리적 한계를 테스트할 수 있다. 네트워크가 주문형 용량capacity on demand을 실현하기 위한 프로그래밍이 가능해지면, 자체 최적화 및 인지 네트워크가 등장하고, 복잡한 양단 간end-to-end 작업을 자율적으로 실시간으로 처리할 수 있게 된다. 시스코Cisco와 IBM 같은 기업은 이미 물건, 기계, 빌딩, 인프라, 디바이스를 상호 접속하는 네트워크 개념을 도입한 스마터 플래닛Smarter Planet 개발을 추진하고 있다.[115]

분명히 더 많은 데이터가 수동 태그와 센서를 통해 창출될 것이다. 미니어처 센서는 식품, 의류, 포장, 부품, 동물 등 장착될 수 있는 시장에 진입하고 있다. 이는 읽기 장비 등에서 나오는 다양한 에너지파로 활성화되며, 멀리서도 장소와 온도, 성향, 움직임 또는 생물학적 정보를 한 번에 수백 개씩 읽어낼 수 있도록 한다.

이러한 장점이 기회적인 측면에서 효율성을 증대하고, 폐기물을 줄여 기존에 몰랐었던 새로운 것들을 찾아낼 것이라고 평가받지만, 위험도 따른다. 일부 전문가들은 특히 일부 장비에서 데이터 보호 수준이 극히 낮다는 점을 들어 결과를 거쳐 생각하지 않고 모든 것을 연결하는 단계로 건너뛰고 있다고 주장한다. 즉 스마트폰에 설치된 앱으로 원격 제어할 수 있는 스마트 주전자는 다른 사람이 패스워드를 사용하지 않고도 개인 정보를 훔쳐볼 수 있는 Wi-Fi 네트워크의 뒷문이 될 수 있다.

스마트 주전자, 노트북뿐만 아니라 발전소, 교통 시스템 및 의료기기 등 모든 것이 연결되면 개인 정보의 보안이 문제가 된다. 이미 정기적으로 사이버공격이 일어나고 있으며, 공격 대상이 데이터베이스가 아니라 기계와 시스템이 되고 있다. 온라인으로 모든 것이 연결되는 시대로 진행되면서 위험한 해커의 공격 가능성이 현저히 높아지고 있다. 특히 수십억 개의 수동 태그와 센서에는 고차원적인 암호화 기능이 없기 때문에 해킹의 위험성이 더욱 높아진다.

모든 사물에 태그가 붙고, 클라우드를 통해 연결되며, 시스템이 모든 것을 분석하게 되면 대체 어떤 일이 일어날 것인가? 영화 〈마이너리티 리포트〉는 '범죄 예지precrime'을 소재로 하고 있다. 원작자인 필립 K 딕은 이 영화에서 미래의 범죄 행위를 예지할 수 있는 초능력을 가진 세 명의 여성에 초점을 맞추고 있다. 하지만, 오늘날 경찰은 빅데이터 분석 기법을 활용하여 범죄 발생을 예방하고 있다. 데이터 분석 기법을 이용하여 대량의 데이터에서 유용한 지식이나 정보를 추출하여 의사결정이나 예측에 유용하게 사용할 수 있는 기술에 대해서는 다소 소란스러운 점도 있지만, 사실 로스앤젤레스의 거리에서는 일종의 범죄 예측이 실행되고 있다. 공적 및 사적인 정보원으로부터 얻은 복수의 데이터의 흐름을 활용하여 로스앤젤레스 경찰은 실제로 범죄 발생이 예측되는 현장에 경찰관을 미리 출동하고 있다. 그 알고리즘은 일반적으로 '예측 치안 유지predictive policing'라고 불리는 활동을 수행한다. 알고리즘은 때로는 수십 년간의 범죄 기록을 활용하여 특정 범죄 유형의 발생 가능성이 높은 지역을 확인하고자 데이터를 분석한다."[117] 알고리즘은 과거에 범죄가 발생했었던 지역과 범죄자의 거주지, 기상 패턴과 스포츠 경기, 다른 대규모 집회와 같은 데이터를 수집한다. 알고리즘은 실시간으로 분석하여 어디서 범죄가 발생할 수 있는지를 파악한다. 이는 누가 범죄를 저지를 것인가가 아닌, 언제 어디서 범죄가 일어날 수 있는가를 예측하는 것이다.[118] 그렇다면 결과는? 현장 근처에 경찰이 사전에 출동하여 약 20%의 범죄가 예방된다고 한다.

앞에서 언급한 영화와 같이 거의 완벽한 예측률이라고는 할 수 없지만, 로스앤젤레스와 같은 대도시에서 그만큼 효과가 있었다는 것은 빅데이터 분석의 향후 가능성을 강하게 뒷받침하고 있으며, 가까운 장래에 다른 도시에서도 도입할 가능성이 높아졌다는 것을 의미한다. 데이터, 소위 디지털 변환은 여러 부문에 영향을 미치고 있다. 앞으로의 힘은 점차 가장 관련된 데이터 소유권을 갖거나 접근할 수 있는 사람과 연계될 것이다.

개인정보 보호

> *개인 데이터 보호를 위한 국제 기준과 프로토콜 제정, 투명성 제고는 많은 국가의 핵심 의제이지만, 일부 국가는 국제 협정에서 이탈하여 독자적인 방식을 선택하고 있다.*

일각에서는 유럽연합식 정치적 합의안이 프라이버시privacy 문제를 해결하는 데 부적절하다고 지적한다. 이는 보호주의적이며, 사용자를 관리하는 것이 아닌 데이터를 통제하는 데 중점을 둔다고 지적한다. 혹은 세계가 이미 진화하고 있는데, 규제 당국이 지도상의 국경에 의해 구속되는 기존의 법 체계와 통치 체제에 대한 대응이 요구되고 있기 때문이라고 지적하는 목소리도 있다.

확실히 현행 유럽식 모델은 현행 시장 대표들이 변화하고 경쟁자들과 협업할 수 있도록 설계되어 있다. 유럽연합은 개인정보에 대해 확고한 입장을 견지하고 있으며, 벌금을 상향 조정하고, 동의를 얻기 위해 기관에 요건을 부과하며, '설계를 통한 데이터 보호'의

무안을 마련하고 있다. 반면 미국은 창조적인 파괴에 더 열린 자세를 견지한다. 중국과 인도는 유럽식 접근법을 채택하고 있다. 다양한 문화를 보유하고 다양한 언어를 사용하는 중국이나 인도와 같은 환경에서는 유럽연합의 방식에 장점이 많다. 충분한 시간과 자금을 투입하여 규제 당국과 협력하고, 눈앞의 어려움에 대처하거나 기회를 가늠할 수 있는 것은 안정된 기업뿐이기 때문이다.

몇 가지 중요한 차이점에도 불구하고 미국과 유럽연합 모델을 따르는 국가들이 채택한 프라이버시 프레임워크는 모두 공정한 정보 보호 원칙을 기반으로 한다. 개인정보는 기본적인 인간의 권리라는 견해에 바탕을 둔 유럽연합의 접근법은 일반적으로 하향식 규제와 데이터 사용을 제한하거나 사용하려면 명백히 동의를 받아야 하는 전반적인 규칙을 시행하는 것을 포함한다.[119] 반면 미국은 의료와 신용과 같은 특정 부문에서 프라이버시 피해가 발생한 특정한 위험을 규제하는 데 중점을 두는 부문별 접근법을 채택한다. 이는 데이터 사용에 포괄적인 규제안을 제한하여 산업계가 제품과 서비스를 혁신하도록 하면서 때로는 각 부문에서 잠재적인 정보 이용이 규제를 받지 않도록 개방하고 있다.[120]

이제는 규제가 기술을 따라잡아야 할 시기다. 기존의 데이터 보호 정책은 시대적 발전에 따라 1970년대와 1980년대에 등장했다. 당시에 데이터 처리는 복잡하고 자원 집약적인 활동이며, 따라서 대규모의 자원이 풍부한 기관이 데이터를 보관한다는 인식이 있었다. 그러나 이는 잘못된 사실이다. 오늘날 매일 5억 개 이상의 사진과 1분에 200시간 이상의 영상이 업로드되고 공유되고 있다. 따라서 이러한 가정은 더 이상 유효하지 않다. 이 외에도 음성통화를 비롯하며 사람들이 스스로 생성하는 정보의 양은 매일 생산하는 디지털 정보의 양과 비교할 때 미미하다.[121] 빅데이터의 다양한 기술 능력은 이미 정교하고, 보급 수준에 이르렀다. 이러한 기술이 우리에게 제공하는 기회와 이러한 기술로 인해 제기되는 사회적, 윤리적 문제와의 균형을 잡는 방법에 대해 신중한 논의가 필요하게 되었다.

국경 내에서 일어나는 문제 외에도 많은 국가는 시민에 관한 정보가 다른 국가의 관할권에 유입되고 유출되는지를 우려한다. 스노든Snowden의 폭로를 계기로 한국, 러시아, 인도네시아, 베트남, 브라질을 포함한 일부 국가들은 새로운 데이터 지역화 법을 마련하고 있다. 이론적으로 이들 국가는 시민의 개인정보와 안전을 보장하고, 기술 부문에서의 국내 성장을 가능하도록 한다. 그러나 인터넷이라는 탈중앙화된 구조를 고려하면 이러한 요건만으로 국경을 넘어 흘러 들어가지 않도록 정보를 차단하는 게 쉽지 않다. 실제로 일부 권위적인 국가에서는 국내 감시 강화나 지역화 규제를 통한 국내 인터넷 기업의 경쟁을 줄이고자 하는 등의 다른 목표를 달성하기 위해 이러한 정책을 이용하는 것으로 보인다. 이러한 조치는 국내 데이터 센터의 경제적 이득을 얻도록 하는 데 성공적일지 몰라도 외국 인터넷 기업과 클라우드 컴퓨팅과 같은 저렴한 기술에 의존하는 다른 국내 기업에 값비싼 대가를 치르게 할 수 있다. 앞으로 기준에 대한 세계적 합의안으로 보다 실용적인 해법이 이루어져야 한다.

작업을 시작할 토대가 있다. 국제연합의 사업 및 인권에 대한 원칙에 따르면, 모든 국가는 기업과 제3자로부터 개인이 폭력을 당하지 않도록 보호할 의무가 있다. 또한, 유엔 총회는 통신 수단의 감시와 개입이 인권에 미칠 부정적인 영향에 대한 깊은 우려를 표한 결의안 68/167을 채택하고, 오프라인에서 개인이 갖는 권리는 온라인에서도 보호되어야 한다고 확인했다. 유엔 총회는 모든 국가가 디지털 통신에서 개인정보에 대한 권한을 존중하고 보호해줄 것을 요청했다. 물론 이러한 원칙에 동의하는 것이 어렵지 않지만, 원칙을 적용하는 것은 훨씬 어렵다.

FBI가 애플에 몇 가지 데이터 접근 사례들 중 하나로 핵심 코드를 변경할 것을 요청한 2016년도 사례를 보면 개인정보를 유지하면서 상업화할 수 있도록 하는 데이터 규제는 향후 중요한 논제로 부상할 것이다. 핵심 쟁점은 개인정보를 보호하기 위한 글로벌 법적 프레임워크를 만드는 방법과 고객의 인식을 높이는 방법이 될 것이다. 시민의 동의를 받을 수 있는 내용을 법적으로 정의함으로써 현장의 실무가 명확해질 것이다 기업들은 이미 사용자의 개인 데이터를 활용하고 있지만, 고객 서비스를 개선하기보다는 개인 고객 데이터를 사용하여 이익을 얻고 있다는 불신이 널리 퍼져 있다. 향후 인터넷 인프라에 대한 신뢰는 더욱 낮아질 것이다. 현재와 과거의 방대한 데이터가 누구의 허락도 받지 않고 멋대로 채굴되어 이용될 것이라는 우려가 점점 확산될 것이 분명하다.

통상을 촉진하는 국제 기준

통상을 둘러싼 국제 규정은 무역의 자유화를 촉진하고, 복잡한 절차를 생략하고 단순화를 도모하는 방향으로 가고 있지만, 반면에 자유 무역을 제약하는 움직임도 늘어나고 있다.

세계무역에서 권력의 균형은 디지털화되면서 중대한 변화를 겪고 있다. 인도의 경우 무역 장벽을 걷어내면서 국내총생산이 15% 증가했고, 방글라데시와 스리랑카는 17% 증가했다. 세계은행은 "세관 절차를 자동화하면 컨테이너당 115달러가 절감되고 있다."라고 추산했다.[122]

세계가 글로벌 무역 흐름을 최적화함에 따라 향후 규제 방향과 지원에 영향을 미치는 최고점과 최저점이 나타나고 있다. 세계 무역에서 미국이 대부분의 발전을 주도하고 있다. 일부 학자들의 시각에서 보면 이는 세계 무역이 상당히 발전하도록 하는 동시에 미국이 다른 국가들보다 많은 이익을 보고 있다는 것을 의미한다. 예를 들어 지난 10년간 국제 거래의 대부분은 미국 청산결제은행을 거쳐야 했는데, 미국 달러가 아니어도 미국의 반테러법을 적용하여 송금이 제한될 수 도 있다. 일각에서는 이러한 조치를 고의적이면서 불필요한 간섭이라고 본다. 인도양이 태평양만큼 무역의 중심지로 부상하면서 미국이 리더십과 통제를 어떻게 할 것이며, 이 과정에서 기준이 어떤 역할을 할 것인지에 대한 문제가 제기되고 있다.

환태평양경제동반자협정TPP[123]은 대미 수출액의 44%를 차지하고, 미국산 농산물 수입의 85%를 차지하는 중국을 제외한 태평양 12개국을 연결한다. 환태평양경제동반자협정의 명시된 목표는 완전히 통합된 경제 구역을 구축하고, 미래의 주요 서비스 성장 규칙을 확립하고, 나아가 환태평양 지역의 원활한 자본 흐름을 도모하는 것이다. 일부 전문가들은 이 협정이 미국 기술회사와 은행을 선호하여, 국제 무역에서 달러의 역할을 공고하게 할 것이라고 의심한다. 이 협정이 발효되면, 중국과 무역을 거래하는 TPP 참가국의 거버넌스 기준을 제고할 것이며, 나아가 중국이 국제 기준에 더욱 긴밀하게 따르도록 압력을 가할 수 있다고 주장하는 사람도 많다.

잠재적으로 더 논란이 되는 환태평양경제동반자협정은 미국과 유럽연합과 관련이 있다. 지지자들은 '경제적 나토'가 불안정한 시기에 세계의 민주적인 힘을 공고하게 한다고 말한다. 그러나 일각에서는 여러 가지 위험을 전망한다. 미국은 작물, 가축 및 미생물에 관한 모든 새로운 유형의 유전자 공학을 규제하지는 않기 있다. 그 때문에 범대서양무역투자동반자협정TTIP가 발효되면 현재 유럽연합의 엄격한 규제와 표준을 우회하여 그러한 식품이 유럽연합으로 진입할 수 있는 뒷문을 열어주게 될 것이라는 논란이 일고 있다. 가령 개별 국가가 소위 말하는 병해충과 질병에 대한 식품 검사를 할 수 있는 역량이 감소하고, 종종 모두를 위한 품질 기준을 상향하는 높은 지역별 기준을 도입할 자유도 줄어들게 된다.

일부 아시아 국가들은 대안으로서 미국이 주도하지 않는 무역 협정을 추진하고 있다. 이들 국가들은 미국을 제외한 16개국을 하나로 묶는 별도의 자유무역협정FTA인 역내포괄적경제동반자협정RCEP을 통해 자국의 이익을 증대할 있다고 예측하고 있다.

미래의 지정학을 형성할 수 있는 한 가지 중요한 관계는 러시아와 중국과의 관계다. 이미 협정은 복잡하지만 견고하고 깊이 뿌리 내려 있어, 소련연방의 붕괴 이후로 양국은 '주권과 영토 보전, 상호 불가침, 국내 문제에 대한 상호 불간섭, 평등, 상호 이익, 평화적인 공존을 위해 지속적으로 협력했다.[124]' 2011년 중국은 러시아의 최고의 무역 파트너가 되었다. 1990년대 초반에 중국과 러시아 간의 연간 무역액은 약 50억 달러에 이르렀으며, 2014년에는 100억 달러에 달했다. 당초 러시아는 중국의 세계 영향력 확대를 우려하며, 중국의 일대일로를 지지하는 데 주저했다. 그러나 2014년에 결국 수용했다. 양국은 아시아인프라투자은행, 브릭스 신개발은행브라질, 러시아, 인도, 중국, 남아프리카공화국, 브릭스 외환보유고 등 새로운 다국적 금융기관을 두고 협력하고 있다.

유럽연합과 북미자유무역협정NAFTA, 환태평양경제동반자협정, 범대서양무역투자동반자협정[125]과 같은 자유무역 협정은 국제무역에 세금을 부과하는 관세를 제한하고 자국의 이익을 보호하기 위한 대안으로서 한도quota, 허가, 반덤핑 규제, 기준, 수입신용장, 수출 보조금 등의 기반을 갖추고 있다. 이러한 세관 절차와 기술 기준과 라벨 및 포장 요건은 직접적으로 무역을 제한하는 것이 아니라, 행정적 관료주의를 더하는 것이어서 결국 같은 결과로 이어지게 된다.

안전한국제 공급 체인의 확보는 국경 간 상품 흐름을 규제하는 정부가 공통적으로 두는 최우선 과제이다. 이 목표에는 두 가지 핵심이 필요한데, 하나는 합법적인 무역을 장려하고 촉진하면서 동시에 공급 체인의 위험을 줄여야 한다. 정부 기관이 두 가지 우선 사항에 균형을 맞출 수 있도록 하는 과정은 데이터와 국경 간 기준, 관계국들이 폭 넓게 받아들일 수 있는 무역 정책과 함께 세계 경제를 급속도로 변화시키는 최첨단 기술에 달려 있다.

센서와 다른 M2M기계 대 기계 휴대전화 기술의 사용량이 증가함에 따라 자동화를 채택하여 무역이 마찰 없이 원활하게 진행되도록 돕고 있다. 점차 정부 간뿐 아니라, 제조업과 물류 배송 과정을 연결하는 선박 및 화물 분야에 걸쳐 무역 파트너 간의 정보 흐름이 개선되고 있다. 하지만 이렇게 개선된 연결에는 높은 수준의 보안이 요구되어 이 과정에서 기준과 규약이 중요한 역할을 한다. 기준을 설정하는 것들은 규칙을 설정할 뿐 아니라, 암묵적으로 지형을 정의한다. 늘어난 자동화와 시스템 효율로 이득을 얻고자 하는 사람들도 이 과정에 참여해야 하며, 텐트로 이들을 불러들일 다른 레버동력원가 된다. 세계 무역 시스템을 더 안전하도록 하는 예측 분석법의 효율성이 개선될 수 있다는 희망과 더불어 이러한 과정에 대한 참여가 요구되고 있다.

늘어난 자동화에 따른 핵심적인 장점으로는 서류 업무의 감수와 저렴해진 거래 비용이 있다. 각자 이해 당사자들은 데이터 교환의 기준에 모두 동의하며, 데이터 공유가 가능해져 국제 화물을 보다 효율적으로 발송할 수 있을 것으로 본다. 검증된 거래 플래폼을 통해 내부와 독립적인 제3자의 데이터를 일치시켜 국경 기관이 실시간으로 가장 최신 정보에 접근할 수 있어서 국제 무역이 더 활발해질 것으로 전망된다. 서류에 도장을 찍던 시절은 이제 무선 주파수 식별RFID과 다른 M2M, 그리고 사물인터넷 플랫폼을 통한 전자 검증으로 빠르게 대체되고 있다.

그러나 이를 위해서는 모든 당사자가 협력할 수 있는 확실하고 검증된 디지털 기준이 필요하다. 다시 언급하면 미국은 이 부문에서 선두를 달리고 있다. AT&T, 시스코, 제너럴 일렉트릭, IBM, 인텔이 설립한 산업인터넷 컨소시움과 같은 부문 또는 지역별로 중점화된 컨소시움은 핵심 방향이지만, 목적은 모든 산업 부문에 걸쳐 세계적인 기준을 달성하는 것에 있다. 실제로 리스크 관리 전문 회사인 던앤브래드스트리트Dun&Bradstreet가 제시한 사항에 따르면, 모두가 세계적으로 특유의 실체 식별자를 사용하게 될 것이다.

일각에서는 세계 및 지역들의 거대한 협정이 미래의 무역 지형을 만들 것이라고 주장하지만, 이면에 다양한 기준이 무역을 움직이고 있다. 그것은 식품, 차량 및 서비스, 또는 늘어난 자동화에 대한 소통과 데이터 기준에 대한 안전 기준이고 많은 수입과 수출의 관문이다. 더 나은, 빠르고 안전한 무역이 가능하도록 긍정적으로 사용되고 있지만, 한편으로는 무역을 제한하기 위해 비관세 장벽과 같이 부정적으로 사용되기도 한다. 앞으로 점차 기준은 내수시장을 보호하고, 목표 수출 시장에서 뚜렷이 나타나는 변화에 대응하고, 수입 업체에 일정 수준의 통제를 유지하기 위한 전략적인 대응책으로 사용될 것이다. 이러한 기준이 없다면 완전히 자유로운 무역 환경이 조성되겠지만, 실제로 이런 상황을 원하는 국가는 거의 없는 것 같다.

열린 공급망(Open Suply Webs)

> *중앙 집중식 생산 방식에서 분산형 생산 방식으로 전환됨에 따라 보다 작고 분산된 접근 방식을 도입하는 기업이 증가하고 있다. 글로벌 공급망은 보다 지역적이고 소비자 지향적인 공급망과 네트워크로 대체되고 있다.*

물건을 운반하는 것은 분명히 대규모 사업이다. 숫자에 차이가 있긴 하지만, 우리가 사용하거나 소비하는 모든 것의 약 80%는 완성된 제품이나 부품 또는 재료로 선박을 통해 어떤 지점에서 다른 지점으로 운송된다. 코트디부아르에서 코코아를 수입하든, 한국에서 액정 화면LCD을 수입하든 방글라데시에서 티셔츠를 수입하든, 기업이 세계 시장에 적시에 제품 공급을 계획하고 관리하고 집행하려는 요구는 수년간 경쟁력 있는 전략적인 원천이었다. 혹자는 물류 관리 능력이 경쟁 기반을 바꾸어 놓았다며, "기업이 경쟁하는 것이 아니라, 공급 체인이 경쟁한다"라고 까지 말한다.

지난 몇십 년 동안 세계 공급 체인을 구축하고 최적화하는데 막대한 투자 자금이 들어갔다. 다국적 기업이 세계 여러 공장에서 제품을 생산하면서, 성장하고 있지만 분산되어 있는 소비자 기반에 공급하기 위해 공급 체인 관리는 기업의 독자적인 세일즈 포인트USP가 되었다. 상대적으로 간편한 식품 생산이든 복잡한 자동자 제품이든 기업은 다양한 수준에서 복합 공급 체인을 설치했다. 보쉬Bosch와 같은 1단계 공급 업체는 세계적인 차량 브랜드에 들어갈 에어컨 장비부터 연료 분사 장치에 이르기까지 무수한 완성 부품을 공급한다. 그러나 1단계 기업은 세계의 2단계와 3단계 공급 업체로부터 필요한 부품을 받는다. 기업이 세계 고객들에게 지속적으로 제품을 공급할 수 있도록 하는 과정에서 공급 체인의 소유권과 통제가 성공의 핵심이 되었다.

그러나 디지털 시장에서부터 개인화된 분산 지역 공급을 집적하기 위한 3D 프린팅에 이르기까지 변화는 급속도로 진행되고 있다. 디지털 시장은 효율성 증대와 보다 많은 조직으로의 접근성을 개선할 뿐 아니라 기존에 조직 내부에 공개되지 않았던 것을 모두 공개하면서 탁송 지역 추적과 선적 비용 면에서 투명성을 크게 제고하고 있다.[126] 여전히 대규모 시장 적용 방법을 찾고 있지만, 3D 프린팅은 제품 배송 방법을 재정의하고 있다. 이미 항공 부문에 엄청난 영향을 미쳤으며, 이제는 다른 산업부문으로 이동하고 있다. 앞으로는 부품을 지구 반대편으로 운송하는 대신에 직접 출력할 수 있게 되어 금속과 플라스틱 제품, 3D 프린터를 제외한 공급 체인의 수요가 사라질 것이다.

많은 기업이 고객의 특별한 요구를 충족시켜 주기 위해 소비자의 가전제품을 최종 조립하거나 현지 대리점에서 BMW에 옵션을 장착하는 등 지역 마감local finishing 서비스를 제공하고 있다. 따라서 최종 생산의 부품들이 점차 분산되어 작은 단위로 주문되고 있다. 아마존은 이미 배달 트럭에 프린터를 설치하는 특허권을 신청하여 실시간이라는 개념을 새로운 수준으로 올려놓았다.

이러한 민첩한 대응은 각기 다른 생산 가격과 환율뿐 아니라 공급업체 리스크를 고려하는 등의 옵션을 대비하기 위한 요구로 확대되고 있다. 수직 통합 기업의 시대가 저물어감에 따라 이제는 보다 다양한 유동적인 대안들이 등장하기 시작했다. 기업들은 공급 체인 운영을 중지하고 공급 웹을 구축하게 될 것이다. 공급 웹은 클라우드에서 정보의 민주적인 흐름에 따라 파트너, 고객, 공급 업체의 복잡한 3차원 네트워크가 체인이 아닌 웹을 통해 기능하게 된다.

운송 차선이 막히거나, 인프라에 장애가 발생하거나, 환율이 변동하거나, 공장이 폐쇄되어 부품 공급에 영향을 미치는 경우, 기업들은 고객에게 제품 공급을 유지하기 위해 보다 신속하게 반응하고 유연한 네트워크를 다양한 옵션으로 활용할 수 있다. 동시에 보다 투명한 공급 웹을 통해 경쟁력이 낮은 공급 업체는 자신의 위치를 확인할 수 있어, 이전보다 더 높은 수준에서 경쟁할 수 있게 된다. 컨설팅 기업인 딜로이트에 따르면, 공급 체인은 공급 업체와 협력 업체의 전체 생태계를 넓히고 연결하는 가치망으로 변화했다.[127] 이러한 망은 다방면에서 보다 효과적인데, 비용을 줄이고 서비스 수준을 개선하며, 리스크를 완화하고 학습과 혁신을 추진한다. 더욱이 신기술이 보다 많은 데이터를 창출하고 투명성을 제고함에 따라 웹 접근으로의 이동을 더욱 가속화한다.

열린 그리고 공유된 웹에서 다른 기업의 단기 요구에 대한 공간과 자산을 개방하여 운영상의 효율성이 개선된다. 지리적 범위가 확대되고, 고객들은 세계적으로 분포된 시설로부터 신속하고 믿을 수 있는 제품을 공급받는다.[128] 더욱 열린 공급망을 이용하고자 참여하는 기업들은 단기 및 장기 계약을 통해 사용할 수 있는 보다 많은 분산 제조, 조립 및 배분 시설에 접근할 수 있다. 그러나 대규모 투자와 관련된 요건 없이 장기 대여나 전략적 파트너십은 시장이 바뀜에 따라 동시에 변경되어야 한다. 열린 공급망으로 인해 기업들은 예전보다 더 나은 글로벌 분배를 할 수 있다. 디지털 시장과 고객과의 접근성 그리고 대량 맞춤 생산에 대한 수요가 증가하고, 다양한 리스크 관리 방법이 제공됨에 따라 열린 공급망은 크고 작은 많은 제조업체가 나아가야 할 길로 간주된다.

앞으로 기업들이 공유형 열린 공급망을 채택하는 경우, 이에 따른 효율성 향상과 파트너인 경쟁 업체의 명백한 상업적 리스크 사이에서 어떻게 균형을 찾을 것인가? 이것이 핵심 이슈가 될 것으로 보인다. 일각에서는 실제로 보다 유연한 접근법의 투명성과 효과가 향후 열린 공급망 표준을 만드는 주요 동력원이 될 것이라고 한다.

에너지 저장

> *에너지 저장, 특히 전기 저장은 재생 가능한 퍼즐에서 잃어버린 조각과 같다. 전기 저장 문제를 해결하면 진정한 의미의 분산형 태양광 에너지가 가능하고, 전기자동차의 보급도 가속화할 수 있을 것이다.*

이제 마지막 장으로 지난 한 세기 동안 지정학적 변동에 있어서 중요한 문제인 에너지를 다루고자 한다. 석유생산기구OPEC의 가격 급등부터 국가 침공 및 산업 인수에 이르기까지 에너지를 확보하는 것은 많은 국가의 중요한 사안이었다. 그러나 가격이 급등하고 수요가 증가하면서 재생 에너지로의 전환이 급속화됨에 따라 에너지 공급에 대한 전반적인 분위기가 바뀌었다. 다양한 지역에서 현재 수요와 공급을 일치시키려는 단기적인 요인이 있지만, 대부분의 국가는 장기적으로 재생 에너지 기반의 에너지 체계로 이동해야 한다는 점에 동의한다.

앞으로 10년 동안 에너지 저장 분야에서 상당한 발전이 이루어질 것이라는 낙관론이 우세하지만, 몇 가지 오해도 있다. 대표적으로 에너지 저장 기술이 하룻밤 사이에 에너지 체계를 바꿀 것이라는 것이다. 사실 화석 연료에서 재생 에너지로 변환되는 데 적게는 몇 년에서 많게는 몇십 년이 걸린다. 기존의 에너지 체계는 재생 에너지에 맞게 제작된 것이 아니라 발화할 때까지 에너지를 보유하고 있는 화석연료에 맞춰져 있다.

특히 태양광 에너지나 풍력 에너지, 파랑 에너지나 다양한 혼합 에너지 형태든 에너지 수요와 공급이 일치하지 않는 지역에서 언제 어떻게 에너지를 공급할지를 조절하는 것은 에너지를 저장할 수 있는 역량과 간접적으로 관련되어 있다. 얼마 전부터 사람들은 스마트 에너지 그리드가 등장하기를 기다리고 있었다. 공급자와 소비자 간의 양방향 송전이 가능한 것이 핵심 요인이다.

반면 상당한 기술 진보를 하고 있는 배터리가 기타 에너지 대안들을 바꿀 수 있다. 배터리 가격은 꾸준히 하락하고 있으며, 지난 5년간 절반으로 떨어졌다. 예전에 배터리는 납산과 니켈카드뮴 같은 재료로 만들어졌다. 일부 재료는 독성이 높을 뿐 아니라 부피가 크고 무거웠다. 현재 충전 가능한 리튬이온 배터리는 부피가 훨씬 얇아졌으며, 스마트폰, 노트북, 전력 기구, 전기차, 드론 등에 사용되고 있다. 화학과 생산 기술의 발전에 따라 리튬이온 배터리 성능이 꾸준히 향상되었고, 배터리에 저장되는 에너지 양도 50% 증가했다.

전기 자동차와 같은 제품에 장착하는 성능 좋은 배터리가 세상을 변화시킬지도 모른다. 최근에 전기차 배터리 가격이 킬로와트-시간당 400~500달러였으며, 이는 차량 전체 비용의 30% 정도를 차지한다. 제너럴 모터스는약 12개의 배터리 저장 프로젝트를 진행 신규 모델인 체비 볼트Chevy Bolt 전기차에 들어가는 배터리 가격을 킬로와트-시간당 145달러로 전망하고 있다. 가격이 킬로와트-시간당 100달러로 내려가면 보조금 없이 같은 크기의 원유 차량과 경쟁할 수 있으므로 전기차가 자동차 시장을 장악할 것이다.

다른 기업들도 기술의 급격한 변화를 예의주시하고 있다. 사크티3Sakti3은 에너지 밀도가 약 두 배 정도인 고체 전해액이 든 리튬 이온 배터리를 생산하는 데 주력하고 있다. 영국의 에어백 없는 진공 청소기 생산 업체인 다이슨Dyson은 최근에 사크티3을 인수했다.[129] 다이슨이 가정용 로봇 분야로 사업을 확장함에 따라 고체 상태의 배터리를 혼합할 수 있을 것으로 전망된다. 그리고 전기 차량과 그리드 저장 장치에서 공학기술이 발전함에 따라 대량생산되는 고체 상태의 배터리의 가격은 킬로와트-시간당 100달러가 될 것이다.

세계 각지의 많은 연구소에서는 배터리 혁신에서의 돌파구를 마련하기 위해 매사추세츠주의 스타트업인 24M은 나노 기술을 이용하여 비용이 효과적인 '반고체'의 리튬 이온 배터리를 개발하고 있으며, 영국의 캠브리지에서는 kg 단위로 에너지가 저장되는 현행 리튬 배터리를 갈아치울 만한 새로운 리튬 기체 전지가 높은 관심을 받고 있다. 카네기멜론대학의 발명을 기반으로, 아쿼온 에너지가 개발한 비독성의 염수 기반의 배터리는 납산과 같은 비싼 경쟁 관계의 화학물질을 사용하지 않고 높은 수준의 저장이 가능하도록 제작되었다. 한국의 LG화학은 전기차에 리튬 이온 배터리를 공급한 경험을 바탕으로 주거, 상업 및 산업용 고정형 배터리를 생산하고 있다. LG화학 외에 BYD, 존슨 컨트롤스, 파나소닉, 삼성, 소니와 같은 많은 리튬 이온 배터리 기업들은 태양전지 설치 기업과 변환기 제조 기업, 그리고 현식적인 제품 통합 기업과 파트너십을 맺고 있다.[130]

하지만, 가장 주목할 기업은 미국 최대 주거용 태양광 PV 설치 기업인 솔라시티SolarCity일 것이다. 솔라시티의 태양광 발전 시스템은 전기자동차 제조업체인 테슬라가 공급하는 리튬이온 배터리를 이용하고 있는데, 테슬라가 솔라시티를 인수한 것이다. 이 두 기업이 고정 에너지 저장 장치에 진입한 것은 중요한 의미를 갖는다.[131] 솔라시티는 주택용 고객에게 전기의 시간대별 요금, 보조 서비스*59 *60, PV 시스템 상호 작용을 이용할 수 있는 솔루션을 제공하고 있으며, 캘리포니아주 프리몬트에 있는 테스라 공장의 지붕에 태양열 전지판을 설치하고, 200킬로와트의 전력을 저장하는 프로젝트를 진행하고 있다. 이 프로젝트가 완성되면, 테슬라 공장은 막대한 금액의 전기 요금을 절약할 수 있게 된다.

테슬라는 미국네바다 주에 50억 달러를 들여 기가팩토리Gigafactory라는 리튬 이온 배터리 공장을 짓고 있다.[132] 테슬라가 출시할 신규 배터리인 파워월Power wall은 가정에서 생산하는 태양전기를 저장하고, 전기자동차 가격을 낮추는 데 이용될 수 있다.[133] 이는 테슬라가 전기자동차 제조 기업이므로 에너지 저장 기업으로서 역량이 충분하다는 점을 의미한다.

일부 태양광 산업계 대표들은 향후 2년 이내에 소비자들은 태양광 시스템뿐 아니라 클라우드에 있는 빅데이터 분석 도구를 통해 모든 것을 활용하는 생산, 저장, 로드 관리 및 모든 것을 감독할 수 있는 애플리케이션으로 구성된 완벽한 에너지 시스템을 구매하게 될 것으로 전망한다. 소비자는 에너지 저장과 발생, 사용에 대한 책임을 지지만, 순수 전력 에너지보다는 저렴한 방식으로, 전력이 그리드에서 작동하도록 해야 한다.

테슬라의 최고경영자 일론 머스크는 에너지 저장 시스템 전체에 배터리를 도입함으로써 전력 피크 출력의 평준화와 다양한 이익을 얻을 수 있다고 강조한다. 이렇게 되면 기존의 발전소 수를 훨씬 줄일 수 있게 된다. 일론 머스크는 "기본적으로 재생 에너지와는 무관하게 고정식 에너지 저장 장치가 각 가정에 있다면, 세계 발전소의 절반은 폐쇄할 수 있을 것이다"라고 말한다.

결론: 상황은 빠르게 변하고 있다

여러 형태의 권력은 상호 연결되어 있으며 많은 변화를 겪는다. 초강대국의 지정학으로부터 점차 디지털화되는 세상에서 점차 증가하는 투명성, 그리고 에너지 공급의 발전에 이르기까지 상황이 시시각각 변하고 있다.

미국과 중국의 관계·경쟁, 그리고 현재 진행형인 중동과의 수렁에 빠진 관계는 많은 논의에서 제1순위로 논의되고 있지만, 개인적으로 인도와 아프리카의 잠재적인 역할이 크지 않더라도 역시 흥미롭게 바라볼 사안이다. 많은 기업은 장기적 관점에서 볼 때 이들 국가가 영향력과 경제력 면에서 중심을 차지할 것이라고 이해하고 있지만, 상당수는 향후 10년 안에 중요한 위치에 차지할 것이라고 보지는 않는다. 2015년에 새로운 정보를 얻고자 진행 중인 미래 아젠다 워크숍을 통해 지역, 시장 또는 기업의 수준에서 이러한 변동의 의미를 살펴보려는 기업들을 위해 워크숍을 몇 차례 진행했다. 영향력이 높거나 중간과 낮은 다양한 집단에서 주요 경향을 배치하라는 요청을 받았을 때 인도와 아프리카가 강력한 영향력을 행사하기에는 '시기상조'이며 '그럴 규모'가 아니라는 이유로 낮은 집단에 배치된 결과를 보고 놀랐다.

Chapter 5

CHALLENGE 4: 미래의 신념

우선순위와 충성도가 변하는 세계에서 우리의 삶을 더욱 풍요롭게 만들기 위해 선택하는 가치와 기준을 누가, 무엇이 결정하는가?

CHALLENGE 4
: 미래의 신념

FUTURE AGENDA

어쩌면 역사상 그 어느 때보다도, 우리가 무엇을, 누구를, 그리고 왜 한 가지를 다른 것보다 믿는가에 대한 본질이 바뀌고 있다. 종교적 근본주의의 확산, 자본주의의 걸림돌, 그 어느 때보다 만연한 온라인 대혼란과 함께 질문들이 제기되고 있는 것은 놀라운 일이 아니다.

런던의 저녁 모임에서 한 철학 교수는 우리가 누구를 왜 신뢰하는가 하는 문제가 잠재적인 전환점에 있다는 견해를 제시했다. 그는 지난 1,000년을 되돌아보면서, 우리가 처음에는 종족 지도자들과 왕들을 따랐고, 신앙이 통합되면서 종교가 우위를 점했다고 주장했다. 종교운동이 지배적이기는 하지만, 일부 지역에서는 르네상스 시대부터 19세기 후반까지 유럽에서 나타난 것처럼 국가와 정부에 대한 충성이 목격하기도 한다. 그런 다음 20세기에 우리는 보편적으로 조직, 기업, 그리고 많은 지역에서 자본주의 체제를 더욱 신뢰하게 되었다. 오늘날 일부 기업과 정부에 대한 신뢰가 추락하고 기존의 종교에 대한 의문이 제기되면서 사람들은 각자 믿을 대상을 찾기 시작했다. 우리들 중 일부는 형식적인 시스템에 대한 신뢰를 사실상 잃었고, 대신 소셜 네트워크를 통해 관계 있는 사람들에게 눈을 돌리고 있다. 다른 사람들은 환멸을 느껴 '현대' 종교를 피하고 종교적 신념의 직접적인 해석에 바탕을 둔 근본적인 신앙으로 돌아가는 길을 선택하고 있다.

2015년에 개최된 워크숍에서는 주로 에너지, 데이터, 도시 또는 보건 등과 같은 구체적 주제에 초점을 맞추고 있었지만, 전반적으로 믿음의 변화에 대한 다양한 의견이 있었다. 대안이 되는 견해를 얻기 위해 우리는 뭄바이와 싱가포르에서 신앙과 정체성의 미래와 미디어가 행동에 어떠한 영향을 미치는지 심도 있게 살펴보았다.

본 장의 '미래의 신념'에서는 우리가 왜 특정 견해를 채택하는지를 이해하기 위한 연계를 모색한다. 우리는 급변하는 세계에서 나타나는 사회 행동에 관한 새로운 과제에 대해 서구 사회에서 지배적인 20세기 만트라mantra인 자본주의의 패러다임을 검토한다. 우리가 들었던 전환의 일부를 공유하고자 한다. 믿음이나 신뢰의 미래에 어떤 방식으로도 검증된 견해가 될 수는 없지만, 세계 곳곳에서 논의한 사안에 대해 다시 한 번 검토할 생각이다.

도전에 직면한 자본주의

> *불평등과 같은 문제를 해결할 수 없는 자본주의 사회는 변화를 요구하는 목소리, 구조적인 과제, 기술에 의해 가능해진 자유를 얻기 위한 움직임에 직면해 있다. 이러한 것들이 함께 자본주의 규칙을 다시 작성하고 모든 사람이 함께 일하는 협력적인 상황을 만들어간다.*

오늘날 자본주의는 도전에 직면해 있다. 많은 사람은 자본주의가 해결책을 제시하지 못한 채 전 세계에 위기를 제공했다고 믿고 있으며, 더 공정한 시스템이 만들어지기를 원하고 있다. 이 반발의 핵심은 불평등이다. 《21세기 자본론》의 저자인 토마스 피케티Thomas Piketty는 불평등 증가는 자본주의에 의해 절대로 망가지지 않을 것이라고 확신하고 있다. 저자가 특히 강조하는 부의 불평등은 유럽과 미국에선 소득의 약 2배에 달한다. 즉 상위 10%는 부유층의 소득은 전체의 25~35%에 불과하지만, 총자산의 60~70%를 차지하고 있다.[134] 미국의 경우 상위 0.1%가 소유하는 자산과 하위 90%가 소유하는 자산 규모가 거의 같다. 【도표 27】 불평등이 큰 경제국은 건강, 폭력, 약물 중독 및 수명과 같은 영역에서 부정적인 결과를 낳고 있다. 일부는 사회적 불안을 비관적으로 예측하고 있고, 해결책이 보이지 않는 상황에서 문제를 해결하려고 하는 것은 경제적으로 타당성이 있다고 본다.

미국 아이스크림 브랜드 밴앤제리스Ben & Jerrys의 설립자인 벤 코헨과 제리 그린필드가 2000년 아이스크림 사업을 유니레버Unilever에 매각했을 때, 두 사람은 자신들의 사회적 미션 프로그램을 유지해

줄 것을 요청했다. 유니레버는 이들의 요청에 동의하고, 두 사람에게 프로그램 효과를 평가하는 사회적 측정 기준의 제정을 의뢰하였다. 이에 따라 '다중 자본 스코어 카드'가 탄생하였다.[135] 또 다른 예로는 영국의 오래된 백화점 존 루이스John Lewis를 들 수 있다. 존 루이스는 임금 비율을 공식적으로 도입하여 경영진의 연봉을 종업원 평균 임금의 75배 이내로 제한하고 있다.[136]

존 루이스 백화점과 대조적인 사례로서, 우리는 뉴욕에서 은행가를 대상으로 워크숍을 개최하여 불평등 문제에 대해 토론하였다. 은행 경영진의 연봉이 높은 이유를 물었는데, 이들은 일반 시민의 반감도 크게 이해할 수 있다는 말을 했다. 은행 직원의 평균 연봉3만 달러과 보너스1만 달러에 대해서는 은행도 언론에 공표하고 있지만, 경영진의 연봉에 대해서는 밝히기를 꺼려하였다. 한 가지 특별한 걸림돌은 은행 직원들이 그들의 보수를 외부 다른 기업의 수준과 연계해야 하는지, 아니면 은행 업계 내에서 경쟁력 있는 수준으로 지불해야 하는지에 대한 것이었다. 이를 비교하기 위해, 우리는 중요한 직책을 수행하는 유명한 사람으로 유엔 사무총장을 인용했다. 유엔 사무총장 연봉은 23만 달러이며, 이외에 필요 경비와 생활비가 추가된다. 미국 대통령에게는 많은 특전이 부여되지만, 유엔 사무총장의 연봉이 미국 대통령의 연봉을 능가한다. 우리는 은행 업계가 경쟁이 치열한 시장임을 인정하면서, 경영진의 연간 보수의 상한선을 정하여 유엔 사무총장의 20배 정도로 제한하면 좋은 출발이 될 것이라고 제안했다. 그 정도면 적어도 세상의 연봉과 비교해도 우선 허용 범위인 데다, 사회에 있어서도 이익이 되지는 않을까?

대중의 소리에 쉽게 접근할 수 있지만 억압하기는 어려운 시대에는, 그들의 견해를 고려하지 않고 새로운 계획에 대한 지지를 얻어 낸다는 것은 더욱 어려워질 것이다. 간단하지만 중요한 예로 보수는 핵심적 쟁점이다. 아마도 우리는 자본에 대해 조금 더 전체론 적인 시각을 가져야 할 것이다.

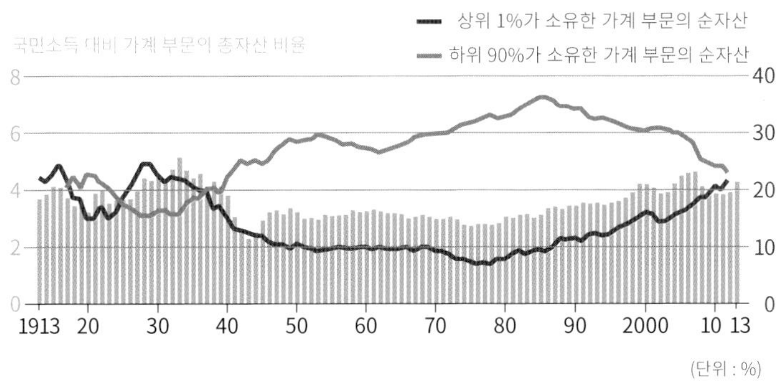

【도표 27】 미국 내 순재산의 총비율 (출처: Piketty)

자연 자본

> *인류세anthropocene 시대에 진입한 지금, 인류는 지구의 6번째 대량 멸종을 주도하고 있다. 생물의 다양성이 위기에 처해 있어 자연의 가치는 점점 증대하고 있다.*

우리는 인간의 활동이 지구의 지질학 및 생태계에 중요한 영향을 미치기 시작한 인류세*에 살고 있다.[137] 많은 과학자는 이 시대를 생물 종의 75%가 멸실되는 것으로 정의된 지구의 '제6차 대량 멸종

* 인류세(Anthropocene): 지구의 역사에서 인류가 지구 환경에 큰 영향을 준 시기를 구분한 지질시대. 인류세의 개념은 노벨 화학상을 받은 네덜란드 대기화학자 파울 크뤼천이 처음 제안하였다.

사건'이라고 부르고 있다.[138] 〈네이처〉지에 따르면,[139] 현재 지구상에 서식하고 있는 모든 양서류의 41%가 현재 멸종 위기에 처해 있으며, 포유동물의 26%와 조류의 13%가 비슷한 위협을 받고 있다. 간단히 말해서, 인간이 서식지를 손상하고 파괴함으로써 그곳에 사는 종들은 죽게 된다. 결국 이것은 인간에도 영향을 미치게 될 것이다. 스탠퍼드대학 생태학자 폴 에를리히Paul Ehrlich는 "다른 종들을 멸종 위기로 몰아 넣음으로써 인류는 그들이 자리잡고 있는 부분을 절단해 내는 일에 바쁘다"라고 언급하였다.

자연 생물의 다양성을 보존하고 향상시키는 사례는 다음 3가지 측면을 고려해야 한다. 첫째, 자연을 위해 보호해야 하는 도덕적 의무, 즉 왜 우리가 자연을 파괴할 권리를 가지고 있다고 보는가? 둘째, 자연이 제공하는 건강과 복지에 대한 사회적 혜택, 수많은 연구를 통해 우리의 심리적, 생리적, 인지적, 사회적, 미적, 정신적 행복에 대한 자연의 혜택을 입증하였다.[140] 셋째, 우리 자본주의 세계에서 점점 더 중요시되고 있는 것처럼 보이는 경제적 이점, 즉 자연이 제공하는 소위 '생태계 서비스'가 있다. 이러한 생태계 서비스는 일반적으로 식량과 물의 생산과 같은 공급, 기후와 질병의 통제와 같은 규제, 영양계 순환과 농작물 수분과 같은 지원,그리고 영적과 오락적인 혜택과 같은 문화, 이 네 가지 카테고리로 분류된다.

현재 많은 생태계 서비스들이 경제적 가치를 부여받고 있다. 반기문 유엔 사무총장은 "인적 자본과 자연 자본이 금융 자본만큼이나 중요하다는 것을 인식할 때"라고 언급하였다.[141] 파반 수쿠데프Pavan Sukhdev가 이끄는 세계적 프로젝트 TEEB the Economics of Ecosystems and

Biodiversity: 생태계와 생물 다양성의 경제학[142]는 생물 다양성과 생태계 서비스의 가치를 모든 단계의 의사결정에 통합함으로써 '자연의 가치를 가시화'하고자 한다. 가치 평가에 대한 접근 방식은 의사결정자들이 생태계와 생물 다양성이 제공하는 다양한 혜택들을 인식하고, 경제적 측면에서 가치를 입증하며, 적절한 경우 의사결정에서 그러한 가치를 포착하는 방법을 제안하는 데 도움을 준다. 더욱 광범위하게는 자연의 사회적, 경제적 가치에 대한 우리의 이해가 진화함에 따라 자연의 비용과 이익을 측정하는 새로운 방법이 개발되고 있다. 그 중 하나가 자연 자본 회계이다. 추정치에 따르면, 생태계 서비스의 연간 세계적 가치는 125조 달러를 넘어섰으며, 이는 세계 전체 GDP보다 많은 수치다.[143] 그러나 중요한 것은 환경 서비스 평가단위가 무엇이든가 상품화 또는 민영화와 동일하지는 않다는 것이다. 많은 환경 서비스는 공공 재화나 공동 출자 자원으로 잘 간주되기 때문에, 재래식 시장은 그것들을 관리하기에 최상의 제도적 틀을 가지고 있지는 않다. 그러나 이러한 서비스들은 가치가 있어야 하며 더 나은 서비스를 고려하기 위해서는 새로운 공통 자산 기관이 필요하다.

앞으로 이 가치들이 더 잘 이해됨에 따라 정부와 기업 모두 자연의 자본을 향상시키거나 자본이 미치는 영향을 줄이기 위해 노력할 것이다. 많은 정부가 장기적인 자연 자본의 증진 계획을 세우고 있다. 그 예로 영국 정부의 천연자원위원회의 권고안 채택을 들 수 있다.[144] 마찬가지로 생태계 서비스의 경제적 가치에 대한 인식의 증가는 분명한 가치를 인식하는 핵심 사업의 고려 사항으로 이어지고 있다.

따라서 자연 자본은 회계 시스템에서 더욱 보편화될 것이며, 선도적 조직이 운영 및 보고하는 방식예: 유니레버사의 오랫동안 지속 가능한 생활 계획 에 영향을 미칠 것이다.[145] 이러한 맥락에서 우리의 논의에서 제기된 핵심 요소는 곧 우리 행동의 진정한 비용에 대해 보다 전체적인 관점을 취하기 시작해야 한다는 것이다.

전체 비용

> *사회의 자연 의존도에 대한 인식이 높아짐에 따라 기업은 '자연 자본'이 제공하는 자원의 실제 대가를 지급하고 사회에 미치는 부정적인 영향을 보완하기 위한 필요 조건들을 강화하게 될 것이다.*

오늘날 많은 상업 활동에서 의사결정은 종종 수익성과 성과의 좁은 범위 내에서 이루어지고 있다. 그러나 기술이 제공하는 투명성 증가와 공급망 영향 및 의존성에 대한 이해 증가는 '전체 가치 사슬' 비용 및 이익을 포함하도록 하는 회계 관행을 재평가하는 쪽으로 의견을 바꾸고 있다. 즉 사람들과 지구에 미치는 사회적, 환경적 영향 및 혜택을 이익과 함께 고려해야 한다. 그저 주주들에게 재정적인 이익을 제공하고, 노동력 착취, 사회복지, 또는 환경의 악화와 같은 이해 관계자들에게 미치는 부정적인 영향을 묵살하는 대신 고객, 직원, 주주 및 더 넓은 사회 사이에서 공유 가치를 창출하고 공동으로 가치를 창출해 낸다.

'긍정적' 입장을 향한 이러한 움직임들은 기업이 부정적 영향의 전체 비용에 대한 이해 및 정산뿐만 아니라 직원, 공급망 공동체 및 광범위한 사회와 기존 고객 및 주주에게 전해지는, 흔히 '외부 효과'라고 불리는 이익이 필요하게 된다.

경제학자의 관점에서 광범위하게 사용되고 있는 발명품 혹은 주택, 상점, 여가 활동 등에 접근 기회를 만들어 내는 도로와 같은 기반시설에 대한 투자와 같은 것들로부터 긍정적인 외부 효과가 발생된다고 볼 수 있다. 예를 들어 공장 하나를 폐쇄할 경우 지역사회에 부정적인 외부 효과가 발생하지만, 공기, 강, 호수, 생태계와 같이 자연에서 만들어지고 제공되어 모든 사람이 무료로 사용할 수 있는 '재화'가 더 자주 환경과 연관되곤 한다. 이것은 자연이 인간의 이익을 위한 상품과 서비스, 즉 인간이 만든 자본으로 변모하기 위해 분해되는 '자연 자본의 청산'이라고 생각할 수 있다.

세계 100대 환경 영향으로 인해 세계 경제에 연간 약 4.7조 달러의 비용이 발생될 것으로 예상된다.【도표 28】 이러한 100대 외부 요인 중, 가격을 정할 수 없는 자연 자본 비용의 대부분은 대기에 온실가스 배출38%, 물 사용25%, 토지 사용24%, 대기, 토지 및 수질 오염12%과 같은 생태계 서비스 및 천연자원의 무료 사용과 관련이 있다.[146] 일부 산업에서는 실제로 그 피해가 제품의 가치를 초과하고 있다. 앞으로 우리는 이러한 외부 효과들을 인식하고 사업 운영에 더 큰 투명성을 가져오는 것을 목표로 하는 회계 방법 및 관행의 증가를 보게 될 것이다.

순위	부문	지역	자연자본 비용 (단위:10억 달러)	수익 (단위:10억 달러)	자연자본 비용/수익
1	석탄 화력 발전	동아시아	452.8	443.1	1.0
2	가축 사육	남미	353.8	16.6	18.8
3	석탄 화력 발전	북미	316.8	246.7	1.3
4	소맥 농업	남아시아	266.6	31.8	8.4
5	쌀 농업	남아시아	235.6	65.8	3.6

【도표 28】 상위 5가지 외부 효과가 자연 자본에 미치는 비용 (출처: Trucost)

2015년 말 유엔이 합의한 자연 자본 의정서와 SDG는 기업들이 '잘하는' 모습을 보여 주는 틀로 채택되고 있다. 재무, 환경 및 사회적 요인을 포함한 3가지 핵심 회계는 기업, 투자자 및 규제 기관의 세계적 연합체인 국제통합보고협의회IIRC의 통합된 보고로 개발되고 있다. 푸마와 같은 글로벌 기업들은 그들의 의사결정을 위해 환경적으로 확장된 손익 계정을 산출하였다.[147]

회계 방법이 이러한 숨겨진 비용을 조명하기 시작하면서 다양한 사회가 그 비용을 지급하는 것은 더 분명해지고, 반면에 이러한 무료 서비스를 이용하는 것으로 얻는 이익은 주로 개인이나 기업이 누리게 된다. 사익과 공익의 균형, 비용을 누가 부담하는가 하는 문제는 우리가 오랫동안 겪어 왔고 앞으로 10년간 그 논의는 더 커질 것이다.

마찬가지로 에너지 생산자와 사용자 모두 대기가 '무료'로 제공하는 탄소 저장고 서비스로부터 상당한 이익을 얻는 반면, 대기 중 탄소 축적으로 생기는 붕괴는 지구 사회가 부담하게 된다. 정부는 '탄소의 사회적 비용'을 평가하여 화석 에너지의 생산과 사용에 들어가는 실제 비용을 설명하기 위한 많은 노력을 해 왔다. 일부에서는 탄소 거래 제도에 이러한 진정한 높은 가격톤당 37달러에서 220달러 범위을

통합해야 한다고 주장하고 있는데, 대체 수치를 사용하는 강제적인 계획은 아직 없다.[148]

물 유용성의 가변성은 고도로 현지화되어 있으며 가용성을 반영해 가격이 책정될 것이라고 당연스럽게 예상할 수 있다. 이런 가변성은 지리적물이 부족한 지역 대 물이 풍부한 지역 또는 계절적한 해의 우기와 건기 사이 인 영향을 받기도 한다. 하지만 이런 경우는 드물며, 물가는 가변성이라기보다는 문화적, 정치적 주제들의 영향을 받을 수 있다.【도표 29】 강수량이 부족하지는 않지만 싱가포르는 이웃 나라 말레이시아로부터 물 수입을 의존해 왔고, 이것이 물의 가격을 조정하는 역할을 하였다. 싱가포르는 빗물을 모으고, 저비용 담수화 및 중수 재사용으로 1mm^{3}당 약 1달러선으로 비용을 유지하고 있다. 그와 반대로, 대부분의 물이 담수화 공장에서 나오는 아랍에미레이트의 경우, 일부 사용자들은 1mm^{3}당 거의 3달러의 비용을 지급하는데, 아랍에미레이트 국적자들에게는 에너지와 마찬가지로 무료로 제공하고 있다. 환경 컨설팅 업체인 Trucost는 "현재의 생산지를 기반으로 만약 물 공급 가능 여부에 따라 가격이 결정된다면, 세계 최대 기업들의 이윤 27%가 위태로워질 것"이라 말했다. 또한, 과도한 사용을 통해 수원을 고갈시키는 광범위한 사회적 비용이 물 가격 결정에 포함되지 않는 경우도 많다. 물 부족 지역에서의 관광 인프라호텔 및 골프 코스 등의 개발은 지역사회가 일상 활동에 사용하는 용수를 줄였다는 것을 의미하는데, 이는 손실은 사회화하면서 수익은 사유화하는 또 다른 사례로 볼 수 있다. 이러한 것과 불평등 문제 사이에는 피할 수 없는 연관성이 있다.

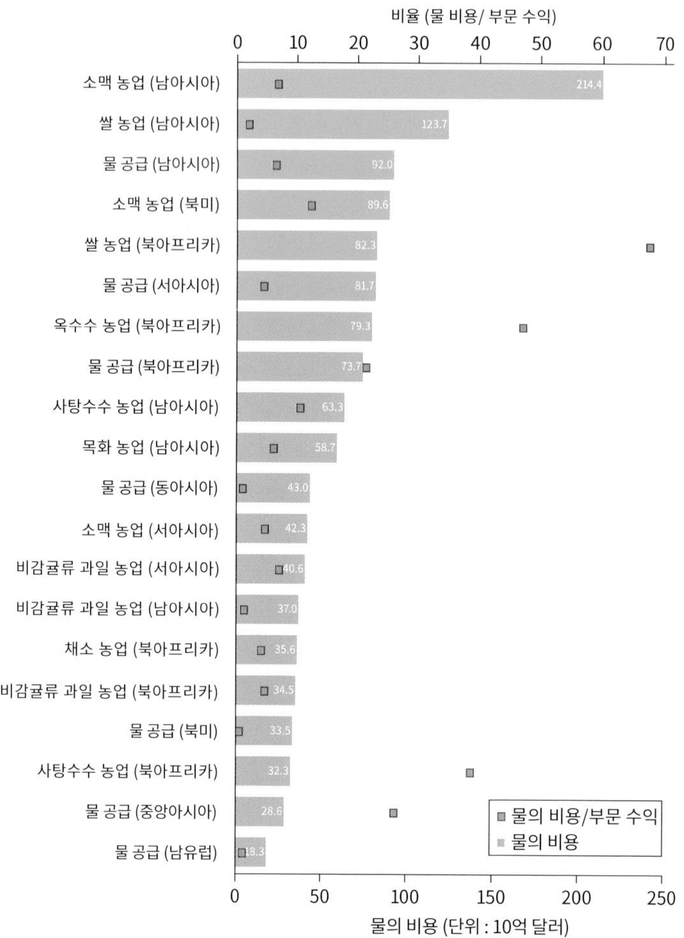

【도표 29】 2013년, 물 가격이 가장 높은 20개 부문 및 지역 순위 (출처: Trucost)

세계 인구의 1%가 전체의 50%에 가까운 부를 보유하고 있으며, 빈곤한 80%는 단지 5.5%만 가지게 되는 악순환이 이어지고 있다. 이러한 상황은 빈곤층이 발전을 위한 공공재의 본질에 접근하는 것을 막으려 하는 가능성을 가지고 있다.

환경 문제는 역사적으로 사업 관행의 부가물로 취급되어 왔다. 그러나 사업으로 인해 창출되는 부는 자연 자산에 크게 의존하고 있다는 인식이 확산되면서부터 사업 전략 및 운영의 핵심에 자연의 진정한 대가를 포함시키려는 방향으로 나아가고 있다. 일부 전문가들은 외부 효과를 측정하고 원가 계산을 하는 것은 행동 의도가 있을 때만 흥미롭게 느낀다고 지적하고 있는데, 단순히 우리가 천연자원을 고갈시키는 속도를 안다거나 그 가격을 책정하려고 하는 것만으로는 우리가 행성 경계에 의해 정해진 혹은 경우에 따라 이미 위반하고 있는 성장의 한계에 다다르고 있다는 근본적인 문제에 초점을 맞추고 있지는 않다.

서구에서는 최근 수년 동안 이러한 이해가 높아졌지만, 자원과 기후 위험을 관리하는 것이 자산 창출의 장기적인 성공의 기본이라는 인식이 확산되면서 중국과 아시아의 많은 국가가 뒤따라가고 있다. GDP 성장이 순조롭게 진행되고 있는 시점에서 진행 사항을 제대로 측정하기 시작한다면, 우리는 어떠한 대안을 수립할 것인가?

전반적인 GDP 성장률, 1인당 GDP 및 국가 부채 외에도 우리가 얼마나 잘 수행하고 있는지를 점검하기 위한 현재의 기준에는 무역 성장, 급여 증가, 인프라 지출, 주식 시장 흐름, 석유 및 기타 핵심 원자재 가격, 가계부채 및 인플레이션과 같은 다양한 문제들이 포함되어 있다. 지난 수년간 많은 분석가들은 이와 같은 구체적 숫자들이 지난해보다 올해가 더 나은지 혹은 더 나쁜지를 측정하기 위한 다양한 방법들을 집합적으로 제공한다고 보고 있다.

자연 자본에 주목하여 통합 보고에 좀 더 전체적인 관점을 갖는 사람이 늘어나기 시작한 지금, 이런 질문이 제기된다. 우리가 매달 가장 주목하는 숫자는 무엇인가? 세계적인 차원에서 지구 온난화 수준과 이산화탄소 농도의 수치 또는 유엔의 지속가능개발목표의 스코어카드 인가? 아니면 아직도, 경제개발기구나 국제통화기금이 발표하는 세계의 GDP 평가에 집착하고 있는가? 우리에게 새로운 평가 기준이 필요한 것은 틀림없다. 하지만, 평가 항목을 분명히 하고, 그 항목을 정확하게 평가하는 일관된 방법에 대한 합의가 있을 때까지 우리는 앞으로도 한동안 GDP 등의 종래의 평가 기준에 의지하게 될 것이다.

사람과 사람의 접촉

> *서비스 제공과 소비가 점점 더 디지털화되고, 자동화되며, 알고리즘화됨에 따라 감정적인 참여와 사람 간의 접촉을 제공하는 브랜드는 점점 더 매력적으로 변하게 된다.*

사회 경제적 지표에 대한 보다 인간적인 시각에서 개인적인 경험으로 옮겨가면서 일부 사람들은 많은 브랜드의 변화를 감지한다. 세상이 점점 더 자동화되어 감에 따라, 대기 줄 끝에서 들리는 사람의 목소리, 더 나아가 직접적으로 구매를 도와주는 사람에 대한 향수가 증가하고 있다. 기계의 효율성에도 불구하고 더 감정적인 참여를 제공할 수 있는 브랜드는 점차 그 가치가 높아질 것이다.

산업혁명 이후 세계는 더 자동화되었다. 대체로 19세기 때 베틀에서 조면기에 이르기까지 기계들은 더럽거나 위험한 것들을 제거하는 데 도움을 주었고, 인간에게 부담스러운 육체 노동의 고통을 덜어주었다. 20세기에 들어서는 자동화된 인터페이스를 통해 항공사 키오스크에서 콜센터에 이르기까지 일상적인 서비스 거래 및 사무적 허드렛일들은 인간을 대신하여 지루하고 반복적인 것들을 해소시켜 주었다. 오늘날 세계는 연결되고 인공지능이 넘쳐나고 가상현실이 급속도로 퍼져 나가게 되면서 기계가 인간보다 안정적이고 빠른 속도로 더 나은 선택을 하고 있다. 예: 구글 나우[149] 여기서 우리의 내일 모습을 엿볼 수 있다.

삶의 여러 측면에서 사람들은 서로 점점 더 멀어지고 있다. 아마도 이는 우리 중 일부가 어떻게 쇼핑을 하는지 살펴보면 가장 뚜렷하게 나타날 것이다. 고객 서비스 채널의 디지털화에 따른 디지털 자동화 및 연결성은 소비자들이 셀프 서비스로 쇼핑을 할 수 있게 하였다. 사람들은 셀프 서비스에 의한 쇼핑에 만족하고 있다. 고객센터의 적절한 지원을 받을 수 있는 경우에도 72%의 고객은 셀프 서비스를 선호한다. 웹 채팅 및 소셜 미디어 상호작용은 종종 자동화될 수 있으므로 고객은 직원이 개입하지 않아도 필요한 도움을 받을 수 있다. 구글, 아마존 및 알리바바에 이르는 자동화 분야의 리더들은 우리가 실제 사람을 만나거나 대화하는 것이 불가능하지는 않더라도 매우 어렵게 만들고 있다. 이러한 추세가 계속된다면, 2020년까지 고객 관계의 85% 이상이 인간적인 상호작용을 전혀 갖지 않을 것으로 예상된다. 자동화가 표준이 될 것이며, 인간이 기계에 응답하는 것에 기계가 응답하게 될 것이다. 평균 대기 시간은 컴퓨터가 사람에게 반응하여 자연스러운 음성을 모방하는 데 걸리는 시간이다. 아마존의 에코Echo 제품은 이것을 3초에서 1초까지, 거의 인간 대 인간 수준과 비슷하게 줄이는 데 성공했다.

상업적 관점에서 이는 좋은 현상이다. 자동화와 지능은 상호작용의 기능적 결과를 증가시켜 속도 또는 정확도를 향상시킬 수 있다. 또한, 고객당 서비스 비용을 절감하여 궁극적으로 소비의 가격을 낮추거나 이윤을 올릴 수 있는 기회를 제공한다.

단지 소매업자들만 이익을 보고 있는 것은 아니다. 3개의 빌딩과 그 꼭대기에 곡선형 수영장이 있는 싱가포르의 마리나베이샌즈 호텔Marina Bay Sands hotel은 효율성을 높이고 지루하고 반복적인 작업을 줄일 수 있는 자동화에 주목하고 있다. 3,500개 이상의 객실과 런던의 본드 스트리트 나 뉴욕의 매디슨 애비뉴에서도 찾아볼 수 없는 브랜드들로 가득 차고 항상 열려 있는 고급 쇼핑몰, 대형 컨퍼런스 시설과 광대한 카지노가 모여 있는 마리나 베이 샌즈는 당연한 관심을 끌고 있다. 매일 2만 건 이상의 식사를 제공하고, 매일 오후 1,000명 이상의 투숙객을 체크인 하는 것은 쉬운 일이 아니기에 자동화를 위한 플랫폼은 점점 늘어나고 있다.

대부분 국가에서 규모가 큰 호텔 및 리조트 단지는 저임금 노동력의 상당수를 끌어들이는 중요한 고용주인 반면, 싱가포르에서는 높은 임금을 지급하고 1인당 GDP를 계속 올리려는 욕구가 다수의 요리사, 웨이터, 청소부, 벨보이들을 고용하는 데 어려움을 주고 있다. 매일 사용되는 2만 장 이상의 냅킨을 접는 로봇과 카지노 테이블에 자동으로 음료를 배달해 주는 서비스 개발이 이미 진행 중에 있다. 곧 숙박객들의 여행가방을 객실로 자동으로 배달해 주고, 세탁물을 수거하고, 룸서비스를 배달하고, 차량을 주차해 주는 등의 것들이 이뤄질 전망이다. 논란은 있지만, 이와 같이 반복적이고 시간이 많이 소요되는 업무에 인간을 대체함으로 직원들은 더 가치 있는 따라서 더 나은 보수를 받는 일을 할 수 있게 된다. 각 층의 컨시어지concierge는 투숙객들과 소통을 하고, 질문에 답하며, 로봇이 물건을 정확한 방에 전달하거나 수거하는 것을 확인한다. 마리나 베이 샌즈가 호텔 업계의 표준은 아니지만, 이곳에서 시범 운영되고 있는 많은 방법들은 앞으로 수년 내에 더 다양한 세계적인 호텔 경험의 일부가 될 것이다.

그러나 이러한 이점들은 브랜드에서 얻을 수 있는 고객의 정서적 경험에 대한 비용이라 할 수 있다.[150] 사람들은 다른 사람들과 교류하는 것을 즐긴다. 최근 연구에 따르면 호텔 산업에 대한 대규모 연구에서 개인 서비스의 중요성이 확인되었다. 서비스 직원과 교류하며 그 직원의 넓은 면모를 본 고객들은 더 큰 만족감을 나타냈다. 브랜드는 그래서 다음을 기약할 만큼 강력하다.

자동화에는 한계가 있다. 예를 들어 장례식 책임자가 제공해 주는 서비스의 자동화는 상상하기 어렵다. 필요한 것은 전반적으로 고객 경험에 긍정적인 변화를 주기 위해 인간 상호작용을 적용할 수 있는 부분에 대한 올바른 인식일 것이다. 이는 기능적으로 복잡한 문제의 해결 또는 직감적이거나 감정적인 상황에서 도움을 주거나 차별화된 수준의 서비스로 돋보이게 하기 위한 경쟁 전략의 필수 요소가 될 수 있다. 애플 매장 내 지니어스Genius가 제공하는 서비스와 재보증은 경쟁 업체들이 따라할 수 없는 부분일 것이다.

사람 간의 접촉이 증가하면 고객과 소통할 수 있는 풍부한 기회를 제공하고, 더 깊은 연결성, 관계 및 친밀감을 만들어 낼 수 있다. 디지털 마케팅과 소비의 세계에서 소비자들은 더 많은 감정적 참여와 실제 접촉을 제공할 수 있는 브랜드를 선호할 수 있다. 조직을 위한 새로운 기준은 고객들을 단순히 소비자로만 취급하는 것이 아니라 복잡하고 다차원적인 인간으로 대해야 한다는 것이다.[151] 고객들은 결국 참여, 창의성, 지역사회 및 이상주의에 대한 그들의 더 깊은 필요를 충족 시켜 줄 제품을 선택하게 될 것이다. 이를 이행하는 데 도움을 주게 된다.

결과적으로, 좋은 서비스의 제공은 더 나은 인간관계와 더 고급스러움 또는 사치스러움과 연관될 수 있으며, 누구든 구매할 여유가 있는 사람들에게 우선적으로 제공되었다. 또한, 그것은 브랜드와 서비스 경험을 차별화하기 위해 적절하게 사용될 것이다. 호울 푸드Whole Foods나 웨이트로즈Waitrose와 같은 프리미엄 식료품점들은 더 많은 매장과 계산대 직원에게 투자하고 있고, 웹쳇Webchat 및 페이스타임Facetime 또한 사용자의 온라인 서비스를 보강하고 있다. 개인적인 서비스가 따뜻하고, 친절하며, 도움이 된다는 것으로 유명한 반면, 그것을 오해할 사람이 생길 가능성도 있는데, 그것은 결국 인간을 인간답게 만드는 것이라고 할 수 있다. 다행히도 우리는 기계가 복제하기 힘든 멋지고 선천적인 자기 교정 장치를 가지고 있으며, 일이 잘못될 경우 인간은 사과를 할 수 있다. '사람' 간의 접촉에 관한 직원 교육의 핵심은 실수가 발생할 경우 죄송하다고 말하는 방법을 알 수 있도록 하는 것이다.

화장품 회사인 세포라Sephora는 이미 소셜 미디어 및 커뮤니티 참여를 통해 온라인으로 고객과의 상호작용을 증가시키고 있지만,

동시에 제품을 판매할 기회를 놓치지 않고 있다. 시리Siri, 코타나Cortana, 구글 나우Google Now는 인간과 자동화 간의 격차를 해소하기 위한 사전 디지털 개인 비서이다.[152] 애플 프로그래머들은 심지어 시리Siri에 유머 감각을 유발하는 '부활절 달걀'을 숨겨두기도 했다.[153] 일본에서는 로봇이 이미 간병인의 부담을 덜어주기 위해 노력하고 있으며, 하스브로Hasbro는 2015년에 노인을 위한 동반자 제공을 목적으로 하는 로봇 고양이를 출시했다.[154]

이 모든 것은 어디에서 끝날것인가? 미래학자이자 《특이점이 온다The Singularity is Near》의 저자인 레이 커즈와일Ray Kurzweil 은 "기술은 기하급수적인 속도로 변한다"고 말한다.[155] 이것은 우리가 주어진 시간 동안 기술적 변화가 얼마나 일어날 것인지 정확히 이해하지 못한다는 것, 즉 "21세기에 우리는 100년간의 진보를 경험하지 못할 것이다. 그것은 오늘날의 속도로 약 2만 년의 진전에 더 가까울 것이다."라는 것을 의미한다.[156] 그럼 진짜로 알고 있는 건 누구일까?

선도적인 조직들은 앞으로 자동화된 거래와 적절한 고객 관계 관리 간의 균형을 피하는 방법을 모색하고 있다. 지능형 셀프서비스는 대화형 IVR상호작용 음성 응답이 자동화 전화 경험의 새로운 표준이 되고, 반응형 가상 도우미가 사전 예방적 가상 조언자가 되며, 셀프 및 지원 서비스 융합이 이루어짐에 따라 앞으로 고객의 경험을 지속해서 변화시킬 것이다. 그래도 인간의 손길은 항상 가치 있게 평가될 것이며, 기계가 책임을 맡게 될수록 경험에서의 차별화를 제공하거나 많은 희망을 주게 될 것이다. 하지만 다른 미래를 그리는 사람도 많다.

프라이버시 본질의 변화

> *프라이버시는 공적인 문제이므로 인터넷을 관리하고, 피해를 입기 쉬운 개인을 보호하고, 개인 데이터의 안전성을 추구하는 국제적 프레임워크가 증가하고 있다. 보호, 안정성, 프라이버시, 공익 사이에서 균형을 찾는 것이 점점 더 정치적인 문제가 되고 있다.*

최근까지도 프라이버시에 관한 논의는 활발하지 못한 편이다. 주로 학계, 변호사, 규제 기관 및 보안 임원으로 구성된 폐쇄적 커뮤니티에서 논의가 되고 있다. 이것은 오래 지속되지는 않을 것이다. 프라이버시은 딱딱한 법률적 문제로 간주되는 것에서 상업적으로나 소비자 모두에게 더 널리 이해되고 논의되는 것으로 변해갈 것이다. 증가하는 데이터 유출 위험과 균형을 이루는 빅데이터에 의해 만들어지는 새로운 기회들은 공공 의제를 상승시키도록 할 것이고 그 과정에서 중요한 정치적 이슈가 될 것이다.

현재 프라이버시 데이터 보호와 관련된 주요 국제 참고 체계는 OECD 프라이버시 가이드라인, 유럽연합 데이터 보호 지침 및 아시아 태평양 경제협력 개인정보 보호 체계이다. 그러나 개인정보에 대한 각 기관의 접근 방식은 다르다. 일부 데이터 보호 정책은 개인 데이터를 처리하는 분야에 동일하게 적용되는 반면, 다른 일부는 보건 부문, 공공 당국과 같은 처리 기관의 유형 또는 아동에 대한 데이터와 같은 특정 부문에 서로 다른 규칙을 적용하고 있다.

지금까지는 개인 데이터가 디지털 경제를 주도했지만, IoT는 비교적 적은 비용으로 온라인에서 수집, 전송 및 저장할 수 있는 풍부한 새 정보 데이터를 추가해 준다. 주어진 기회를 극대화하기 위해 기술 회사들은 신중을 기해야 할 것이다. 시민들은 사이버 테러에 대해 점점 더 우려하고 있는 정부들이 국가 안보의 문제로서 개인 정보에 대한 즉각적인 접근을 요구하고 있을 때, 그들의 개인정보가 동의나 직접적인 혜택이 없이 기업 이익을 위해 사용될 수 있다는 생각에 반발할 수 있다. 문제는 실용성과 이념을 분리시키는 동시에 장기적인 수익성을 확보하는, 이 두 가지 요건을 모두 충족시키는 것이다. 네트워크들이 곧 그들의 디지털 기록을 생성하게 될 무수한 '상황'으로부터 예상되는 새로운 데이터 관리 문제에 직면하게 되면 문제는 더 복잡해질 것이다.

기업, 정부, 그리고 더욱더 많은 사람이 통제력을 유지하기 위해 서로 경쟁하면서 이러한 기회와 위험에 대한 인식이 커지고 있다. 기본 인터넷 사업 모델뿐만 아니라, 더 넓게는 기관의 개인정보 통제 및 소유가 자연적이고 적법하다는 가정을 붕괴시킬 수 있는 새로운 비즈니스 모델의 출현을 우리는 목격하고 있는가에 대한 의문이 제기된다. 데이터의 세계적인 특성을 고려할 때, 몇몇은 활동을 감시하고 사법적 지원을 제공할 수 있는 독립적 중재자와 함께 규제와 관련한 세계적인 합의가 필요하다고 제안한다. 이것을 실행하려면 어떻게 해야 하는가? 인터넷 창시자인 팀 버너스 리 경Sir Tim Berners-Lee이 내세운 한 가지 선택은 '웹을 위한 마그나카르타'를 만들어 세계 헌법에 핵심 원리를 포함시킴으로써 인터넷이 개방적이고 중립적으로 유지되도록 하는 것이다. 그는 "프라이버시 권리, 표현의 자유, 적절한 접근 및 인터넷 중립성을 게임의 규칙으로 엄격히 묶을 필요가 있다"고 말하며,[157] 만약 우리가 주의를 기울이지 않는다면, 인식 부족과 일반적인 무관심이 개인의 프라이버시 권리가 대기업들에 의해 침해될 수도 있다고 경고하고 있다. 이를 방지하기 위한 조치를 취해야 할 것이다. 그러나 현실적으로 어떻게 조치되어야 하는지에 대한 합의가 부족하고, 이 난관의 결과는 소극적으로 보인다. 유엔무역개발회의UNCTAD의 연구에 따르면, 2013년까지 107개 국가만이 데이터 보호를 위한 법안을 개발했고 개인정보보호 법률을 임시로 만들었지만, 종종 단편적이고, 일관성이 없고, 영향을 주도록 고안된 바로 그 기술을 따라갈 능력이 없는 것으로 보인다.

효과적으로 기능하기 위해서는 좋으나 싫으나 개인 데이터, 코드 및 위치가 운영자, 제조사, 개발자, 심지어 사용자 자신에 의해 여러 관할 지역에 공유된다. 차이는 점점 더 지역화되어 가는데, 미국 내 각 주는 적절한 표준에 대한 자체 정의를 가지고 있다. 글로벌 규제 체계가 가능하다고 하면 원칙들은 일관되게 유지될 것이지만, 지역화되고 다양할 것이며 경계를 갖는 프라이버시 보호의 개념이 현실화될 것이다.

그 사이 기술은 끊임없이 발전하고 있으며, 이제 제3자를 우회하여 개인 데이터를 다시 통제할 수 있게 고안된 새로운 사업 모델의 출현을 목격하고 있다. 기술 기업은 소비자들에게 향상된 암호화 옵션을 제공하여 어느 정도 데이터 보호의 책임을 스스로 회피한다. 최근 애플사와 FBI 간의 사례에서 보여줬듯이 '강력한' 또는 양단간 암호화는 데이터를 처리하거나 전송하는 회사가 해독하는 것을 거의 불가능하게 만들어 법 집행 기관에 문제를 초래했다. 그럼에도 그것이 표준화되어 가고 있는데, 그 예로 IBM은 암호화에 대한 통제권을 주는 방식으로 중국 제조사에 서버칩 기술을 허가했다.

프라이버시 보호는 인터넷이 직면한 문제이다. 인터넷 사용자의 약 1/3이 18세 미만으로, 그들 중 소수는 감시되는 방법에 대해 목소리를 내고는 있지만, 성인 규정을 통해서는 청소년 보호에 어려움을 겪고 있고, 내재된 기본값 및 정교한 평가는 위험을 완화하려고 하지만 큰 변화는 없다. 또한, 예를 들어 익명의 기준이 없는 것과 같이 프라이버시의 해석에 대한 문화적 차이도 다뤄질 필요가 있다. '잊혀질 권리'에 대한 유럽에서의 판결은, 인터넷에서 정보를 삭제하려는 생각을 언론의 자유에 대한 위협으로 해석하는 미국에서 '실망스럽다'고 표현되었다.

한편, 규제된 언론과 규제되지 않은 인터넷은 정보 공유의 경계를 계속 압박하고 있다. 모든 사람의 개인정보는 공공 영역에 있다. 사람들이 더 많은 감시에 반응함에 따라 어떤 이들은 단순히 '어둠'을 선택하기도 하는데, 이는 기본 모델이 데이터의 조사와 재포장에 기반을 둔 기존 인터넷 사업자들에게 큰 도전이 되고 있다.

기술 변화의 속도는 정부가 따라가기 어렵게 만든다. 정치인들 사이의 이해 부족은 소비자와 기업 모두를 보호하기 위해 절실히 필요한 개인정보 보호 규정을 지연시키고 있다. 초기 인터넷 사용이 부진했던 신흥 시장들은 대응 방법에 특히 어려움을 겪을지도 모른다. UNCTAD 보고서에 따르면 아프리카, 아시아, 라틴아메리카 및 카리브해 지역의 38개 국가 중 정부 대표의 75%가 프라이버시과 관련된 법적 문제를 이해하는 데 어려움을 겪고 있으며, 사이버 범죄를 포함하게 되면 그 수치는 68%로 줄어들 것이라고 밝히고 있다.

프라이버시에 관한 명확한 원칙의 수립은 도움이 되지만, 복잡성과 같이 입법자들이 전반적인 책임을 질 수 있는 특정 기관이나 단체를 식별하는 것, 그리고 특히 지금 이 단계에서 모든 사람이 받아들일 수 있는 프라이버시을 둘러싼 표준을 만드는 것은 어려운 일이다. 향후 10년 내 화합이 이루어지기를 희망하는데, 핵심 문제는 이것이 어떻게 달성될 수 있으며, 어떤 조직이 선두를 차지하여 세계 표준을 수립할 것인가 하는 것이다. 프라이버시는 점점 더 정치적 문제가 될 것이며, 진짜와 가짜를 구분해야 하는 과제가 주어질 것이다.

진실과 환상

인터넷은 지식을 대중화하고 우리가 누구를 왜 신뢰하는가에 대한 본질을 변화시켰다. 대기업에 대한 신뢰가 떨어짐에 따라 신뢰할 수 있는 대안을 찾기 위한 검색이 발달되게 된다. 우리가 믿는 것이 우리의 행동하는 방식을 바꾸고 있다.

우리의 생각은 우리가 행동하는 방식을 변화시킨다. 이는 '군중 진실 검증'이 검색 및 결과보다 우선시되고 있는 세계에서 증가하는 데이터 소용돌이의 영향으로 '진실성'이 온라인상에서 동의 되는 것처럼 보일 수 있다.

만약 강요된다면, 대부분 사람은 우리가 항상 진실과 그렇지 않은 것을 구분하기 어려운 교묘한 세상에서 살아왔다는 것에 동의할 것인데, 세대에 걸친 역사학자, 언론인 및 정치인들은 허구에서 사실을 밝혀 대중에서 설명하는 것으로 경력을 쌓아 왔다. 그러나 미래를 바라봤을 때 우리는 정보를 아주 쉽게 얻음에도 불구하고 삶은 점점 모호해지고 있는 것처럼 보인다. 무엇이 진실이고 거짓인지, 누가 혹은 무엇이 의미를 해석하는데 우리에게 가장 도움이 되는지를 결정하는 것은 훨씬 더 어렵다. 방대한 양의 데이터는 명확성을 제공하는 대신 개인이 사실, 정확성, 잘못된 정보, 재해석 및 진부하고 구태의연한 거짓을 구별하는 것을 거의 불가능하게 만들었다. 가능한 모든 주제에 대한 의견과 반대 의견에 이제 우리 모두가 접근할 수 있게 되었다. 그것의 해석은 점점 더 까다로워지고, 이 과정에서 누가 또는 무엇이 도움을 줄 것인지 결정하는 것은 여전히 더 까다로울 것이다.

국민의 신뢰는 부패와 잘못된 경영의 폭로로 인해 지치고 기관을 경계하게 되었다. 2015년 에델만Edelman 이 실시한 세계 여론조사에 따르면, 인도, 인도네시아, 그리고 흥미롭게도 러시아에서 이익의 증가로 인해 정부의 신뢰가 약간 증가하기는 했지만 전반적으로 60%의 국가에서 정부는 신뢰를 얻지 못하고 있다. 【도표 30】 하지만 기업 지도자에 대한 신뢰는 사상 최저 수준으로 응답자의 50% 미만만이 업계 대부분의 최고경영자들을 신뢰하고 있다고 보여 주고 있다. 신뢰받고 있는 기관들조차 그들에 대한 전반적인 신뢰가 66%에서 63%로 감소하고 있다. 정답을 얻으려면 어디로 가야 하는가?

2015년	
세계	55
UAE	84
인도	79
인도네시아	78
중국	75
싱가포르	65
네덜란드	64
브라질	59
멕시코	59
말레이시아	56
캐나다	53
오스트레일리아	52
프랑스	52
미국	52
독일	50
이탈리아	48
남아프리카공화국	48
홍콩	47
대한민국	47
영국	46
아르헨티나	45
폴랜드	45
러시아	45
스페인	45
스웨덴	45
터키	40
아이슬랜드	37
일본	37

국민의 신뢰도가 높은 국가는
30%(2014년)에서 22%로 하락

국민의 신뢰도가 낮은 국가는
33%(2014년)에서 48%로 상승

【도표 30】 국가에 대한 국민의 신뢰도 (출처: 2015 에델만 신뢰 지표)

겉보기에 비슷해 보이는 개인의 온라인 리뷰와 소셜 미디어에 대한 의견을 통해 소비자는 제조 업체가 제작하려고 하는 이미지가 아닌, 제품 또는 신념의 근본적인 장점과 단점을 볼 수 있다. 우리는 소셜 네트워크가 제품, 서비스 및 아이디어의 놀라운 범위에 대한 품질, 가치 또는 진실에 대해 무엇을 말하고 있는지 주의 깊게 주목하고 있다. 우리가 조언을 구하는 사람들의 배경을 알아내는 것이 비교적 쉬웠던 것은 사실이긴 하지만, 시간의 부족과 즉각적인 행동을 하는 사회에서 우리가 택한 조언, 특히 그 조언을 얻은 곳이 온라인일 때, 그것이 누구의 것인지 우리 중 일부는 관심조차 없다. 동시에 일부 사람들은 우리가 주로 친구나 가족, 즉 우리와 같은 방식으로 생각하는 사람들에게 눈을 돌리면서 자기 참고가 되고 있다고 주장한다.

현대 경제는 자유로운 이동과 신뢰에 크게 의존하고 있다. 전통 있고 광고도 많이 하지만 그저 그런 제품들은, 앞으로 자신들의 결점을 잘 파악하고 있고 프리미엄 가격의 지급을 꺼리는 소비자들을 잃을 수도 있다. 그러나 제품을 올바르게 만들고 진정한 설명을 하는 회사들에게 그 보상은 여전히 엄청날 것이다. 교과서적인 사례로 애플사를 들 수 있는데, 제품의 뛰어난 디자인과 사용의 편의성을 바탕으로 상용화된 시장에서 강력한 브랜드가 되었다.

우리의 신뢰 수준이 낮아지고 있는 이유 중 한 가지는 인터넷이 모든 사람의 의견을 게시하기 쉽도록 되어 있고, 다른 참여자들이 정확성을 검증할 수 있다는 전제에 근거하기 때문일 것이다. 일반적으로 큰 문제의 경우라면 효과가 있겠지만, 위키피디아Wikipedia 조차 매번 정확하게 이해하기는 어렵다. 개인 또는 대형 조직의 인터넷 게시자 중 일부는 그들의 이야기가 굉장히 선풍적이라며 허위사실을 게시했다 하더라도 손실보다는 명성을 얻게 될 것이다. 온라인 리뷰를 위조하는 것처럼 인터넷 페이지를 위조하는 것은 쉽다.

인터넷을 통한 정보의 민주화와 기업 및 정부 기관 간의 탐욕과 무능함에 대한 명확한 입장과 더불어 소득 불평등의 증가로 인해 현상 유지에 대한 신뢰는 더 이상 당연한 것으로 간주될 수 없다. 언론 교육을 받은 직업 정치인과 대형 브랜드들의 대안으로, 평범한 진실성과 소기업을 신뢰하려는 경향이 커지고 있다. 정치적 관점에서 이것은 미국의 도널드 트럼프Donald Trump와 프랑스의 마린 르 펜Marine Le Pen의 국민전선과 같은 보다 극단적인 현상의 증가를 잘 설명해준다. 비즈니스 관점에서 대기업은 자사 제품의 유래에 대해 자랑하고 '정품' 브랜드에 걸맞게 분위기를 조성하려고 노력하고 있다. 코카콜라의 Innocent 음료 구입 참조

물론 상대가 진실을 말하고 있는지 아닌지를 판별하는 것은 개인의 문제만은 아니다. 잘 실행된 사이버 공격은 마우스의 클릭만으로 사업을 파괴할 수도 있다. 진정으로 강력한 해결책이 발견되지 않는 한 일부는 오프라인 상태로 전환하는 것을 더 선호할 수 있다. 개인 이메일과 신용카드 정보를 해킹당한 소니 픽처스Sony Pictures의 CEO인 마이클 린톤Michael Lynton은 그 이후 민감한 정보들은 수기로 작성 후 팩스로 보냈다고 밝혔다. 그만이 이런 방법을 사용하는 유일한 CEO는 아니다.

앞으로도 신뢰를 유지하는 것은 더 어려워질 것이다. 브랜드든 정

치인이든 실제로 약속을 지키는 것이 지금처럼 중요했던 적은 없었다. 기술은 우리의 삶을 더 쉽게 만들기는커녕 또 다른 복잡한 단계를 더했다. 진실을 더 명확하게 파악하기 위해서 우리는 여러 플랫폼에서 더 많은 노력을 기울여야 한다. 모든 것이 점점 자동화됨에 따라 얼마나 많은 사람이 실제로 이같은 일을 할 시간이나 성향을 갖게 될것인가? 게다가 인간의 행동이 인공지능의 결정에 도움을 줌에 따라 일부 사람들은 훨씬 더 큰 변화가 일어나게 될 것이라고 보고 있다.

기계의 윤리성

자동화는 시스템적 위험의 거래 및 관리를 넘어 확산되고 있다. 우리가 기술 특이성에 접근할 때, 자율 로봇과 더 지능적인 알고리즘은 생명이나 죽음에 영향을 미칠 윤리적 판단을 한다.

10년 안에 운전자 없는 자동차가 도로를 가득 채울 수도 있고, 기계학습 알고리즘이 질병을 퇴치할 수도 있고, 드론이 제품을 배송해줄 수도 있다. 기계학습, 시각 및 음성 인식, 그리고 신경망 프로세싱의 빠른 발전은 컴퓨터가 인식 작업에 점점 더 익숙해지고 있음을 의미한다. 이것은 공상과학 소설의 중심이었던 인공지능을 차세대 컴퓨팅의 선두에 둔다.

인공지능은 특히 질병 진단과 관련하여 탁월한 이점을 제공하면서 온라인 쇼핑객에서 책을 추천하는 것과 같이 지루하지만 유용한 작업을 수행하기도 한다. 그럼에도 스티븐 호킹, 빌 게이츠, 버락 오바마와 같은 많은 사려 깊은 사람들은 인공지능이 사회적, 경제적 관점에서뿐만 아니라 인류 자체의 미래에 미칠 영향에 대해 우려하고 있다. 예를 들면, 호킹 박사는 인공지능이 인간 창조자의 지능을 훨씬 능가할 경우 뒤따를 수 있는 '기술적 재앙'에 대해 경고하고 있다.

IoT를 통해 생성된 데이터는 지능형 기계가 전체적으로 지식 축적을 기하급수적으로 증가 시킬수 있게 한다. 알고리즘은 이제 원초적인 지각 데이터로부터 배우고, 언어를 이해하고, 이미지를 인식하도록 설계되었다. 즉 컴퓨터는 축적된 지식을 기반으로 더 많은 기술을 배우고, 뉘앙스를 이해하며, 궁극적으로 우리가 상실이라고 부르는 것들을 얻게 된다. 컴퓨터가 더 많은 것을 받아들일수록, 스스로 개선도 하고 인간의 개입 없이 더 나은 버전을 만들 수 있다. 구글은 영국의 AI 스타트업 딥마인드DeepMind를 4억 달러에 인수했다. 페이스북과 아마존 또한 이 분야에 막대한 투자를 하고 있다.

이것은 위협과 기회 모두를 제공한다. 한편으로는 AI와 자동화가 더욱 발전해 갈수록 기술력이 필요 없는 경영·행정직 역할의 일자리를 위협해 갈 것이고, 다른 한편으로는 개인에게 더 많은 통제권을 제공하여 건강, 안전 및 프라이버시를 더 잘 관리할 수 있게 될 것이다.

일각에서는 AI가 인간을 대체하는 것이 아니라 그들의 능력을 보강하고 보다 효과적으로 만드는 것이라고 주장하기도 한다. 확실히 효율성이 더 높은 컴퓨터는 인적 자원를 희생하여 일부 기업을 훨씬 더 생산적으로 만든다. 단기적으로는 AI가 창작자를 능가할 것에 대한 우려는 낮지만, 확실한 것은 지금까지 많은 전통적인 직업의 기본 활동을 형성해 온 일들 중 일부를 곧 대신할 것이라는 점이다. 오랫동안 컴퓨터는 복잡한 데이터를 더 효과적으로 분석하는데 인간보다 더 능숙해 왔고, 슈퍼마켓과 공장의 직원들은 이미 그들의 가치를 발견했다. 오늘날 컴퓨터는 손으로 쓴 메모를 읽고, 보고서를 작성하고 번역하며, 심지어 대화에 응답할 수도 있다. 초기 설치 비용은 들어가지만, 지치거나 실증을 내지 않는다는 이점을 가지고 있으며, 임금 인상을 요구하지도 않을 것으로 보인다. 유연성이 부족한 인간 동료들의 자리를 그들이 점차적으로 대체하고 있다는 것은 그다지 놀라울 일이 아니다.

AI의 혁신적인 역할은 이미 자동화 산업에 영향을 미치고 있다. 분산된 자동 구성 시스템의 집단 행동인 '군집지능'이 현재 안전을 향상하는 데 사용되고 있다. 예를 들면, 한 자동차의 브레이크 센서가 빙판길 상태를 등록하면 클라우드를 통해 같은 도로의 다른 차량들과 정보가 공유된다. 따라서 수천 개의 센서가 연결된 컴퓨터가 추가로 설치된 차세대 자동차는 더욱 지능화되어 갈 것이다. 이 모든 것을 종합해 봤을 때, 자동차는 자체와 환경을 모니터링하고 탑승자들을 위해 날씨를 관측할 수도 있게 된다.

이를 확대해 보면, 메시 네트워크와 유비쿼터스 모바일 연결성은 곧 안전을 향상하고, 도로 수용량을 늘리고 혼잡을 줄이는 완전히 자동화된 고속도로를 제공할 수 있게 될 것이다. 곧 운전자 없는 자동차들이 일반화될 것이다. 구글의 자율주행차는 이미 200만 마일을 주행했지만, 그동안 14건의 사고만 발생되는 놀라운 안전 기록을 보면 거의 완성 단계에 도달한 것으로 보인다. 더욱 안전하고 효율적인 도로는 개인과 그들의 차만을 위한 보험에서 전체 그룹, 궁극적으로는 전체 시스템으로 이동하여 결국 위험을 관리하고 공유하는 방법을 변화시킬 것이다. 여기에는 도전이 따를 것이다. 보험회사들은 관리 시스템에 통제권을 넘기기를 거부하는 운전자들을 다루는 방법을 강구해야 한다. 즉 운전자들은 '무료로 남기기 위해 더 높은 보험료를 지급하는 데 동의하며 그 외 사람들은 시스템이 처리해야 할 위험 수준의 그룹으로 종속할 것인가?' 라는 의문이 제기될 수 있다.

그러나 현실적으로, 특히 도심지에서의 사고는 현재도 일어나고 있고 앞으로도 계속 발생할 것이다. 따라서 자율주행차는 일부 어려운 윤리적 결정을 내려야 할 것이며, 이것을 어떻게 할 것인지에 대해 의문이 제기된다. 일이 잘못될 경우 관할 지역에 매우 큰 법적 영향을 미칠 수 있다. 예를 들어, 독일에서는 한 생명의 가치를 다른 생명과 비교하는 것은 불법이며, 알고리즘을 통해 처리할 수 있는 가치를 인간의 생명에 적용하는 것은 거의 불가능한 반면, 미국은 이 점에서 그렇게 엄격한 기준을 두고 있지는 않다. 자율주행 차량을 관리하는 규칙은 관련된 개인에게 가치를 부여하지 않고, 더 큰 이익, 즉 더 많은 생명을 살리는 것에 주안점을 두어야 하는가? 현재로서는 대답보다 질문이 더 많이 있는 것 같다.

구글의 딥 마인드[158]와 다른 기업들은 운전자 없는 자동차의 광범위한 사용에 대한 규제 당국의 승인이 이루어지기 전에 우리가 모두 갖춰야 할 인간의 가치와 행동을 복제할 AI 시스템 코드를 작성하느라 많은 시간을 보내고 있다. 한 가지 어려운 도전 중 한 예로, 보행자나 자전거에 탄 아이가 아닌 '운전자'를 칠 가능성을 위해서는 코드를 어떻게 생성해야 하는지에 대한 문제가 반복적으로 제기되고 있다. 아이작 아시모프Isaac Asimov의 유명한 로봇학 법칙 세 가지[159]는 "로봇이 인간을 해치지는 않을 것이나, 무의식 중에 해를 입힐 수는 있다."라고 시작한다. 그러나 문제는 고속으로 달리는 자율주행 차량이 장애물에 부딪치지 않으려 선택한 경로에서 벗어날 때, 그리고 도로에 양 또는 어린이가 있을 경우 다른 반응을 보이는가 하는 것이다.

아부다비에서 정부 고위 인사들과 대화를 나누던 중 불가피하게 자율주행차의 미래가 화제에 올랐다. 기술과 윤리적 문제에 대해 설명하는 것은 의미가 없었다. "왜 방향을 틀었나요?" 그들은 물었다. "그냥 계속 가면 되잖아요." 다른 곳에서 사람들은 이것이 중대한 문제라고 생각한다고 설명하면, "여기에선 문제가 안 됩니다-인샬라신의 뜻대로"라고 그들은 답했다. "만약 도로 위에 아이가 있다면, 그것은 신의 뜻이며 자동차의 방향을 바꾸거나 '운전자'에게 해를 끼칠 필요는 없습니다." 누군가 물에 빠졌을 때도 마찬가지로, 자신을 위험에 빠뜨리면서까지 그들을 구하려고 하지 않는다. 우리는 우리의 가치관을 통해서만 미래를 볼 수 없다. 즉 우리가 옳고 그르다고 생각하는 것이 다른 문화에서는 분명히 다르므로 무인자동차의 원리적인 문제에 대해서는 국제적이면서 지역적인 관점에서도 생각하여 예상치 못한 시각에 대해서도 검토할 필요가 있다.

이보다 더 우려되는 것은 AI를 전쟁에 사용하는 것이다. 최근 영화 〈Eye in the Sky〉에서 강조한 것처럼 원격 무인 항공기는 이미 군인들을 전투에서 멀리 떨어뜨리고 있다. 그다음으로는 아마 군인 로봇과 자주적 무기가 될 것이다. 향후 10여 년 내에 알고리즘 지능은 그를 개발해 낸 인간의 지능을 능가할 잠재력을 가지고 누구를 왜 공격 목표로 삼을지 파악이 가능하게 될 것인데, 그 의미는 두려울 만하다. 일부는 극단주의자들보다 AI가 더 나은 판단일 수도 있다고 주장하고 있다. 하지만 그런 AI가 극단주의자들의 손에 들어간다면 어떻게 될 것인가? 인터넷과 마찬가지로 일단 AI 무기가 만들어지면 중단시키는 것은 불가능할 것이다. UN은 지금 이 문제를 논의하기 위해 정기적으로 회의를 개최하고 있고, 그런 우려의 문제로 1,000여 명 이상의 AI 전문가들이 이미 개발을 중단할 것을 요구하고 있다. 그런 경우는 없겠지만, 규제와 제약이 숙고되는 동안 아마도 우리가 바랄 수 있는 최선의 경우는 지연일 것이다. 하나의 제안으로 초기 일반 지능형 AI가 나중에 개발된 AI를 통제할 수 있는 '친절한 AI'임을 보장하는 것이다. 지금은 다소 비현실적으로 보이겠지만 10년 후에는 아마도 평범한 것이 되어 있지 않을까?

역사적으로 기술의 윤리는 주로 책임과 무책임한 사용에 관한 것이었다. 앞으로는 인간과 다른 기계를 대하는 행동에 대해 더욱 깊은 사려가 필요할 것이다. 시스템에 대한 신뢰는 점점 더 성공으로 이끌어갈 것이므로 조직은 데이터 윤리에 중점을 두려 할 것이다. 단기적인 면에서, 그것이 고속도로 위의 자동차이거나 전쟁 지역의 로봇인지의 여부를 떠나 만약 무언가 잘못되었을 경우 설계자, 프로그래머, 제조자 또는 운영자의 과실 여부를 판단해 줄 규정이 필요하다. 이 모든 것이 공상과학처럼 보일 수도 있지만, 과학 소설은 종종 현실의 전조가 되기도 한다. 우리는 실제로 기계가 인간보다 더 똑똑해지고 적응력이 좋아질 때 어떤 일이 일어날지 숙고해 봐야 할 것이다.

신앙과 신념을 지키는 사람들

> *사람이 이동할 때, 신앙과 신념도 함께 이동한다. 많은 사람에게 종교는 이전 삶의 남아 있는 몇 안 되는 측면 중 하나이며, 정체성의 열쇠이자 그들이 떠나온 국가 또는 제2의 조국의 시민권보다도 강하다.*

결국 모든 기술 중심의 변화가 일어나고 있는 가운데 우리의 내적인 신념은 어떻게 될 것인가? 21세기는 수백만의 사람이 대륙을 넘어 전 세계로 이주하면서 시작되었다. 그들의 신념도 함께 이동하였다.

이러한 변동 외에도 세계의 종교 환경은 연령, 성별과 같은 인구 구조의 차이뿐 아니라 출산율, 사망률 및 서로 다른 그룹 간의 종교적 전환과 같은 인구 통계학적 과정 등으로 인해 변화하고 있다. 이주가 늘어난다는 것은 많은 국가가 종교적으로 점점 다양해지고 있다는 것을 의미한다. 이는 종종 첫 기항지가 되는 대도시에서 가장 확실하게 보인다. 전 세계에서 10명 중 8명 이상이 종교와 일체감을 느끼며, 작거나 크게 그의 영향을 받고 있다. 많은 사람에게 종교는 행동과 성향 두 가지 측면에서 사회에 소속감과 정의감을 주며, 무역 패턴, 여성 고용 수준, 법률 및 은행 시스템에서부터 사회 구조에 이르기까지, 즉 당신이 어떻게 태어나고, 누구와 결혼하고, 어떻게 죽는지 등에 영향을 미친다.

기독교는 대부분 유럽, 아메리카, 중앙 및 남아프리카에 걸쳐 있는 반면, 이슬람교는 주로 북아프리카, 중동, 아시아를 중심으로 분포되어 있다. 이와 같이 서로 다른 믿음들이 어떻게 서로 공존하는지는 향후 10년 동안 큰 영향을 미칠 것이다. 최근 연구에 따르면, 향후 40년 동안 기독교는 가장 큰 종교 집단의 자리를 지키겠지만, 2050년이 되면 기독교와 이슬람교의 신도 수는 거의 같아질 것으로 예상된다.[160] 현재의 인구 통계학적 추세가 지속된다면, 2050년까지 세계 인구는 35% 증가할 것으로 예상되는데, 같은 기간 동안 이슬람교도의 인구는 청소년 비율과 높은 출산율로 인해 73% 증가할 것으로 예상된다. 개발도상국의 젊은 종교인들은 고령화되고 점점 더 세속화되어 가는 서구인들과 극명한 대조를 이루고 있다. 출산율이 높고 영아 사망률이 감소하고 있는 개발도상국 종교 신도들의 수가 더 빠르게 증가할 것으로 예상된다.

《국제종교인구 통계연감》은 특정 국가 또는 지역 인구의 종교간 다양성을 측정하고 있다.[161] 본 연구에서 분석한 6개 지역 중에서 아시아 태평양 지역의 다양성이 가장 높은 것으로 나타났고, 사하라사막 이남 아프리카가 그 뒤를 잇고 있다. 그에 비해 유럽과 북아메리카는 적당한 종교의 다양성을 가지고 있었고, 라틴아메리카-카리브 지역과 중동-북아프리카 지역에서 종교의 다양성은 낮은 것으로 나타났다. 놀랄 것도 없이, 예상하건대, 종교가 없는 사람들은 기독교인들처럼 다양한 종교가 있는 지역에서 사는 경향이 있고, 그들의 수는 지난 세기에 걸쳐 약 50%가 증가했다. 그와 반대로 한 세기 전 전체 이슬람교도들의 20%가 종교의 다양성이 낮은 국가에서 살았지만 2010년에 그 비율은 30% 이상으로 증가했다.

	2010년 신도 수	2010년 세계 인구 중 비율	2050년 신도 수 예측	2050년 세계 인구 중 비율	2010~2050년 신도 수 증가
기독교	2,168,330,000	31.4	2,918,070,000	31.4	749,740,000
이슬람교	1,599,700,000	23.2	2,761,480,000	29.7	1,161,780,000
종교 없음	1,131,150,000	16.4	1,230,340,000	13.2	99,190,000
천주교	1,032,210,000	15.0	1,384,360,000	14.9	352,140,000
불교	487,760,000	7.1	486,270,000	5.2	-1,490,000
민간 신앙	404,690,000	5.9	449,140,000	4.8	44,450,000
기타 종교	58,150,000	0.8	61,450,000	0.7	3,300,000
유대교	13,860,000	0.2	16,090,000	0.2	2,230,000
합계	**6,895,850,000**	**100.0**	**9,307,190,000**	**100.0**	**2,411,340,000**

【도표 31】 종교별 신도 수 증가 예측 (출처: Pew 연구 센터)

여전히 많은 서구 사회의 주요 측면이지만, 많은 기독교 국가에서 종교와 국가는 점진적으로 분리되어 왔다. 그러나 이 현상은 이슬람교보다는 일부 다른 국가의 경우에 더 해당한다. 사우디아라비아는 공식적으로 승인된 수니파 이슬람교의 해석 이외의 어떠한 형태의 공공연한 종교적 활동을 용납하지 않는 반면, 국민 대다수가 이슬람교도인 인도네시아와 말레이시아는 보다 관대한 혼합적 이슬람교의 전통을 가지고 있다. 더욱 엄격한 형태의 중동 이슬람교가 보다 현대적이고 올바른 것으로 인식되고, 대중화되어 가는 것에 대한 우려가 전 세계적으로 커지고 있다. 가장 극단적인 것으로 이슬람 국가ISIS의 근간을 이루는 와하비Wahhabis의 극단적으로 보수적인 견해를 들 수있다.

'미래 아젠다 프로그램'에 대한 가장 흥미로운 대화들 중 일부는 인습적인 런던-뉴욕-브루셀-두바이-싱가포르-뭄바이-홍콩-시드니 중심이 아닌 특이한 장소에서 이뤄졌다. 그중 하나는 몇몇 학자들과 점심을 먹었던 베이루트에서 있었다. 워크숍에서 우리는 물 공급, 여성의 역할, 폐기물 처리 문제, 그리고 2,000만 레바논 디아스포라의 세계적 영향력과 250만 명의 팔레스타인과 시리아 난민이 인구 400만 명의 나라에서 수용하는 것 유럽의 100만 명의 피난민에 대한 시선 등 여러 가지 중요한 주제를 다루었다.

점심을 먹는 동안 우리의 논의는 불가피하게 시리아와 중동 전역의 광범위한 갈등과 정치에 대해서 이뤄졌다. 복잡하고, 논쟁의 여지가 있고, 의문이 제기되는 대화가 이뤄졌지만, 우리를 가장 놀라게 한 것 중 하나는 소수 기독교인들이 레바논에서 하는 역할이었다. 만약 그 나라가 이스라엘과 시리아의 그늘 아래 있고 중동에서 가장 두드러지는 시아파 대 수니파 경쟁의 축소판이며 미국, 유럽 및 러시아의 외부 세력의 실제 관심의 초점일 경우 기독교인들의 정치적 입지는 상당히 이례적이다. 그들은 필수적으로 수니파와 시아파의 세력 균형을 유지하고 있으며, 시리아군이 쇠퇴하는 동안 이란의 지원을 받는 헤즈볼라의 세력이 커짐에 따라 안정을 유지하기 위한 가교 역할을 하고 있다. 더욱이 레바논으로의 난민 이주는 기독교인들의 영향력, 즉 그들의 온건한 영향력을 감소시키고 있기 때문에 향후 정치 과정에 대한 그들의 적극적인 참여의 필요성이 중심이 되는 것으로 여겨지고 있다.

기독교인들 중 많은 수가 프랑스 여권을 가지고 있지만 레바논을 위한 더 나은 미래를 위해 계속 머물러 있다. "왜 남아 있나요?" 내가 만난 사람들 중 특별히 한 사람에게 물었다. "당신의 아이들은 뉴욕과 파리에 있는데, 당신은 왜 아직 레바논에 남아 있나요?" 그는 이렇게 대답했다. "만약 내가 파리로 가서, 그곳에서 총에 맞는다면, 나는 단지 영안실에 있는 또 다른 시체에 불과할 것입니다. 그러나 내가 레바논에서 폭탄에 날아간다면 순교자로 여겨질 것이고, 우리가 정치적으로 주목을 받게 될 것입니다." 그런 훌륭한 판단에 한 국가의 운명이 걸려 있다.

종교적 자유와 인간의 권리에 대한 개념은 점점 더 어려움을 겪고 있다. 미국 국무부의 최근 보고서는 수십 개 국가들의 기본적인 자유에 대한 끔찍한 위반을 지적하고 있다.[162] 이것은 잔인한 정부들 때문이 아니라 정당한 권위가 무너질 때 공백 상태로 들어가는 그러한 세력들, 군인들, 무법자들, 테러 단체 때문이라고 할 수 있다. 시리아-이라크 국경에서 이슬람 국가는 '수십만 명을 강제로 추방시키고 대량 처형을 실시했으며 수천 명의 여성과 어린이들을 납치, 판매, 노예화, 강간, 강제 개종'한 것으로 보고되고 있다. 광신적인 조직은 이슬람 국가뿐만이 아니다. 보코하람은 나이지리아, 니제르, 차드, 카메룬에서 그와 비슷한 야만적인 행동을 보여 주고 있다.

일부 사람들은 북아프리카, 터키, 남아시아에서 온 이민자들에 의해 증가된 유럽 이슬람은 국가 통치의 세속적인 성격을 바꿀 것이며, 종교와 국가 간의 균형을 잘 바꿀 것이라고 예상한다. 어떤 사람들은 서구의 민주주의가 극단적이 이슬람의 강력한 초국가적 이념적 세력을 다루는 메커니즘이 부족하고, 종교 자유에 대한 권리를 지지하는 사회를 유지하려는 욕망과 모두가 동의할 수 있는 공통된 가치 집합을 준수하는 것 사이에서 균형을 유지하기 위해 고군분투할 수도 있다고 생각한다. 인도네시아와 말레이시아 같은 국가들이 다양성에서 후퇴하고 신념과 관습, 표현의 자유에 대한 더 큰 통제권을 지배적인 정통성에 양보할 것이라는 우려도 있다.

향후 10년 동안 여러 국가가 각기 다른 방식으로 종교의 자유에 접근하는 것을 보게 될 것이다. 프랑스는 미국과 같이 구체적인 건국 원칙을 가진 명확한 헌법을 가지고 있으며, 보편적 교육이 이러한 원칙을 강화하는 데 도움이 되어야 한다는 생각과 함께 모든 시민들이 이를 받아들일 것으로 기대하고 있다. 그러나 영국은 특히 성문법이 없기에 이민자의 하위 문화가 신앙 기반초보수주의적 이슬람교 포함의 학교를 개발하고 수용하도록 허용하는 다른 접근 방식을 취했다. 종교적이든 세속적이든 광신적으로 공언된 이데올로기를 피하길 원하는 독일은 항상 종교 교육을 지원해왔고 학교를 통해 이슬람을 위한 공간을 만들고 있다.

이슬람 국가를 떠나 집으로 돌아오는 급진주의자들의 문제에 대해서 서방 정부들은 세심한 대응책을 세워야 할 것이다. 파리와 브뤼셀의 폭탄 테러는 이 점을 크게 부각시켜 주었다. 유럽의 이슬람교 이민과 인구 증가로 인해 이 집단에 대한 정치적 영향력이 커지고 있다. 이슬람 사회는 감옥에서 출소하는 것과 같은 엄한 처벌을 받은 남녀들에 대응할 것이다. 미래에는 젊은 사람들을 극단주의에서 벗어나기 하기 위해 고안된 지역사회 기반 프로그램들이 유일한 해결책이 될 수도 있다.

이런 배경에 반하여 기독교는 남쪽으로 이동하는 추이를 보이고 있다. 사하라 이남의 아프리카에는 2억 7,700만 명의 기독교인들이 있고, 중남미에는 2억 5,000만 명의 기독교인들이 있다. 그로 인해 기독교의 중심 기독교 신도수의 분포를 고려한 중심 을 니제르의 수도 니아메이로 옮겼다. 바티칸도 이 방법을 따라야 할 것인가?

결론

믿음은 비록 다른 지역과 사회에서 각각의 속도로 이루어지기는 하지만 항상 조금씩 사라지고 흘러가고 있다. 2025년까지 상황이 얼마나 변할지 말하기는 어렵다. 퓨Pew 리서치센터는 미국은, 특히 조직화된 신앙에 속해 있지 않다고 말하고 있는 밀레니엄 세대들 사이에서 덜 종교적으로 변해가고 있다고 보여 주고 있다.【도표 32】 다른 곳에서 이는 사실이 아닐 수도 있다.

20세기 동안 옳고 그름에 대한 우리의 견해를 변화시킨 많은 사건이 있었다. 몇 가지 예를 들면 두 번의 세계대전, 대공황, 브레튼우즈, 러시아 혁명, 냉전, 중국 공산주의 혁명, 중국 경제 개혁, 인종차별 정책, 르완다 대학살, 세속주의, CNN의 설립 등이 있다. 현재까지 보면, 21세기는 9.11 테러, 알카에다, 이슬람 국가, 기후 변화, 2008년 세계금융위기, 유럽 내 이슬람의 증가, 소셜 미디어, 그리고 에드워드 스노든 등 많은 것이 기록될 것으로 보인다. 우리가 다른 무엇들 중 한 가지 일에 대해 누구를, 무엇을 그리고 왜 신뢰하는지에 대한 본질은 언제나처럼 빠르게 변하고 있다.

	침묵의 세대 (1928~1945년)	베이비붐 세대 (1946~1964년)	X세대 (1965~1980년)	전기 밀레니얼세대 (1981~1989년)	후기 밀레니얼세대 (1990~1996년)
종교적 행동					
매일 기도한다	67	61	56	46	39
매주 예배에 참석한다	51	38	34	27	28
종교적 신념					
신의 존재를 믿는다	92	92	89	84	80
신의 존재를 확실히 믿는다	71	69	64	54	50
천국의 존재를 믿는다	75	74	72	67	68
성서를 신의 말씀으로 믿는다.	69	64	61	50	52
지옥의 존재를 믿는다	57	59	59	55	56
중교의 중요성					
중교가 자신이 삶에 매우 중요하다	67	59	53	44	38

【도표 32】 미국 세대별 종교 활동 분석, 2014 (출처: 퓨 리서치 센터)

우리는 우리의 미래 신념과 누구, 또는 무엇을 신뢰해야 할지를 형성할 촉매적 사건들을 예측할 수는 없으나, 향후 10여 년 동안 많은 상황들이 있을 것이라고 확신한다. 그러나 우리가 여러 차례의 토론을 통해 얻은 증거들을 보면, 세계는 서로 연결됨과 동시에 분열되어 있는 것처럼 보인다. GDP 성장으로 인한 세계화는 일부 지역에서는 진보의 관점이 정점을 찍고 보다 전체론적인 시각에 양보할 수 있겠지만, 모든 곳에서 그렇지는 않다. 대용량 데이터, 디지털화 및 많은 시스템의 변화는 근본적으로 우리가 접근할 수 있는, 또는 권한이 없는 정보와 우리가 보고 읽고 듣는 것에 관해 결과적으로 생각하는 것들에서 일어나고 있다. 서로 다른 믿음과 신념이 관심을 받기 위해 경쟁하고, 새로운 네트워크가 비신자들을 위해 등장함에 따라 우리는 적어도 한 가지는 확신할 수 있다. 그것은 바로 변화이다.

Chapter 6

CHALLENGE 5: 미래의 행동

미래의 핵심 문제와 제약 조건을 인식하는 사람이 증가하고 있는 지금, 어떻게 하면 보다 효율적인 태도를 채택하고 문제를 보호하기 위해 우리의 행동을 변화시킬 것인가?

- 주요 자원의 제약
- 음식물 쓰레기
- 도시의 비만화
- 플라스틱으로 오염된 바다
- 데이터 소유권
- 디지털 화폐
- 교육 혁명
- 도시인의 비대화
- 약자를 위한 배려
- 결론: 우리는 여전히 어리석은가?

CHALLENGE 5
: 미래의 행동

FUTURE AGENDA

우리가 미래를 향해 바라보면, 기술의 진보에 의해 변화의 조짐이 보인다. 예를 들면 자율 자동차, 데이터 마켓 플레이스, 개인화된 의료 등이 있다. 마찬가지로 개인정보 보호, 무역 및 은퇴와 관련된 일부 변경 사항들도 규제 진전을 기다리고 있다. 그러나 대대적인 외부 조정을 필요로 하는 것이 아닌 오히려 특정 사건을 어떻게 보고, 이해하고, 행동하느냐에 더 많이 의존하는 것과 같은 많은 변화가 있다. 그것들 중 상당수는 환경과 연결되어 있지만, 다른 것들은 우리가 하는 일, 즉 우리에게 가치가 있는 것, 그리고 우리가 개별적으로나 집단적으로 행동하는 방식 등 아주 기본적이고 핵심적인 주제에 관한 것이다.

환경과 연관되어 있는 그룹에는 자원 사용 및 폐기물 관리 등과 같은 항목들이 있는데, 이는 전 세계에 공통적이긴 하지만 때로는 미묘한 차이를 보이기도 한다. 2015년 9월 베이루트에서는 쓰레기가 수 주 동안 수거되지 않고 거리에 쌓여 있었다. 이는 누군가 쓰레기를 수거해야 한다는 데 동의하지 않았기 때문이 아니라 레바논의 다른 이슬람 파벌인 수니파와 시아파가 어느 지역에 새로운 매립지를 만들지 동의하지 않았기 때문이다. 식량의 미래에 관해 토론을 진행했던 빈의 한 장소에는 폐기물의 줄이기 위해 최소 7가지 다른 색상의 쓰레기통이 있었다. 그것들은 각각 종이, 재활용할 수 없는 쓰레기, 유기 폐기물, 플라스틱, 투명 유리, 음료 캔, 그리고 색이 있는 유리를 위한 것이었다. 동일한 핵심 문제이지만 다른 반응, 즉 제도와 환경은 정치적 관점만큼이나 문화적으로 분명히 다르고 그에 영향을 받지만, 근본적인 행동과 낭비에 대한 태도는 그다지 다르지 않음을 보일 수 있다. 만약 쓰레기가 자원으로 보여지고 그 양이 적지 않다고 한다면, 우리가 버리는 것들, 어디서, 왜, 그리고 얼마나 하는 것들은 빠르게 변화할 것이다.

세계가 점점 더 연결되고 디지털화가 계속해서 삶의 일부를 변화시킴에 따라 우리가 디지털 발자국을 어떻게 다루는가 하는 방법은 별도의 분야에서 논쟁이 커지고 있는 한 영역이다. 일부는 데이터 소유에 대해 보다 적극적인 태도를 지지하지만, 다른 일부는 별 신경을 쓰지 않는다. 그러나 데이터의 가치가 더 많은 사람에게 점점 더 눈에 띄게 됨에 따라, 우리가 이야기를 나눈 전문가들 중 상당수는 데이터 공유에 관한 우리의 개인적인 행동이 앞으로 몇 년 안에 바뀔 수도 있다고 느꼈다. 일부는 이러한 행동들이 서로 다른 지역들보다 서로 다른 인구 통계학을 통해 더 많이 변화할 것이라고 생각하지만, 다른 사람들은 워싱턴에서 '프라이버시 분야의 체르노빌'이라고 부르는 주요 사건들이 국제적 태도를 바꿀 것이라고 생각한다.

세계 각국에서 개최된 워크숍에서 우리는 교육, 이산 가족, 비만, 정신 건강, 그리고 더 깊은 협력 관계에서 발생되는 잠재적 변화를 제기하고 논의했다. 논의되고 있는 변화들은 새로운 것이 아니며 공개적으로 논쟁이 되고 있는 것들이다.

많은 사람에게 이와 같거나 그와 비슷한 것들은 신속하게 이뤄져야 할 변화이지만, 어찌 되었건 그들은 변하지 않았다. 그것들은 우리 중 다수가 인식하고 있는 문제들과 관련이 있는데, 우리 중 몇몇은 이해는 하지만 실제로 무엇을 하고 있는 사람은 얼마되지 않는다. 이 장 '미래의 행동'에서는 이러한 주제 중 일부를 살펴보고, 무엇이 우리의 관점과 행동을 변화시킬 수 있는지의 방법을 묻고 있다.

주요 자원의 제약

> *주요 자원의 경제적, 물리적 및 정치적 결함은 국가 간 및 국가 내부의 긴장을 증가시킨다. 우리가 지구의 자연 한계점을 초과함에 따라 식량과 물은 석유와 가스만큼이나 많은 주목을 받게 되었다.*

전 세계적으로 많은 사람이 지구가 자연적으로 재생산할 수 있는 것보다 많은 자원을 계속 소비하는 환경적 영향에 대해 우려하고 있다. 현재 우리는 1년에 1.6개의 행성과 맞먹는 소비를 하고 있다.[163] 상황 자체는 복잡하지만 문제의 본질은 변하지 않는다. 자원이 꼭 고갈되기 때문은 아니지만 많은 중요한 자원에 대한 물리적, 경제적, 정치적, 또는 환경적 접근은 점점 제한되어가고 있다. 결과적으로 향후 10년 동안 많은 자원을 확보하기는 점점 어려워지고 비용도 많이 들 것이다. 그리고 우리가 이러한 자원들을 고갈시킴에 따라 물자를 가진 나라들은 그것들을 보유하려 할 것이고 가격은 높아질 것이다.

현재 소비 속도로 볼 때 배터리의 핵심 성분인 안티몬은 약 8년, 태양 전지판에 중요한 이리듐은 12년, 그리고 은과 아연은 겨우 17년의 생산량밖에 남지 않았다. 구리는 약 30년, 티타늄은 45년의 생산량이 남아 있다.[164] 다른 자원들의 공급은 충분하나 정치적, 환경적, 또는 경제적 압박을 받고 있다.【도표 33】 우리에게는 40~80년 정도 공급 가능한 석탄이 있지만, 탄소 배출에 대한 영향을 고려할 때 석탄의 사용이 환경적인 이유로 제한되고 있다는 것은 별로 놀랄 일은 아니다. 다른 두 가지 주요 화석연료인 가스와 석유 역시 압력을 받고 있지만 다른 주안점을 가지고 있다. 조금 덜 알려져 있지만 비료에 필수적인 인산염 암석은 소수의 국가에서만 발견되는데 미국, 중국, 모로코, 약 75년의 생산량만 남아 있다. 인은 다른 물질로 대체될 수 없고 인공적으로 제조될 수도 없으며, 오로지 유기 방법을 통해서만 재생될 수 있다.[165] 수요는 우리가 보다 효율적으로 식량을 생산하는 것과 직접적으로 연관되어 있다. 2030년에는 인의 사용량이 최고가 될 것이 예상되는데, 향후 10년간 또 다른 주요 관심 자원으로 뉴스에서 더 많이 다뤄질 것이다.

중요한 것은 물이다. 고갈되거나 더 풍부해지지도 않는 이 자원은 점점 더 압력을 받고 있다. 현재 우리는 1만 년 전에 가지고 있던 물의 양과 동일한 양을 가지고 있지만, 오늘날의 과제는 물을 어떻게 사용하는가이다. 전 세계적으로 약 70%의 담수가 농업용으로 사용되며, 거주하는 지역에 따라 30%가 내수용과 제조 및 시스템 폐기물로 구분된다.【도표 34】[166] 10억 명의 사람들에게 충분히 사용 가능했던 물의 양을 100억 명의 사람들과 똑같은 양으로 관리하는 것은 쉬운 일이 아니다. 그럼에도 불구하고 오늘날 깨끗한 물을 소중하게 여기며 그것의 진정한 가치를 알고 있는 곳은 매우 적다. 앞으로 우리는 물 공급의 어려움이 더 널리 인식될 것이라고 기대할 수 있다.

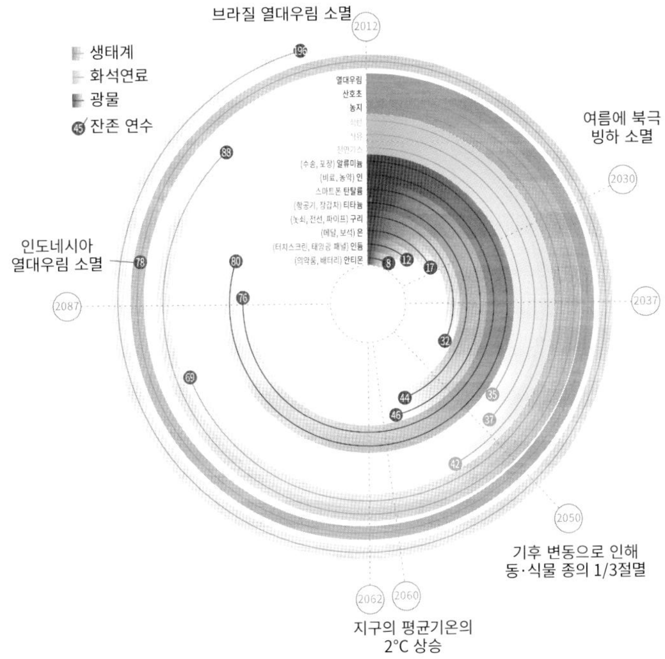

【도표 33】 재생 불가능한 자원의 추정 잔존 연수, 2014 (출처: BBC)

또한, 우리 모두는 지방과 지역 모두의 차원에서 식량의 공급보다는 식량 분배에 관련한 문제에 더 직면해 있다. 음식이 풍족하지 않은 곳에서 사는 사람들이 점점 더 늘어남에 따라 그들에게 좋은 품질의 음식을 저렴한 가격에 공급하는 것은 이미 어려운 과제이다. 미래의 인구 증가와 더 불확실한 날씨 패턴 따라서 예측하기 어려운 수확, 그리고 자원으로써의 식량은 경제적 관심뿐만 아니라 더 많은 정치적 관심의 대상이 될 것이다. 향후 10년 동안 인구가 증가함에 따라 세계 식량 보장을 유지하는 것은 훨씬 더 어려워질 것이다.[167] 해결책으로는 식습관 변화, 육류 섭취 줄이기, 수확량 개선, 그리고 GMO 유전자 변형 유기체의 보급 확대 등이 있다. 일부 문화권에서는 이런 해결책들이 통할 수도 있지만 모든 곳에서 통하는 것은 아니다. 따라서 문제는 식량이 필요한 10억 명을 시스템에 추가하는 것과 동시에 점점 더 한정되어 가고 있는 식량의 공급을 어떻게 관리하느냐는 것이다.

더 많은 사람을 위한 식량 생산과 연결되어 있지만, 또한 많은 대도시화에 의해 경작 가능한 토지의 양과도 연결이 된다. 이 수치는 이미 1960년에 0.45헥타르에서 현재 0.25헥타르로 떨어졌으며, 더 감소할 것으로 예상된다. 보다 효율적인 농업은 지난 50년 만약 2010년이 농업에 이용 가능한 토지가 최고조에 달한 해였다면, 앞으로 우리는 더 적은 토지에서 더 많은 식량을 생산해야 할 것이다. 이에 따라 더 많은 사람에게 식량을 공급하기 위해서 우리는 다음 10년 동안 지속 가능한 방식으로 식량 생산성을 두 배로 높여야 한다고 대다수는 생각한다. 아마 그렇지 않을 것이라고 말하는 사람들도 있는데, 어쩌면 더 간단한 대안이 있기 때문인가?

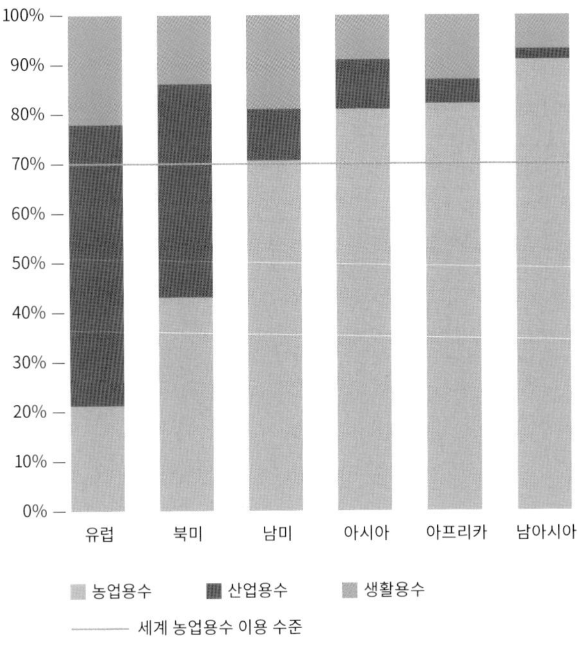

【도표 34】 전 세계 물 사용 현황 (출처: Glovalarari culture.crg)

음식물 쓰레기

> *공급 체인 또는 소비 과정에서 30~50%의 음식이 버려지고 있는데, 이는 또 다른 3억 명의 사람들을 먹여 살릴 수 있는 양이다. 개발도상국에서는 유통 및 저장을 최적화하고 다른 국가의 올바른 소비자 정보를 제공함으로써 버려지는 음식물 문제를 해결할 수 있다.*

충격적인 통계가 있다. 우리가 만들어 내는 칼로리 4가지 중 1개는 절대 소비되지 않는다. 서구의 소비자들은 사하라 이남 아프리카에서 생산되는 전체 양 만큼의 음식이 매일 버려지고 있다. 전 세계적으로 매년 낭비되는 20억 톤의 음식으로 인해 약 1조 달러의 재정적 손실이 발생하고 있다.[168] 현세기에 재한된 토지와 수자원을 가지고 지구상에 있는 수십억 명의 사람들에게 제공해야 한다면, 이와 같은 엄청난 낭비를 줄이는 것은 아마도 우리가 전 세계 인구를 먹여살리기 위해 할 수 있는 가장 중요한 변화일 것이다. 데이터를 사용하여 개발도상국의 유통 및 저장을 최적화하고 다른 국가의 소비자 정보를 제공할 수 있게 함으로써 우리는 매일 30억 명의 사람들에게 식량을 제공할 수 있다.

거주하고 있는 지역에 따라 음식물 쓰레기의 본질은 생산과 저장에서 유통과 소비로 바뀐다. 개발도상국에서는 40%의 손실이 수확, 저장 및 가공 과정에서 발생되지만, 선진국에서는 40%의 손실이 소매 업자 및 소비자에게서 발생되고 있다. 【도표 35】[169] 중국에서 쌀의 손실은 총 생산량의 45%이며, 베트남에서는 80%이다. 인도의 델리는 아시아 최대의 식량 생산 시장이지만, 냉장 보관 시설이 없기 때문에 치솟는 온도에서 과일과 채소는 오랫동안 신선함을 유지할 수 없게 된다. 남아프리카에서는 운송 시작 후 1마일이 지난 시점에서 50%의 망고가 손상되고, 인도에서는 호주 전체 생산량과 동일한 2,000만 톤의 밀이 매년 저장 불량으로 인해 손실되고 있다. 간편하고 저렴한 방법, 예를들어 가방과 자루 대신 나무상자 사용으로 저장 방식을 개선한다면 식량 손실을 크게 줄일 수 있을 것이다.

전 세계 국가별 생산성은 다양한 차이를 보이고 있다. 예를 들면 인도의 전체 생산량은 세계 평균의 절반 정도로 미국 농민들이 1에

이커당 11톤의 식량을 생산할 때 인도에서는 3톤을 생산한다. 이러한 생산의 비효율성은 인도 농민의 90%가 동물성 사료를 사용하지 않아서 수확량을 개선할 수 있는 쉬운 방법을 놓치고 있기 때문이다. 도시화와 기후 변화의 균형이 빠르게 바뀌는 것과 함께 거의 모든 경작지가 사용되고 있다는 점을 감안하면, 헥타르당 생산성의 증가는 식품 산업의 주요 주제이다.[170]

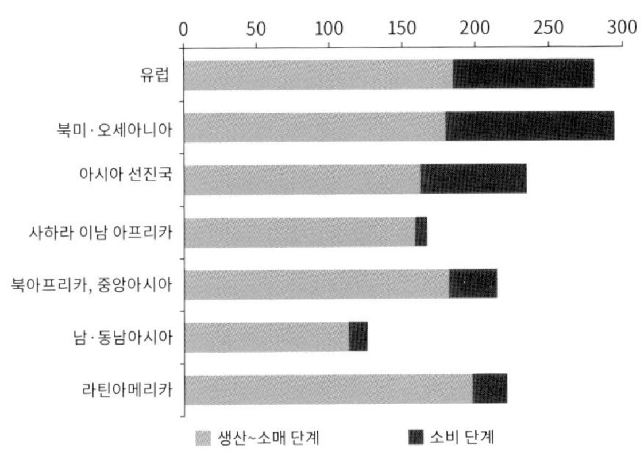

【도표 35】 1인당 식량 손실 및 낭비 (kg/year) (출처: FAO)

한 가지 분명한 선택으로는 더 많은 GMO 접근법의 채택이 있다. 일부 지역에서는 이런 방법이 받아들여지지만, EU 국가에서는 절대악으로 묘사되기도 한다. 가장 큰 호응을 받는 GMO 조치는 가뭄에 잘 견디고 소금에 강한 작물의 도입이기 때문에 많은 사람은 유전자 변형 식품의 생산을 위해 너무 많은 단계를 거치지 않고도 문제를 해결할 수 있다고 주장하고 있다.

또한, 개선이 필요한 부분 중 중요한 것은 물 공급과 관개이다.

농업은 담수의 70%를 소비하고 있으므로 음식물 쓰레기를 줄임으로써 더 많은 물을 절약할 수 있다. 구매한 음식의 30%가 버려지는 미국에서 이는 식량을 생산하는 데 사용된 물의 절반이 낭비되었다는 것을 의미한다. 전 세계적으로 홍수와 배수 같은 관개 문제에서 한 방울씩 서서히 들어가는 방식으로 전환한다면 생산성을 3분의 1 이상 향상시킬 수 있다.

서구식 소매 업계에서의 품질 기준과 음식의 외양에 대한 집착이 음식물 쓰레기를 유발하는 주요 문제이다. 많은 선진 소비 시장에서는 상품성이 떨어진다는 이유만으로 약 50%의 채소들이 진열대에 오르지도 못하고 있다. 비틀어진 당근을 원하는 사람은 분명히 없는 것 같다. 상품의 라벨 표시 문제 또한 중요한데, 영국에서는 소비자가 유통기한을 잘못 인식하여 버려지는 음식이 약 20%나 된다. 이것은 이제 유럽 전역에 걸쳐 토스코Tosco사가 시범 운영하고 있는 '유통기한'의 보다 광범위한 사용을 요구하게 만들었다. 한편, 다른 선택으로 식품의 포장과 상호작용을 통해 제품, 유통기한, 그리고 온라인 배송 업체와의 연결을 추적하여 불필요한 물품의 구매를 최소화하는 네트워크 스마트 냉장고와 보관 수납장을 들 수 있다.

또한, 호텔 및 케이터링catering 업계에서도 상당한 음식 낭비가 발생되고 있는데, 80%의 음식물 쓰레기는 파티, 회의 및 결혼식과 같은 행사로 인해 생겨나기도 한다. 테이블에서 직접 개별 서비스를 제공하는 것보다 저렴하기 때문에 호텔은 일반적으로 많은 사람에게 한 번에 음식을 제공할 수 있는 뷔페를 선호한다. 노동력 면에서는 비용 효과적이지만, 준비된 음식과 소비된 음식의 비율 면에서는 매우 비효율적인데 이는 특히 연회의 경우가 그렇다. 싱가포르에서 전형적인 중국식 결혼식의 피로연에는 1,000명가량의 하객이 초대되며, 호텔에서는 일반적으로 추가 인원에 대비하여 10% 여유 분량의 음식을 준비한다. 그러나 초대장을 보내고 참석 여부를 확인하는 절차를 싫어하는 문화 때문에 때로는 500명만 참석하기도 하며, 이로 인해 음식의 55%가 버려지는 경우도 있다.

판매되지 않은 음식을 나눠주는 것도 한 가지 방법이 될 수 있다. 안타깝게도 많은 국가에서 식품 안전 규정에 따라 식품의 재사용을 금지하고 있지만, 프레타망제Pret-a-Manger와 같은 회사는 판매되지 않은 제품을 노숙자들을 위한 조직에게 제공할 수 있는 단계를 마련했다. 개인적으로는 미국의 레프트오버스왑Leftoverswap과 같은 애플리케이션을 사용해 사람과 남은 음식을 연결해 주고 있고, 호주에서는 비영리단체 세컨드바이트Secondbite를 통해 원하지 않는 음식들을 지역 푸드뱅크로 보내 주고 있다. 미국의 많은 도시에서는 음식물을 더 이상 매립지로 보내지 않고 대신 에너지로 전환하고 있는데, 혐기성 소화제가 곳곳에서 생겨나와 음식물 쓰레기를 가스로 변화시켜 준다. 영국의 슈퍼마켓 중 하나인 웨이트로즈Waitrose는 이미 가게에서 생겨난 모든 매립 폐기물들을 이미 혐기성 소화로 전환시키고 있다. 프랑스는 팔리지 않은 음식을 폐기하는 것을 금지하는 법을 통과시켰다.

만약 우리가 현재의 식량 낭비를 1/4만이라도 줄일 수 있다면, 전 세계의 배고픈 사람 모두에게 식량을 분배하기 충분할 것이다. 음식물 쓰레기를 절반으로 줄인다면 지구상의 약 10억 명의 사람들에게 줄 수 있을 만큼 충분할 것이다. 2050년까지 전 세계 90억 인구가 살아가려면 지금보다 60% 더 많은 음식물이 필요할 것으로 예상된다. 현재 식량 손실과 폐기물 수준을 절반으로 줄인다면 그 격차는 22% 줄어들 것이다. 많은 신흥 경제국에서 공급망과 냉장 보관의 개선과 농업인 교육에 노력과 시간이 필요하지만, 식품과 그의 라벨링에 대한 우리의 사고방식을 변화시킬 뿐만 아니라 그 가치까지 전 세계적으로 매우 빠르게 영향을 미칠 수 있다.

도시인의 비만화

> *대규모 도시화, 활동량 감소 및 잘못된 식습관으로 비만의 증가가 가속화하고 있다. 대부분의 도시에서 비만 수준은 빠르게 증가하고 있으며 그와 관련된 보건 의료 부담은 곧 세계 GDP의 5%를 차지할 것이다.*

식품 소비와 연관되어, 특히 소비 과잉은 모든 경고에도 불구하고 여전히 매년 악화되고 있는 만성 질병이다. 비만의 급속한 확산은 수년 동안 주요 관심사였고, 2030년까지 전 세계 인구의 절반이 과체중이 될 것이라고 예상된다.[171] 많은 정부가 비만을 보건 의료 기금 시한폭탄의 주요 동인으로 보고 있다.

평균의 미국인은 1960년도 당시보다 11kg 더 체중이 나가고 있다. 매년 경제적 생산성의 심각한 손실을 포함하지 않더라도 2030년까지 비만으로 인한 의료 비용은 5,500억 달러가 추가될 것으로 예상되며, 이는 미국 전체 의료 진출의 16~18% 차지할 것으로 예상

된다.[172]

세계적으로 보면, 과체중 및 비만 인구의 비율이 가장 높은 국가는 태평양 제도에 있다. 그다음 쿠웨이트, 카타르, 사우디 아라비아 및 UAE와 같은 걸프만 국가들과 인구가 많은 미국과 멕시코가 뒤따르고 있다. 【도표 36】 그러나 아시아와 아프리카 대부분 지역에서는 평균적으로 미국 비만율의 절반 수준인 35%에도 못 미치고 있지만 그 상황은 급변하고 있으며, 특히 도시에서 더 빠른 변화를 보이고 있다. 인도와 중국에서 도시 비만의 유병률은 농촌의 3~4배 수준에 달한다.[173]

2014년 중국에서는 성인 인구의 25% 이상이 과체중 또는 비만으로 나타났다. 현재 중국인의 11.6%가 당뇨병 환자인데, 이는 비만 인구가 많은 미국만큼 높은 수준이다. 남자 아이의 비만율은 성인 남성의 2배에 달하는 약 7%이다. 인도에서는 도시에 사는 남성과 여성이 농촌에 살고 있는 남성보다 높은 혈압과 이상지질혈증, 당뇨병 등이 높았으며, 비만과 당뇨병의 비율은 농촌의 성인들보다 도시에 살고 있는 성인들에게 2배 이상 높은 것으로 나타나고 있다. 아프리카에서는 특히 빈민층에서의 도시 비만의 증가에 대한 문제가 심각해지고 있다. 대륙 전역에 걸친 도시 비만은 농촌 지역에서 발견되는 수치의 거의 3배에 달하고 있는데, 아프리카 도시 인구의 1/3 이상이 과체중이거나 비만이다. 최근의 증가는 대부분은 교육을 받지 못한 빈민층의 여성들에게서 나타나고 있다. 비만이 빈곤한 가정에서 더 높은 발병률을 보이는 것을 감안할 때, 의료 비용 측면에서 이미 어려움을 겪고 있는 이들에게 불균형 부담을 주게 되는 것이다.

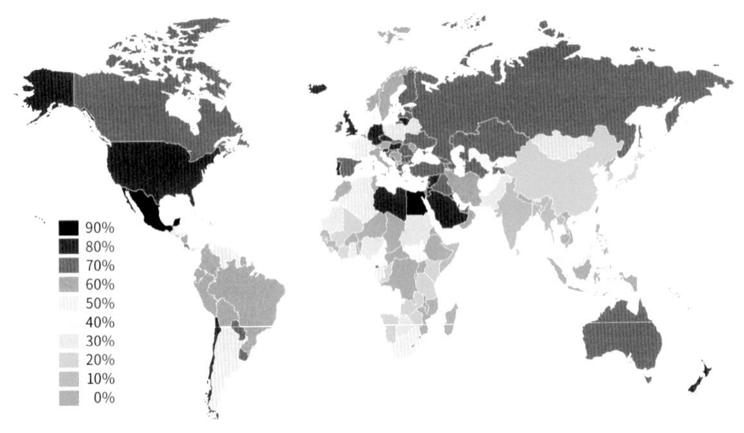

【도표 36】 2013년 성인 대상 과체중 및 비만 패턴 (BMI>25) (출처: 보건측정 및 평가연구소)

세계 여러 도시에서 비만 문제를 해결하기 위한 계획을 수립하고 있다. 파리에서는 2001년 이후 자동차 소유 비율이 50% 감소했고, 런던에서는 현재 2000년대 초보다 두 배나 많은 사람이 자전거를 이용하고 있다. 타이베이는 유바이크 공유 계획을 통해 많은 여성에게 자전거 타기를 권장했고, 런던과 파리는 자전거 공유 프로그램을 확대하는 동시에 자동차의 속도 제한을 줄이고 있는데 뉴욕도 동참하고 있다. 콜롬비아 수도 보고타는 매주 일요일과 공휴일에 120킬로미터에 달하는 자동차 도로를 봉쇄하여 많은 시민이 사이클링을 즐기도록 하고 있다. 보고타의 성공적인 프로젝트를 본뜬 도시도 많다. 예를 들어 인도 델리 근교의 구루가온에서는 2013년부터 일요일 오전 중에 보행자 천국을 마련하여 시민이 스포츠를 즐길 수 있는 '라기리Raahgiri'라는 프로젝트를 실시하고 있다. 브라질에서도 여러 도시에서 자전거 이용을 촉진하는 대회를 개최하고 있으며, 또 멕시코시티에서 매월 1회 야간에 개최되는 사이클 대회인 '파세오 데 토도스Paseo de Todos'는 유명하다. 개발도상국에서 급성장하는 도시들의 과제는 이러한 변화들을 모방하는 것이기도 하지만 또한 그들 만의 방식으로 시민들을 빈민층에서 벗어날 수 있도록 방법을 수립하는 것이다.

불평등은 도움이 되지 않는다. CDC에 따르면 미국의 아동 비만은 가장의 교육 수준과 저소득층 가정과 직접적인 연관이 있다. 가장이 대학을 졸업한 가정의 아이들 사이의 비만은 고등학교를 마치지 못한 가장의 아이들의 약 절반인 반면, 빈곤율이 100% 또는 그 이하의 가정에서 비만 유병률이 가장 높다고 보고 있다.[174]

향후 2035년까지 전 세계의 중증 비만율은 1.3배가 증가할 것으로 예측된다. 과거 잘사는 나라 문제로만 여겨졌던 비만은 이제 세계적으로 가장 우려되는 건강 문제가 되었다. 고령화 인구 통계학적 측면과 함께 비만은 소수의 국가들만이 감당할 수 있는 증가되고 불필요한 의료비 지출의 주요 원인으로 간주되고 있다. 영국의 경우 사회적 영향이 흡연 다음으로 높은데, 이미 GDP의 3%를 차지하고 있다. 일부 국가에서 이미 최고 비만에 도달하고 있다고 생각하지만, 그 외 국가에서도, 특히 도시 지역에서는 확연히 상향세를 보이고 있다. 대규모 도시화는 수백만 명을 도시에 유입시켰고, 음식은 점점 더 저렴해지고 있으며, 현재 세계 성인의 12명 중 1명은 당뇨병을 앓고 있는 가운데 도시 비만의 사회적, 경계적 부담은 많은 사람의 허리둘레처럼 점점 더 커지고 있다. 대부분 사람은 이제 비만이 일으키는 문제를 이해하고 있다. 이해하고 있지 않다고 해도, 정부와 의료 기관에서 필사적인 계몽 활동을 실시하고 있다. 우리는 추가 분량과 어분의 체중, 그리고 당뇨병의 위험 증가 사이의 연관성을 이해는 하고 있지만, 여전히 많은, 심지어 건강관리 전문가들조차 머리나 심장에서부터가 아닌 식욕을 통해서만 계속 행동하고 있다.

플라스틱으로 오염된 바다

> *세계의 많은 바다에서 인간이 만든 오염 수준이 점점 증가하고 있으며, 개선될 조짐은 보이지 않는다. 2050년경에는 전 세계 해양에서 물고기보다 더 많은 플라스틱 쓰레기가 떠다니게 될 것이다.*

마찬가지로 식품과 관련이 있지만, 포장 및 기타 폐기물에 대한 우리의 행동과 세계 여러 바다를 향한 여행과 같은 다양한 분야도 환경을 오염시키고 있다. 일부에서는 바다가 너무 커서 우리의 쓰레기를 흡수하고 분해할 수 있다고 주장했지만, 실제로는 거의 사라지지 않았다. 바다로 유입되는 플라스틱 쓰레기의 양은 10년 안에 두 배가 될 것으로 예상된다.[175]

우리는 바다가 지구의 3/4을 덮고 있는 푸른 행성에 살고 있다. 바다는 지구의 97%의 물을 가지고 있으며, 현재 우리의 활동에 의해 생성되는 이산화탄소의 약 1/3을 흡수하고 있으므로, 기후 변화의 영향에 대한 완충장치 역할을 한다. 대기 중으로 방출되는 인간의 활동으로 인한 이산화탄소는 바다로 분해되어 탄산을 생성한다. 따라서 해양 산성화가 우려되고 있다. 평균 pH 균형이 떨어지면서 결과적으로 산호 및 조개와 같은 석회화 생물의 성장이 감소하고 있다. 하지만 산성화만이 세계 바다가 직면한 오염 문제가 아니며, 다른 문제들이 훨씬 더 빠른 속도로 증가하고 있다.

해양 오염의 80%는 인간이 육지에서 생활하는 활동에서 나온다. 쓰레기는 배수구에 버려져 강으로 가고 결국엔 바다로 흘러가게 된다. 기름, 비료, 하수, 플라스틱 및 독성 화학물질이 모두 혼합되어 있다. 현재 기름 유출이 적게 발생되고 있지만, 많은 국가에서 확립된 재활용 시스템이 없다면 사용된 기름이 배수구 또는 직접 강물에 버려지게 된다. 농장과 잔디에서 나오는 비료에 함유된 영양소는 녹조를 일으켜 용해된 산소를 고갈시켜 해양식물을 질식시킨다. 멕시코만과 발트만 같은 곳에는 이미 이러한 '데드 존산소 결핍 해역'이 존재하고 있다. 많은 지역에서 처리되지 않은 하수도는 여전히 바다로 흘러 들어가는데, 지중해의 경우 80%에 달하고 있다. 최근 추가된 과제로 중동에서 호주, 캘리포니아에 이르는 수자원 부족 지역에서의 담수화 식물의 역할이 있다. 정수 과정의 핵심 부산물로써 그들은 바다에 소금을 첨가했고 그 때문에 염도가 증가되고 따라서 독성이 증가하게 된다.

모든 오염 물질들이 심각한 부정적 영향을 받고 있는 가운데 아마도 가장 눈에 띄는 것, 즉 향후 10년 이내에 플라스틱이 가장 큰 변화를 일으킬 것으로 예상하고 있다. 매년 약 2억 7,600만 톤의 플라스틱 쓰레기가 만들어지고 있는데, 480만 톤에서 1,270만 톤은 낭비되거나 의도적으로 바다에 버려지고 있다.[176] 세계은행은 이 행성의 도시 고체 폐기물이 15년 이내에 두 배가 될 것으로 예상하고 있는데, 이 중 상당 부분이 일회용 플라스틱 제품이다. 신발, 가방, 풍선, 포장, 신발 등 모든 것을 분해하는 데는 한참이 걸릴 것이다. 이 쓰레기들은 물고기, 돌고래, 바다표범, 거북이, 바닷새들을 포함한 거의 모든 해양동물들에 의해 섭취된다. 지금까지 플라스틱은 최소 267개 다른 종의 소화관을 막는것으로 밝혀졌다.

이는 전 세계의 문제이긴 하지만 플라스틱 오염의 중심지는 분명하다. 오늘날 바다에 있는 플라스틱 쓰레기의 60%는 중국, 인도네시아, 필리핀, 태국, 베트남 등 5개국에서 발생되고 있다. 언론에서는 이미 대규모 태평양의 쓰레기 더미에 대해 보도하고 있다.[177] 2025년까지 아시아의 플라스틱 소비량은 80% 증가한 2억 톤을 넘어설 것으로 보이는데, 일부 국가들은 위 5개국에 대한 구체적 개입을 요구하고 있다. 지역적으로 EU는 2018년까지 비닐봉지 사용을 절반으로 줄이는 것을 목표로 하고 있지만, 이것이 국제 표준은 아니다. 업계 전문가들은 2025년까지 3배나 많은 플라스틱을 생산할 것으로 예상하고 있는데, 세계경제포럼WEF은 2050년이 되면 바다에는 물고기보다 플라스틱이 더 많을 것이라고 예측하고 있다.

플라스틱 오염만이 세계 해양을 위협하고 있는 것은 아니다. 준설 및 토지 매립은 정치적으로 관련된 민감한 문제 중 하나이다. 중국이 산호초 위에 섬을 만들고 있는 남중국해와 지난 40년 동안 인공 채굴로 싱가포르에 130㎢의 인공 '개척지'를 추가할 자원을 제공해 온 인도네시아의 사례를 보면, 광산은 분명 육지에서 바다로 옮겨갔다.

이제 우리 행동의 모든 결과가 명백해지고 있는 지금의 문제는 다음과 같다. 앞으로 어떤 변화가 일어날 것인가? 해양 오염이 향후 10년 이내에 가시적인 변화가 있을 정도로 중대한 문제가 될 것인가? 어떤 사람들은 그렇게 생각할 것이다. 유엔은 '해양 및 해양 자원을 보존하고 지속적으로 이용한다'는 계획을 14번째 지속 가능한 개발 목표SDG에 포함시켰다. 2050년 핵심 목표는 모든 종류의 해양 오염, 특히 해양 잔해와 영양분 오염을 포함한 모든 육상 활동들을 예방하고 현저하게 감시하는 것이다.

공교롭게도 세계의 대부분 해양은 어떤 한 나라에 속해 있지 않다. 지구의 40% 이상8,000만 평방마일 – 아프리카 대륙 전체 면적의 7배의 바다는 모든 사람의 소유이며 대부분 크게 규제되지 않는다. 어업, 환경, 관광, 국방 정책 등 모두가 국가의 해안선에 가까운 바다를 보호하고 관리하기 위해 노력하고 있지만, 사실상 12~200해리의 한계를 넘어서게 되면 그곳은 사실상 자유 지역이다. 이곳이 물고기, 돌고래, 플랑크톤이 타격을 받고 있는 곳이다. 그 누구도 세계적인 규정을 세우고 있지 않고, 소수의 사람만이 더 나은 방법에 동의하고 있다.

균형은 언제 깨질 것인가? 언제쯤 우리의 환경, 생태계, 그리고 가장 중요한 재정적 관점에 미치는 부정적인 영향들이 우리의 식량 자원에 많은 부분을 변화시키게 될 것인가? 일부에서는 새로운 기준을 제시하는 중국에 신뢰를 두는 사람도 있지만, 이러한 것은 오직 현지에서만 적용될 수도 있다. 세계적인 수준에서 어떤 이들은 '해양 경제'의 가치에 대한 재고가 필요하다고 생각한다. 한 예로 지구해양위원회는 해양 환경에 플라스틱 쓰레기 제로라는 야심찬 장기 목표를 도입할 것을 촉구했다. 이는 오늘날에는 존재하지 않는 파트너십과 행동 변화를 필요로 할 것이며, 유럽과 미국이 그들의 쓰레기를 아시아로 보내는 것을 끝내야 할 것이다. 만약 우리가 향후 10년간 쓰레기를 자원으로 여긴다면 인식, 그리고 행동 방식에도 변화가 있을 것인가?

식량 공급의 보호, 또는 UN 개발 목표의 달성을 위한 노력 등 공해상에 질서를 유지하는 것은 미래에 중요한 요인으로 간주된다. 우리는 이미 생물의 다양성과 질소에 대한 행성의 한계를 넘어섰지만, 그 결과가 더욱 명백해지면 똑같은 해양 오염을 우리는 피할 수 있을까?

데이터 소유권

> *개인은 자신의 디지털 그림자의 가치를 인식하고, 개인정보 취급 업체는 고객의 데이터 세트를 관리하며, 개인 데이터 저장소는 우리의 정보를 투명하게 관리 해 준다. 우리는 더 많은 소유권이나 데이터를 보호하고 이를 공유하고 있다.*

자원 및 폐기물에서 벗어나 더 많은 잠재적인 행동 변화로 빠르게 성장하는 영역 중 하나는 우리가 개인 데이터를 보고, 가치를 부여하고, 공유하는 방법에 있다. 최근까지 사람들은 사람들은 대부분 더 나은 온라인 서비스를 위해, 건강 조사나 교통 조사를 돕기 위해 개인정보의 제공을 편안하게 생각했지만, 이름, 생년월일, 주소 등과 같은 개인 식별이 가능한 정보들의 삭제는 우리의 흔적을 지우는 데 거의 도움은 되지 않는다. 요즘은 데이터베이스를 비교할 수 있기 때문에 익명성을 유지하는 것은 거의 불가능하다. 인터넷은 우리 자신의 가치를 만들어 냈다. 소셜 네트워크 서비스 같은 제품에 대한 비용을 지급하지 않음으로 기본적으로 접속은 우리를 관리되고 통제되어야 하는 상품으로 만들었다. 개인정보는 사용자의 문제를 해결하거나 이익을 위해 사용되는 것이 아니라, 공급 업체와 정부에 의해 제어되고 그들의 이익을 위해 사용된다.

프라이버시를 주제로 윈저성Windsor Castle에서 개최된 워크숍에서는 "만약 당신이 상품을 구매하지 않으면 당신이 상품이 된다."라는 발언이 반복적으로 언급되었다.

기업들이 개인정보의 수집 및 판매로부터 불균형적으로 이익을 얻고 있다는 인식의 증가와 함께 개인정보를 보다 강력하게 통제하려는 욕구를 불러일으키고 있다. 또한, 개인의 힘과 통제력을 유지하려는 욕구와 공개 데이터가 제공하는 혜택과 편의성의 균형을 어떻게 최상으로 유지할 것인가에 대한 딜레마를 낳았다.

서로 연결된 세계에서 완벽한 개인정보 보호는 불가능해 보이는 목표일 수 있지만, 기업 검색 엔진에 모든 것을 주지 않고도 인터넷을 사용할 수 있는 다른 방법이 있다. 예를 들어 인디웹IndiWeb은 사진, 상태 업데이트, 블로그 게시물, 댓글 등 게시된 모든 정보에 대한 개인 소유권을 보호하기 위한 소프트웨어 유틸리티의 집합이며, 이 모든 정보는 인터넷의 다른 영역들과 차단되지 않는다. 사용하기 쉬운 오픈소스 소프트웨어를 이용해 게시를 가능하게 하면서 자신의 데이터를 비공개로 유지하는 세상의 비전을 그린다.

2050년이 되면 디지털과 현실 세계 사이에 완벽한 경계가 형성될 것이다. 디지털 진실은 실제 진실이 될 것이며, 이는 우리가 디지털 그림자에 대한 인식을 높이고 '데이터의 주인'이 되어야 한다고 제안하고 있다. 소비자들은 이와 동시에 자신의 개인정보의 힘을 더 잘 알게 될 것이므로 그것이 어떻게 사용되는지에 대한 더 많은 통제권을 원하게 될 것이다.[178] 한 가지 제안은, 개인정보의 완전한 소유권을 컴퓨터가 읽을 수 있는 형식으로 유지하면서 관리 및 배포는 소유자의 지시하에 정책을 적절하게 유지시킬 수 있는 전문 큐레이터, '개인정보 취급자', 또는 중개 역할을 하는 브로커에게 위탁하여, 혜택을 받을 대가로 개인정보를 교환할 준비를 하는 것이다. 개인은 자신의 데이터 개인, 식별 및 거래 데이터를 관리하고, 선택적으로 다른 사용자들이 문제를 해결하고 다른 이점들을 제공할 수 있도록 한다. 일부는 심지어 오늘날 재무 고문들이 하는 것과 동일한 방식으로 운영될 '개인정보 관리자'를 고용할 것이며, 프로세스를 더 쉽게 만들기 위한 인증 시스템의 개발은 마케팅의 목적으로 여러 브랜드 파트너들과 공유할 수 있는 보편적으로 인정되는 자격증명을 활용한 새로운 개인 데이터 플랫폼을 만든다.

전 세계의 많은 시민이 개인정보 수집에 대해 깊은 의혹을 갖고, 데이터 홍수를 기껏해야 개인정보에 대한 상업적 침해에 지나지 않은 것으로 보는것은 이해할 만하다.[179] 그러나 이러한 우려로 인해 데이터가 사용되고 저장되는 방식에 근본적인 변화가 일어나고 있다는 증거는 거의 없다. 그러나 데이터 분석가들은 대중의 이해가 높아짐에 따라 개인정보 침해와 데이터 소유에 대한 인식과 우려도 커질 것이므로 주의를 기울여야 할 것이다.

기업이 데이터를 보존할 수 있는 기간은 '잊혀질 권리' 원칙이 이제는 확립됐지만 과정은 여전히 진화하고 복잡하기 때문에 여전히 까다로운 문제로 남아 있다. 복수 포르노와의 연관성을 없애는 것과 같은 몇몇 결정들은 간단해 보이지만, 나중에 무죄 판결을 받은 사람이 저지른 것으로 알려진 폭력 범죄에 대한 뉴스 보도와 같은 것들은 그렇지 않다. 우리 대부분에게 인터넷은 길고 용서할 수 없는 기억력을 가지고 있는 것처럼 보인다. 이는 데이터 보유 시간을 제한할 것을 약속하는 서비스 개발을 통해서 부분적으로 해결 될 것이며, 이에 대한 고객 인지도가 높아짐에 따라 시장은 커질 것이다.

물론 긍정적인 면도 있다. 모바일 인터넷은 언론사가 의학을 위해 학습과 관련된 일을 하고 있는데, 이는 우리의 건강 관리에 전례 없는 의료 서비스를 제공하는 것이다. 스마트폰을 손에 든 우리는 더 이상 '의사가 가장 잘 알고 있다'는 비인격적이고 가부장적인 시스템에 신세를 지지 않는다.[180] 컴퓨터는 많은 진단 작업을 위해 의사를 대신할 것이고, 시민 과학은 시민 의학을 발생시킬 것이며, 거대한 데이터 세트는 오랫동안 치유가 불가능했던 상태를 대처할 새로운 방법을 제공할 것이다. 페이스북과 같은 의료 프로필의 비교를 통해 진단을 수행하는 대규모 개방형 온라인 의학은 대규모 인구에 대한 실시간 조사를 가능하게 할 것이다. 앞으로 나아갈 길이 복잡할 것이라는 데는 의심의 여지가 없지만, 의료기관은 이러한 변화에 저항할 것이며, 디지털화된 의학은 불가피하게 개인정보를 둘러싼 심각한 문제를 야기할 것이다. 그럼에도 불구하고 더 좋고, 저렴하며, 더 많은 의료 서비스를 제공할 수 있는 결과는 그만한 가치가 있을 것이다.

게다가 이미 익숙한 구글, 페이스북, 아마존을 넘어서는 세계가 있다. 다크웹Dark Web은 사용자를 추적할 수 없으며 식별할 수 없는 암호화된 토르 히든 서비스Tor Hidden Services로 설명된다. 그러나 브랜드와 조직은 고객을 위해 더 열심히 대응할 것이며, 어느 시점에는 '어둠이 될' 사람들은 특권을 지급해야 할 것으로 예상된다. 그 사이 기업들은 고객의 대량 이전 위험을 제한하려고 하기 때문에 주류 인터넷은 확실히 개인정보 보호 제품의 커다란 시장이 될 것이고, 그 자체가 유용한 마케팅 도구가 될 수도 있다. 한편, 규제가 공유 서버에 저장되는 디지털 자산의 증가 추세를 따라가지 못하고 있는 상황이며, 일부 국가에서는 사용자들이 이를 따라잡지 못하고 있기도 한다.

만약 우리가 모든 자료에 접근할 수 있다면 그것을 가지고 무엇을 해야 하는지 알고 있으며, 또 시민으로서 우리가 공유하는 자료의 가치를 정말 이해하고 있을까? 전 세계 여러 대학의 많은 학생과 이야기를 나눌 때, 그들 중 몇몇은 미래에 우리가 공유하는 자료보다 개인정보 보호에 더 많은 돈을 지급할 것으로 예상된다. 그러나 우리가 미래에 상황을 다르게 보고 그에 따라 행동을 변화시킬 수는 있지만, 디지털 기술의 다른 체계적인 응용은 이전에 함축되어 왔던 일을 하는 다른 방법을 추가할 수도 있다.

디지털 화폐

> *현금은 점차 디지털 화폐로 대체되어 소비자에게는 더 많은 편의와 선택권을, 그리고 조직에게는 더 낮은 비용의 거래를 제공하게 된다.*

세계의 총 화폐는 약 60조 달러이며 그중 약 10%는 동전이나 은행 지폐로, 나머지 90%는 컴퓨터 서버에서 디지털 화폐로 보관되어 있다.[181] 가치별 거래의 대다수는 실제 현금을 교환하지 않고 컴퓨터 파일 간에 전자 데이터를 이동함으로써 실행된다.

우리는 왜 디지털 화폐를 사용하는가?[182] 주 원인은 현금보다 처리 비용이 저렴하기 때문인데, 현금은 GDP의 1.5%에 달하는 비용이 든다. 관리 비용 절감, 보안 비용 절감, 시간 또는 운송 비용 절감으로 인한 디지털 비용 절감 효과를 얻을 수 있다. 모바일 및 유선 네트워크의 성장으로 활성화되고, 원숙한 기술 표준 및 프로토콜에 기반을 두고 있기 때문에 금융 및 현금 인프라의 부족이 있는 곳에서는 재정적 편입을 증가시킨다. 그리고 이주, 대중교통, 또는 우버의 이용 등에 관계 없이 많은 사람이 이동하면서 소비자는 보다 편리한 지급 방법을 모색하고 있다. 또 국내 상거래보다 빠르게 성장하고 있는 국경 간 무역에서 큰 역할을 하고 있다. 이는 2025년까지 3배로 증가하여 85억 달러에 달하게 될 것이며 중요성과 영향력은 더욱 커질 것으로 보인다.

은행과 결제 수단이 래거시Legacy 기술에 대처하기 위해 고군분투하고 때로는 규제를 억누르고 있을 때 새로운 참가자가 등장했다. 스퀘어Square, 페이팔Paypal, 스트라이프Stripe 및 이들의 경쟁사들은 디지털 화폐를 수령하거나 지급할 때 드는 비용을 줄이는 것을 목표로 하고 있다. 알리페이Alipay와 애플페이ApplePay는 금융 거래에서 회사의 점유율을 높이는 동시에 고객들에게 더 많은 편의를 제공하고자 한다. 가장 파괴적인 신규 진입자는 암호화 통화가 될 수 있는데, 예를 들어 비트코인Bitcoin과 관련 기본 및 분산 블록체인 기술을 지원한다.

상업적 혁신과 더불어 정부와 중앙은행 모두 디지털 화폐를 향한 이동을 가속화하고 있는데, 이는 주로 현금으로 할 수 없는 마이너스 이자율을 유지할 수 있는 그의 고유한 능력 때문이다. 게다가 그것은 세금을 내고 합법적인 거래만 이루어질 것이며, 비공식 경제와 지하 경제에 압력을 가할 것이다.

이와 반대로 디지털 화폐로의 전환의 단점은 사기사건이 크게 증가하는 것이다. 미국의 시장조사 기관인 닐슨Nielsen에 따르면, 2014년 전 세계의 결제 관리 사기 피해 비용은 160억 달러에 달하고 있다.[183] 지난 2013년 세계 굴지의 비트코인 거래소인 '마운트콕스'에서 4억 5,000만 달러의 해킹 사건이 발생한 것도 디지털 화폐의 단점을 보여 주는 또 다른 사례이다. 그래서 많은 사람이 '현금의 끝'을 환영했지만, 수천 년 동안 어떠한 이유에서든 우리와 함께 하고 있는 물리적 돈의 끝은 시기상조로 보인다. 본질적으로 현금은 추적이 불가능하며, 휴대가 용이하고, 많이 사용되고, 정전이 되어도 믿을 수 있다. 의심할 여지 없이 이처럼 편리하고 신뢰 되며 익명이 보장되는 대체 지급 시스템은 없다. 자유주의자들은 또한 경제적 프라이버시를 유지하고, 디지털 화폐 거래를 하지 않으며, 정부에 지급을 차단할 능력을 부여하지 않음과 중앙은행에 더 많은 권한을 부여하지 않는 것의 이점을 지적하기도 한다. 그 결과 미국에서도 볼 수 있듯이, 유통 중인 현금의 절대적 가치와 부피는 지속해서 증가하고 있다.[184]

앞으로는 지급 인터페이스를 제어하고 자체 금융 서비스아마존 결제, 아마존 대출 프로그램 및 소매 서비스알리바바, 구글 쇼핑를 개발하려는 비전통적 금융기관의 성장세가 이어질 것으로 예상된다. 이를 가능하게 하기 위해 조직들기기 제조업체, 통신업체, 업계 협회, 은행, 구글사 간에 추가 협업이 이루어질 가능성이 높다. 또한, 대체 통화 및 통화망, 그리고 최초의 국유 발행된 평면 디지털 화폐도 증가할 것이다.

향후 10년간 소비자들은 현금보다는 디지털 또는 비접촉식 지급 방식을 계속 선택할 것이며, 실제 지갑 사용을 능가하게 될 것이다. 결제 방식이 활성 프로세스에서 수동 프로세스로 계속 전환됨에 따라, 오늘날 Uber 이용 비용을 지급하는 것과 같이 결제는 장소에서 기기로 변경된다. 사기를 방지하고, 거래를 간단하고 안전하게 유지하기 위해 다중요인 인증이 표준이 되며 예: 실시간 지리 태깅, 생체 인식 및 토큰화의 성장 더욱 적합하게 인증된 거래가 수행될 것이다.

현금이 짧은 시간 안에 완전하게 사라지지는 않을 것이지만, 디지털 화폐의 넓은 가용성은 사회 경제적 이동성을 가져오고, 떠돌아다니는 근로자가 새로운 국가에서 정착하여 일할 수 있는 능력을 증가시키며, 수백만 명의 사람들이 10년 내에 재정적으로 포함될 수 있게 한다. 다양한 지역에서 서로 다른 속도로 가속화되면서, 돈과의 관계에서의 변화는 향후 10년 동안 더욱 깊은 사회적 변화를 가져올 수 있다.

교육 혁명

> *향상된 교육에 대한 보다 폭넓은 접근은 권한 부여, 지속적인 경제성장, 불평등 극복 및 갈등 해소를 위한 주요 촉매 역할을 한다. 우리에게는 디지털 혁명에 적합한 교육 시스템이 필요하다.*

디지털 변환에 익숙한 또 다른 영역은 우리가 배우는 방법이다. 현재의 교육 시스템은 지난 세기, 심지어 그 이전 세기의 필요성에 맞추기 위해 설계되어 있어 점점 더 구식으로 보이고 있다.[185] 전 세계의 학교와 교육기관에서는 공급과 수요의 관점에서 어떻게 하면 교육을 목적에 맞게 형성할 수 있는지에 대한 질문들이 제기되고 있다. 공급 측면에서 문제는 품질과 양에 관한 것인데, 세계적으로 자격을 갖춘 교사가 부족하고, 그 직업에 종사하는 사람들은 종종 목적에 부합하지 않는 시험에 지나치게 의존하며 유연하지 못한 교육 과정을 제공해야 한다. 수요 측면에서 학생들은 종종 미래 생활에 필요한 핵심 사회 기술에 대한 자격을 갖추지 못했고, 보다 유연하고 분석적인 전문 환경에 적응할 준비가 되어 있지 않다. 사실적 학습에서 프로젝트 작업 방법 학습으로의 전환과 미래 비즈니스 환경을 보다 잘 충족시켜 주는 것은 자주 제기되는 문제이며, 도전과 변화의 기회를 제공한다.

모든 학교, 그리고 이상적으로는 모든 아이를 온라인 자원에 연결시키는 것이 많은 사람에게 야심찬 목표인 것임이 그리 놀랄 일은 아니다. 구글 및 페이스북과 같은 첨단 IT 기업 풍선이나 기타 솔루션을 사용하여 원격 지역에 연결성 제공 또는 유선 및 모바일 광대역 인프라에 투자하는 정부를 통해 모든 어린이가 세계 정보에 접근할 수 있는 기회는 중요하고 잠재적인 변화이다. 물론 처음에는 뒤처지는 사람도 있겠지만, 정보 격차는 줄어들 것이고 향후 10년 안에 모든 학교가 연결되어야 한다는 주장도 있다.

인터넷 연결은 중요한 역할을 하는 동안, 많은 사람은 기술이 교육을 향상시키는 데 도움이 될 수는 있지만, 그것이 묘책은 아니라고 믿고 일부 기본적인 것들을 고치는 데에 초점을 맞추고 있다. 그것은 젊은이들이 전체적으로 발전하고 책임감 있는 시민이 될 수 있도록 하는 전통적인 교육 기법과 통합되어야 할 것이다. 게다가 광범위한 성공을 달성하기 위해서 모든 교육 접근법은 지속, 반복, 확장이 가능해야 할 것이다.

세계적인 영향 면에서 가장 중요한 것은 접근 문제를 해결하는 것이다. 교육의 질과 접근성을 향상시키는 것은 많은 나라에서 공통적으로 필요한 것으로 간주되며, 이는 단순히 교육만을 발전시키는 것은 아니다. 몇몇 서방 국가에서는 더 나은 교육에 더 많은 학생을 참여시키는 것이 필수적인데 이는 차별 없는 차세대의 위험을 완화하는데 중추적인 역할을 한다. 당연히 여성 교육을 강화하는 전 세계적인 지지가 늘어나고 있으며, UN과 정부에서 재단 및 NGO에 이르기까지 의견을 얻고 있다.[186] 소녀들이 소년들과 똑같은 기회를 얻도록 하는 사회적, 경제적, 정치적 이점은 많은 계획을 추진하고 있다. 일부 사람들은 기본적인 필요 사항들소녀들이 중등 교육을 잘 받을 수 있도록을 다루고 있는데, 이는 단지 아들만큼이나 딸을 소중하게 생각하는 문화적 변화를 지원하는 것뿐만 아니라 위생을 제공하는 것, 즉 화장실 부족은 아직도 많은 소녀들이 사춘기가 되면 학교에 가지 않는 이유를 강조하고 있다.[187] 다른 지역에서는 아이를 갖는 나이를 늦춤으로써 인구 증가를 감소시키고 그로부터 얻는 실익은 소녀들에게 교육을 더 오래 지원해줄 수 있는 것과 직접적으로 연관되어 있는 것으로 보인다.

아프리카, 인도, 아시아 대부분 지역에서 사람들이 능력을 발휘하고 발전할 수 있도록 돕는 수단으로 교육에 대한 더 나은 접근을 지원하는 강력한 운동이 일어나고 있다. 아이들이 교육받는 수준을 향상시킨다는 것은 그들이 경제적으로 생산적이 되어 더 나은 삶을 산다는 것을 의미한다. 하지만 그것은 또한 사회가 더 많은 정보에 입각한 견해를 갖고 있으므로 갈등과 불평등을 줄일 수 있기를 희망한다. 일부 지역에서는 이러한 맥락으로 다른 기본 사항들도 다룰 필요가 있다. 많은 교육 시스템의 불균형은 공립 및 사립 학교 모두에서 공통 기준이 채택될 때까지 계속될 수 있다.

교육의 전달 또한 격변기에 직면하고 있으며, 외부 교육 관행을 따르는 것은 경험의 일대 혁신을 일으킬 것이다. 만약 우리가 모든 아이들에게 MOOC대규모 공개 온라인 강좌를 통해서든, 큐레이션 된 유튜브 비디오를 통해서든, 최고의 콘텐츠에 접근할 수 있게 해준다면, 우리는 이제는 300년 전과 같은 방법으로 표준화된 지식을 전달하는 교사에게 의존하지 않을 것이다. 누구나 강의를 들을 수 있다면 왜 평범한 대면식 교육으로 가르치겠는가?[188] 일부에게 이것은 교사가 멀리 떨어져 있고 개인 간 네트워트를 통해 스스로 학습할 수 있는 어린이의 극단이 되고, 다른 사람들에게는 아이들이 배워야 하는 방식과 교사가 가르치는 방식을 재발명하여 콘텐츠 전달과 분리하는 기회가 된다. 만약 학습이 순수한 콘텐츠 획득보다 프로젝트 기반일 수 있다면, 현실 세계 대비뿐만 아니라 교사들의 역할도 코치, 멘토, 그리고 촉매자로 바뀌게 된다. 그리고 만약 여러분들이 알아야 할 모든 것을 온라인에서 얻을 수 있다면, 이 압도적인 양의 정보를 간단하고 직관적이며 가치 있는 방식으로 필터링하고 조절할 방법이 필요한데, 이는 교사의 자연스러운 역할이다. 온라인 내 클라우드에서 또는 실제로 학교에서든 간에 많은 사람은 공급망 불균형 문제를 해결할 수 있는 방법 중 하나로 교사의 자유화를 들고 있다. 향후 10년 동안의 현실은 아마도 직접 대면과 온라인 학습의 혼재가 될 것이지만, 교육의 본질에는 변화가 일어나고 있다.

또한, 우리는 많은 사람을 위한 교육이 졸업할 때 멈추지 않는 세계에 들어섬에 따라 점점 더 비선형적 과정, 기술과 지식이 평생토록 공식, 비공식적으로 업데이트되고 업그레이드되는 평생의 활동으로 인식되고 있다. 우리는 또한 IQ에 모든 가치를 두는 것에서, 감성지능과 위험 감수, 혁신 및 기업가 정신으로부터의 배움을 중시하는 시스템으로 옮겨갈 수도 있다. 우리가 만약 교육에서 업무로의 원활한 전환을 원한다면 우리는 미래의 일과 더욱 일치된 교육을 할 필요가 있을 것이다.

일부 엄선된 학교에선는 새로운 접근법이 개발 중이거나 실용화되고 있지만, 2025년까지 전체 시스템을 세계를 염두에 두지 않은 국가적 차원으로 바꿀 것이라고 믿는 사람은 거의 없다.

새로운 접근 방식을 시험하고 개선하며 증명하는 등 전 세계에 혁신의 장이 열릴 것이다. 만약 우리가 접속 과제를 해결해서 모든 아이들에게 더 큰 기회를 제공할 수 있다면 우리가 어떻게 무엇을 배우는지 선택할 수 있는 잠재력은 향후 10년에 달려 있다.

대중의 적극적인 참여

대중의 목소리에 접근하기는 쉬워지고 억제하기는 어려워짐에 따라 리더들은 자신의 계획 및 정책에 대한 합법성을 확보, 개발 및 유지하려고 노력하며 계층적 권력을 더욱 낮추려고 할 것이다.

약 20만 년 전 호모 사피엔스가 처음으로 출현한 이래로 의사소통 및 참여 방식의 진화는 계속되어 왔다. 소그룹 생활을 했을 때는 일대일 의사소통과 잡담만으로도 충분했다. 농업 및 산업혁명은 조직에서부터 도시, 그리고 국가에 이르기까지 더 큰 그룹을 형성할 수 있게 해주었다. 지도자들과 권력에 있는, 또는 권력을 유지하고자 하는 사람들은 대중과 대화하고 때론 대다수를 통제할 수 있어야 했다. 이를 위해 마을 장벽에서부터 언론 매체, 팸플릿, 서적 및 신문, 라디오, TV, 디지털 시대에 이르기까지 방송 매체가 개발되었다. 이와 인접해 있는 것은 교류의 발전이다. 과거에는 교류가 대량으로 일어날 경우는 거의 없었다 예, 신문사에 출판 가능 여부도 따지지 않고 편지를 보내는 것. 존재했던 대규모 참여는 일반적으로 지리적 접근 즉, 회의, 시위, 행진에 참여하는 능력 또는 물리적으로 결합된 계획 예: 청원 을 통해 제한되었다.

디지털 세계에서는 규칙이 변경되었다. 트위터 또는 페이스북 게시물에서 Change.org[189]나 38 Degree[190] '38도는 눈송이가 모여 형성되고 눈사태가 발생하는 각도인데, 함께 한다면 누구도 우리를 막을 수 없다'에서 주최하는 캠페인, 또는 자선단체가 조직한 대규모 캠페인에 참여하는 것이 쉬워졌다. 이를 통해 분산된 개인과 공동체가 참여하여 그들의 존재를 듣고 느낄 수 있게 되었다. 디지털 참여는 쉽게 공개될 수 있어 많은 사람이 볼 수 있으며, 더는 참석자에게만 국한되지 않는다. 나아가 참여 비용이 지속해서 감소함에 따라 이제는 거시적 문제 아랍의 봄 활성화 등 뿐만 아니라 작은 문제에서도 일어날 수 있다.

권력 역학이 바뀌면서 모든 사람이 힘을 갖게 되었다. 그 결과 대중의 목소리에 더 쉽게 접근할 수 있지만 억압하기 어려운 디지털 시대에, 대중의 첫 번째 관점을 고려하지 않고 새로운 계획에 대한 지원을 창출하는 것은 더 어려워지고 있다. 권력을 가진 사람들은 더 쉽게 소유권을 가지고, 메시지를 통제하기 어렵다. 그들의 계층적 힘은 약해지고 있다. 따라서 그들의 계획과 정책에 대한 정당성을 창조, 개발, 확보, 유지하기 위해 모든 분야의 지도자들은 공공 및 정치적 지지를 유지하기 위해 참여해야 할 것이다.

디지털 방식으로의 대량 참여가 여러 차원에서 크게 달라진다는 것은 아무런 의미 없다. 이 문제는 전통적인 방식 예: X 결합 이나 일상 대화 방식 예: Y에 대해 어떻게 생각합니까? 어떤 방향으로 가져가야 할까요? 의 수준에서 발생할 수 있다. 또한, 활성 상태 예: X에 대한 나의 입력 정보 또는 수동 상태 예: 도시 내 여행을 더 잘 이해할 수 있도록 내 위치 데이터에 접근할 수 있음 일 수 있다. 참여의 강도는 다양할 수 있다 예: 페이스북의 '좋아요', 트위터나 위챗의 '팔로우' 대 정부 청원 서명 또는 JustGiving에 기부 . 주요 브랜드들은 이제 노출과 인상을 측정하는 것에서 '표현'으로 전환하고 있다.[191]

PR 회사인 에델만의 전 유럽, 중동 지역 및 아프리카 사장이었던 로버트 필립스Robert Phillips는 저서, 《나를 믿어라. PR은 죽었다》에서 중앙집권적 의사소통은 더는 신뢰에 대한 눈속임이 될 수 없으며 지도자들의 실제 행동을 감출 수 없다고 주장한다. 그는 "개별 권한 부여 시대에 권력은 주에서 주로, 고용주에서 종업원으로, 기업에서 시민-소비자로 옮겨가고 있다. 권력과 영향력은 비대칭이 되었다. 신뢰는 영원히 깨지기 쉽고 무의미한 통제를 시도한다."라고 적고 있다.[192] 오늘날의 복잡하고 상호 연결된 세상에서의 메시지 관리는 단순히 작동되지 않을 것이다. 또는 마가렛 헤퍼먼은 "자신을 내세우는 대신 기업은 진짜 옳은 일을 시작해야 합니다. 적절한 임금에 직원을 고용하십시오. 불필요한 보너스를 피하십시오. 세금을 내세요. 고객들에게 관심을 가지세요. 상대방의 말에 귀 기울이세요. 소유권을 공유하세요. 빙빙 돌지 마세요. 나중에 할거라 말하지 말고 진짜로 하세요. 신뢰는 메시지가 아닙니다. 그것은 결과이고 그것을 가지는 유일한 방법은 얻어내는 것이다."라며 조직에 대해 이야기했다.[193]

이 세상에서 지도자들은 정치, 이윤의 극대화, 그리고 하향식 계층 구조와 중앙집중식 의사소통을 고수하는 것 그 이상으로 나아갈 필요가 있다. 시민과 소비자들에게 의사결정에 참여할 수 있는 기회를 제공하여 대규모 참여를 수용하면 하향 조정된 답변을 넘어 보다 다양하고 우수하며 더 잘 이해된 솔루션을 구상하고 만들 수 있다. 사업과 정치에 대한 다양하고 이 시대에 적합한 접근 방식이 등장할 필요가 있을 것이다.[194] '소셜 및 모바일 기술의 시대에 고객,

직원, 공급 업체 및 파트너는 서로 직접 소통하고 있다. 이러한 개인 네트워크와 그들이 열정을 가지고 있는 브랜드는 그들의 의사결정과 지출에 영향을 미친다.'[195]

이러한 새로운 형태의 디지털 대중 참여는 또한 빠른 변화예: 인구 내에서의 문화적 변화[196]를 촉진하고 연구 수행을 위한 새로운 방법을 가능하게 할 수도 있다예: 시민 과학 프로젝트. 물론 디지털 대중 참여가 만능 해결책은 아니다. 작은 실패, 실수 또는 오해는 너무 과장된 결과를 초래할 수 있으며[197] 참여의 속도와 규모가 부적절하거나 잘못 배치되거나 오용된 사례가 있다.

앞으로는 지도자와 계획들이 보다 쉽고 순조롭게 준비될 것이며, 청중과의 정당성을 유지하기 위해 대중적 지지를 유지할 필요가 있음이 분명하다. 독재적인 리더십의 유지는 더 어려워질 것이다. 공개 참여의 요구와 발생예: 영국이 EU를 탈퇴하는 것과 같은 단일 이슈 국민투표 또는 기득권 당사자 참여 및 간섭예: 주주 행동주의이 증가할 가능성이 있다.

더 많은 대중 참여는 모든 당사자가 지속적인 대화에 참여하겠다는 의지와 능력을 필요로 할 것이며, 또한 부정행위로부터 보호하기 위해 신뢰할 수 있고 검증된 네트워크의 증가로 이어질 수 있다. 또한, 어디에도 속하지 않거나 남겨진 사람들예: 정보 격차의 잘못된 측면에 있는 사람들을 위해 적극적으로 설계하고 수용할 필요가 있을 것이다.

약자를 위한 배려

> *상당한 진전이 있었음에도 긍정적인 변화는 도달 범위에 제한이 있다. 수백만 명의 사람들은 주류 진보, 특히 젊은 세대, 가난한 사람들 및 불우한 사람들로 인해 계속해서 뒤처지고 있다.*

진보는 항상 꽤 험난한 과정을 겪는데, 이후 몇 년은 승차감을 향상시키는 데 거의 도움이 되지 않을 것으로 보인다. 어떤 사람들에게는 더 나은 의료, 교육, 고용에 대한 접근이 변화할 것이고, 다른 사람들에게는 삶이 점점 더 나빠질 것이다. 또한, 가진 자와 못가진 자 사이의 간극이 확대되면서 더 기분이 나빠질 수도 있고, 일부 사람들은 뒤처진 자들의 목소리를 듣는 것이 점차 어려워질 것이라고 예상하고 있다.

부모가 도시로 가는 동안 시골에 남겨져 있는 아이들의 처지를 생각해 보자. 2억 7,000만 명이 넘는 사람들이 일자리를 찾기 위해 마을을 떠난 중국에서는 그들을 '리우쇼우 얼퉁留守兒童' 즉 남겨진 아이들이라고 부른다. 전중국여성연맹[198]에 따르면, 1981년에는 약 6,100만 명의 남겨진 아이들이 있으며, 이는 미국 전체 아동의 인구보다 1,000만 명 적은 숫자이다. 중국이 도시화의 결과로 고통받는 유일한 나라는 아니지만, 한 자녀 정책과 엄청나게 왜곡된 성비를 감안할 때 이러한 대량 유기는 근본적으로 세대 전체를 변화시킬 수 있다.

비공식적인 도시 지역에 사는 가난한 사람들에게 중요한 '도시의 이점'이 있다는 것은 아니지만, UN 해비타트Habitat는 전 세계 6

명 중 1명이 도시 빈민가 및 불법 거주자 정착촌에서 박탈된 생활을 한다고 추정하고 있다.[199] 가난한 국가 및 지역사회의 인구통계학적 특성을 고려하면, 상대적으로 많은 수의 아이들이 있음으로 현재 전 세계 4명의 어린이 중 1명은 도시 빈곤 지역에 살고 있다고 추정할 수 있다. 더 많은 사람이 이주함에 따라 이 숫자는 늘어날 것으로 보인다. 빈민가 어린이들의 삶은 처음부터 자주 도전받고 있다. 그들의 부모는 종종 아이들의 출생신고를 하지 못해 교육 및 건강과 같은 기본적인 서비스에 제한을 받는다. 비공식적 경제에 의존하여 많은 가난한 도시 가정들은 자녀를 의무적으로 노동시장에 밀어 넣고 있다.

표면적으로는 시골이 더 나아 보이지만, 사실은 별로 다를 것이 없다. 대개의 경우 농업 생산성은 꽤 비참하며, 인도에서는 인구의 절반인 6억 명이 생존을 위해 농작물을 재배하거나 가축을 기르는 것에 의존하고 있다. 가격 변동에 심하고, 시장에 가는 길이 멀고, 사업 자금을 빌리기 어렵고, 토지를 소유하고 싶어도 규제가 엄하다. 이 모든 것이 하나가 되어 많은 사람이 합리적인 임금을 받는 것을 거의 불가능하게 만든다. 낮은 생산성은 더 큰 장기적 문제이다. 이것의 한 가지 원인은 재배된 대지의 크기가 줄어든다는 것인데, 인도의 인구가 증가함에 따라 평균 대지의 크기는 1970년의 거의 2.3헥타르에서 오늘날 1.2헥타르 미만으로 감소했다. 옥스팜Oxfam은 인도 농촌 인구의 1/3에 해당하는 2억 1,600만 명이 빈곤선 아래에 살고 있다고 말한다.[200]

이 정도 규모의 인구를 위한 더 나은 삶의 방법을 찾는 것은 도시로의 이주를 통해서는 불가능할 것이므로 미래를 위해서는 많은 농민을 개선하기 위해 더 많은 노력을 기울여야 할 것이라고 대부분은 생각하고 있다. 인도 농민들의 높은 자살률은 이미 언론 매체의 주목을 받고 있다. 농민들의 자살을 예방하기 위해서는 현행 규제를 전면적으로 재검토해야 할 것으로 생각된다. 현재 인도에서는 양파, 밀과 같은 농산물의 저장을 제한하고 있기 때문에 농민들이 냉장 설비나 창고를 짓지 못하고 있다. 또한 인도에서는 토지 임차가 어렵다. 소작 권리가 강해서 토지 소유자들이 토지 임대를 꺼려하기 때문이다. 주 정부의 판매위원회가 과일과 채소의 거래를 제한하고 있어 판매업자들이 외국에서 농산물을 수입하는 현상이 벌어지고 있다.

규제 완화를 검토하는 것 외에도, 작은 변화가 근본적인 차이를 만들 수 있다고 지적한다. 예를 들면, 인도 남부의 방갈로르Bangalore에서는 다른 선택의 여지가 없는 사람들만 트럭 운전수가 되고 있으며, 이로 인해 교통 사고가 빈번하게 발행한다. 국제도로평가 프로그램[201]의 추산에 따르면, 인도에서는 매년 7만 6,000명이 사망하거나 심각한 부상을 입고 있으며, 대부분 사망자는 30세 이하의 남성으로 알려지고 있다. 종종 생계를 책임지는 사람들의 죽음은 엄청난 감정적, 재정적 손실을 주고, 가족들을 빈곤으로 몰아가고 정부에게는 약 28억 달러의 손해를 입히고 있다. 운전면허와 운전자의 근무 조건 개선은 변화를 가져올 것이라고 주장한다. 도시에서는 보행자들이 안전하게 걸을 수 있는 곳을 제공하는 것도 도움이 될 것이다.

시스템에서 빠져나가기 위해 가난할 필요가 없고, 신흥 경제국에서 살 필요는 없다. 부유한 국가들도 어려움에 직면해 있으며, 특히 정신질환에 주의를 기울여야 한다. 이것은 심장질환과 뇌졸중을 합치는 것보다, 또는 암보다 더 많은 고통과 조기 사망을 야기하는데, 많은 국가에서 GDP의 약 3~4%가 치료 비용과 생산성 손실로 이어진다. 일부는 미국이 특히 이에 대처할 준비가 제대로 되어 있지 않아 구금 시설과 경찰관들에게 치료되지 않은 정신질환자들을 다루게 한다고 주장하고 있다. 그러나 유럽 전역에서는 40~70%의 수감자들이 정신질환에 시달리고 있다. 세계보건기구WHO는 선진국에서 우울증을 앓고 있는 사람들의 약 절반만이 진단을 받고 치료를 받는다고 추산하고 있다.[202]

도시화, 농촌의 필요성, 그리고 정신질환의 영향에 대한 관심이 높아지면서 변화가 오고 있다는 징후들이 있다. UN은 이미 2011~2020년 도로 안전을 위한 행동의 10년을 선언했으며, 새로운 한 자릿 수 달성 목표로 2020년까지의 도로 사망자 발생을 야심차게 포함하고 있다. 정부는 보다 적극적으로 참여하고 있는 반면, 작은 기부자들은 큰 차이를 만들고 있다. 빌 게이츠 재단은 특히 아동 사망률을 줄이고 농업 활동을 개선하기 위해 많은 노력을 기울였지만, 실제로 그들의 기여는 억만장자 자선가와 그들 재단의 기여보다 훨씬 크다. 약 200개국이 WHO의 정신건강 행동계획을 승인하면서 2020년까지 더 나은 치료를 촉구했다. 영국의 NHS는 정신건강 문제가 있는 100만 명의 사람들을 돕기 위해 2020년까지 매년 10억 파운드 이상을 투자할 것을 약속했다. 기업 세계에서 기업들은 다양성 주도에 정신질환을 추가하고 있으며, 액센추어Accenture는 최근 정신건강 연합 프로그램을 시작했다.

워크숍에서 선의의 한 참가자는 대부분 나쁜 일들은 가난한 사람이나 주변 사람들에게 일어나기 때문에 향후 10년 동안 아무런 변화가 없을 것이라고 말했다. 다른 사람들의 삶의 현실과 너무 동떨어져 있는 많은 부유한 사람들은 현 상태를 바꾸기 위해 그들의 높은 삶의 질을 희생할 준비가 되어 있지 않다. 그에 반대하는 사람은 아무도 없지만, 그들이 생각이 틀리기를 희망한다.

결론: 우리는 여전히 어리석은가?

우리가 직면한 장기적인 문제에 대해 더 잘 이해하고 있음에도 불구하고, 우리는 개별적으로나 집합적으로 단기간에는 의미 있는 결정을 내리지만, 장기적인 결과로 이어지지는 않다.

기후 변화, 사이버 공격, 지정학적 불안정, 수자원 위기, 식량 부족, 경제성장 제약, 사회적 응집력 약화, 안보 위험 증가, 세계적인 난민 위기 및 핵 공격의 위협 등 어느 것도 전혀 새로운 문제가 아니다. 우리는 사회가 잠재적으로 글로벌 재난의 위기에 처해 있다는 것을 오랫동안 알고 있었지만, 혁신과 기술력 그리고 우리의 순수한 재능에도 불구하고 우리는 그것에 대해 아무것도 할 수 없는 것처럼 보인다. 왜 그럴까?

한 가지 이유는 우리가 직면한 문제의 규모와 복잡성이 크기 때문일 수 있으며, 막대한 투자 필요성은 말할 것도 없이 변화를 주도하기 위한 광범위한 협업이 필요하기 때문일 것이다. 해결하지 않은 채 방치될 경우 극심한 변화/차단 가능성과 함께 해결책 마련에도 시간이 필요하다. 어떤 이들은 우리가 이미 문제를 해결하기에 너무 늦었거나, 현재 삶의 방식에서 너무 큰 변화가 필요할 것이므로, 교정 트랙션은 결코 기꺼이 일어나지 않을 것이라는 의견도 있다. 다른 이들은 훨씬 더 직접적으로 우리가 직면하고 있는 많은 도전은 문제 해결에 필요한 기반시설이 갖추어져 있지 않고, 세계 무대에서 많은 비중을 차지하기에는 너무 가난해서 필요한 지원을 얻는 것이 어렵다는것을 지적한다. 때로는 소비자/시민의식이 강하지만 아무것도 할 수 없다는 믿음이 있다. 예를 들면 많은 사람은 질병, 배고픔, 가난이 항상 우리와 함께 있을 것이라고 믿고 있다.

종합적으로 우리는 문제의 복잡한 성격에 대한 이해가 부족한 것으로 보이며, 문제를 해결하려는 방법에 의견이 일치하지 않으며, 합의를 이루더라도 영향력 있는 일을 수행하는 역량 강화에 어려움을 겪고 있다. 또한, 글로벌 협업이 적거나 거의 없으며 몇 가지 프레임워크와 규제는 종종 어려운 정책 뒤에 있곤 한다. 세계 경제 포럼, UN 및 WHO와 같은 기관들은 변화를 만들기 위해 열심히 노력하고 인식을 유지하는 데 성공하지만, 다루기 힘들고, 합의 중심적이며, 대개 어떤 것을 달성하기 위해 최소한의 저항의 길을 따라야 한다. 종종 그들의 행동은 위기에 대처하는 것이지 당면한 문제들을 인지하지 못했기 때문이 아니라 단순히 그들은 잠시 동안 일어나지 않을 수도 있는 일에 대한 정치적 견인력을 얻을 수 없기 때문에 실제로 전혀 일어나지 않을 수도 있다. 최근의 에볼라와 유럽의 현재 이주 위기는 둘 다 이전의 경고에도 불구하고 어떻게 세계 사회가 재난을 막기 위해 제시간에 행동하지 못했는지를 보여 주는 좋은 예이다.

재난을 피하려면 신속하고 집단적인 행동이 필요하다. 전통적인 자산들과 함께 진정으로 사람, 사회 및 자연을 소중하게 여기는 새로운 기업 형태와 다자본 성공 방안으로 '전체 당사자' 참여가 필요하다. 또한, 인간이 자연, 사회 발전, 그리고 유산적 사고뿐만 아니라 오늘날의 신흥 화석 연료 회수 활동과 같은 집중된 사회운동에 더 많이 관련되는 지각의 전환이 필요하다.[203] 이미 위의 모든 것들의 광대한 배열이 제자리에 있지만, 글을 쓰는 시점에서는 충분하지 않은 것처럼 보인다. 다른 많은 나라에서도 볼 수 있듯이 우리는 의식적인 관리자로서 행동할 필요가 있다.

CHALLENGE 6: 미래의 기업

2025년이 되면, 이익만을 추구하는 기업은 지속 불가능하게 될 것이다. 미래의 기업이 새로운 과제를 해결하고, 성장의 기회를 개발하고, 사회에 공헌하기 위해서는 어떻게 진화해야 할 것인가?

CHALLENGE 6 : 미래의 기업

FUTURE AGENDA

낙관론자들은 기업이 전례 없는 가능성의 시대에 진입했다고 말할 것이다. 기회는 증가하고 장벽은 줄어들고 있다. 기술이 새로운 문을 여는 것처럼 빠르게 시장이 세계 곳곳에서 열리고 있고, 동시에 폭넓은 인재들이 출현하여 새로운 아이디어와 자극을 불러올 뿐만 아니라 능력 있는 노동력을 제공하고 있다. 또한, 세금 정책과 규제에 대한 낡은 생각을 가지고 있는 정부는 과거처럼 강력한 영향력을 발휘하지 못하고 있어 경제는 더욱 자유로워졌다. 이 모든 것들이 결합되어 기업은 골든 타임을 맞이하고 있다.

반면에 비관론자들은 기업이 지금 어려운 상황에 처해 있다고 반박할 것이다. 가게의 셔터는 내려져 있고, 지갑 끈을 쥐고 있는 사람들이 셔터를 조이고 있다. 복잡한 무역 협정과 까다로운 국제 관계는 기업과 기업의 상품과 서비스를 사용하고 싶어 하는 고객 간에 쐐기를 박고 있다. 게다가 사람들은 이제 대기업을 불신하고 지역 시장과 다른 오프라인 기업을 찾기 시작했다. 새로운 기술은 황금알을 낳는 거위가 아니라 최종 수익과 매출을 낮출 뿐이다. 또한, 숙련된 노동자의 부족, 끝없는 규제, 생산 비용의 증가, 부와 빈곤 사이의 불안한 격차 등 우리는 전통적인 사업 관행의 종말을 목격하고 있다. 그렇다면 다음에는 도대체 무슨 일이 일어날 것인가?

목적을 가진 기업들

> *'기업'의 신뢰가 추락하면서 대기업의 구조와 관행에 대한 감시가 이뤄지고 있다. 기업은 환경 문제, 사회적 책임, 관리 방식을 개선해야 한다는 압력을 받고 있다.*

물론 진실은 그 중간 어딘가에 있다. 최근에는 인터넷과 생산 배달 시스템의 혁신이 비즈니스 모델을 바꾸고 있을 뿐만 아니라 비즈니스 철학의 근본적인 변화를 이끌어내고 있다. 기업 사회가 이에 적응해야 할 때가 온 것이다.

좋든 싫든, 성공이란 투자에 대한 수익에 의해 결정된다. 특히 금융회사들은 제대로 된 금전적 이익이 확보되지 않은 이상 투자를 감행하지 않을 것이다. 경영자들도 마찬가지다. 주식을 급여로 받는 그들은 더 나은 사회를 만들기보다는 사회를 담보로 금전 이익을 이끌어내도록 장려된다. 그러나 사회적 인식이 성장하고, 몇몇이 갈수록 막대한 급여를 받으며 소득 불균등이 심화됨에 따라 기업들이 그들의 소득만큼 무언가를 해야 한다는 목소리가 점점 커지고 있다. 예를 들면 환경 문제, 사회적 책임, 관리 방식에 대한 성과를 개선해야 한다는 요구가 증가하고 있다.

이를 달성하기 위한 하나의 방법은 기업들이 '성공'에 대한 정의를 폭넓게 내리는 것이다. 단기적, 장기적 이익과 사회 활동 참여 간의 관계를 보다 더 균형 잡힌 시선으로 바라보아야 할 필요가 있다. 이는 박애주의적인 것과는 거리가 좀 있다. 이 실용적인 행위는 갈수록 연결되고, 네트워킹하며, 똑똑해지는 사회 집단이 목소리를 내며 끼치는 영향으로부터 동기를 부여받는다. 이에 대한 정치적 지지는 단체와 사회의 경계를 흐리는 규제 변화를 끌어내고 있다. 퓨마Puma, 파타고니아Patagonia, 레고Lego, 유니레버Unilever와 같은 기업들은 이미 기후 변화, 사회 혁신과 기업 책임에 대한 전략을 적극적으로 추구하고 있지만, 변화란 개개 단체의 행위 그 이상으로 나아가야 한다. 사회와 환경에 대한 압박, 자원 부족, 강제 이주와 도시화에 대한 문제 의식의 성장은 곧 비즈니스 조직들이 정부와 NGO들이 알아서 이런 문제들을 해결하도록 좌시할 수 없게 되었다는 것을 뜻한다. 기업들은 성공을 위해서라도 더 큰 책임을 지고 더 넓은 공동체를 지원해 가는 각오가 필요할 것이다.

지난 몇 년간 엄격한 검사가 이루어진 만큼, 어떤 단체들은 공공의 신뢰를 회복하도록 노력해야 한다. 기업 투명성에 대한 엄격한 요구는 NGO와 미디어 캠페인이 경영인 급여부터, 생산 및 공급 과정의 문제, 환경 파괴 글로벌 기업들의 정치적 영향력과 같은 많은 사안에 대한 우려를 성공적으로 끌어냈다는 뜻이기도 하다. NGO와 미디어 캠페인은 기업스타벅스, 구글, 페이스북이 그들의 세금 관련 정책을 공격적으로 시행함에 따라 자주 이루어졌던 탈세에 대한 공공의 대응에 활력을 불어넣는데 크게 기여했다. 회계사들과 CFO최고재무책임자들은 이제 더 이상 탈세가 '효율적'이라 이야기하며 대중의 지지를 기대할 수 없게 되었다. OECD의 몇몇 국가는 이미 대중의 요구와 정부의 필요에 따라 복합complex 절세를 방지하는 규칙을 제정하는 데 필요한 합의를 끌어내기 위한 활동을 시작했다.[204] EU가 이 선례를 따르려고 하나, 변화의 예상 속도는 아직 불투명하다. 어쨌든 새로운 보고 방식과 투명성 절차가 많은 기업이 활동하고 있는 시스템의 큰 변화를 이끌어낼 것은 분명하다. 소비자 인식의 성장과 각기 다른 성공적 모델들의 동화는 지속적으로 이에 영향을 미칠 것이다.

일부 기업의 행위에 대한 불만은 사회적 기업의 탄생을 이끌어냈다. 비콥B Corp과 같은 단체는 목적이 있는 기업들과 이익 회사를 위한 절차와 증명서를 제공한다한 마디로, B Corp은 기업에 있어 커피에 대한 공정무역 증명서나 마찬가지다. 미국에서 시작한 B Corp은 2015년에 유럽에서도 도입되었다. 많은 이익 회사들은 작은 규모이나, 이러한 접근은 더 많은 기업에 영향을 끼치고 있으며, 사회 가치를 실현하는 데 중점을 두는 단체는 증가하고 있다. 2016년까지 영국에 등록된 사회적 기업은 1만 개에 달한다.

사회적 문제의 해결을 통해 사업 가치를 확인하고 창출하는 것 외에도 가치 창조에 대한 장기적인 사고thinking가 요구되고 있다. 2011년 분기별 보고에서 벗어난 유니레버의 진보적인 방식은 비록 많은 기업에 도입되지는 않았지만, 해당 기업의 가치에 부정적인 영향을 끼치지는 않은 것으로 보인다. 또한, 많은 투자자를 거느린 거대한 상장 기업들은 과연 '이익 증대'라는 '성장'의 전통적 정의가 충분한 설명을 제공하는지, 혹은 '가치 나눔'에 대한 고려가 집단적 목적을 제공할 뿐만 아니라 사회에 이익이 되는 동시에 수익을 위한 기업 전략으로 발전할 수 있을지에 대해 토론할 필요성을 느낄 것이다. 세계지속가능발전기업협의회WBCSD와 같이 이를 고려한 글로벌 비즈니스 단체들은 이미 UN의 지속 가능 개발목표SDG를 기반으로 조치 이행을 위한 청사진을 구축했고, 몇몇 기업은 그들의 접근법에 변화를 주기 위해 이를 이용하고 있다. 예를 들어 유니레버가 추구하는 목적은 '지속 가능한 삶을 평범한 삶으로 만들기'이다.

변화하는 지정학적 환경 또한, 비즈니스 모델을 시험하고 있다. 서양 시장은 강세를 보이고 있는 다른 시장들이 제공하는 기회에 비해 약해지고 있다. 청년 노동력과 커지는 중산층으로부터 혜택을 보고 있는 아시아 국가들은 세계 무역에 영향을 미치기 시작했고 국제 정치 무대에서도 더 큰 역할을 하고 있다. 아프리카와 남아메리카의 기업들은 아직 큰 영향력을 갖고 있지는 않으나, 머지않아 큰 역할을 하게 될 것이다.

풍부한 천연자원을 보유하고 있는 이들 국가는 2025년까지 그들이 지니고 있는 자원이 창출해 낼 부는 향후 10년간의 변화를 주도할 것이다. SAB 밀러SAB Miller, BHP 빌턴BHP Billiton과 앙글라 아메리칸Anglo American과 같은 아프리카 기업들이 나이지리아 제일은행First Bank of Nigeria, 디멘션 데이터Dimension Data와 오라스콤 그룹Orascom Group과 같이 세계 무대에 뛰어드는 순간을 주시해야 할 것이다.

2차 세계대전으로 말미암아 세워졌던 글로벌 경제를 뒷받침하기 위한 구조들이 더는 목적에 부합하지 못하고 있으며, 많은 나라가 WTO와 같은 기구들에 새로운 구조를 위한 로비를 펼치고 있다. 전 세계적으로 힘의 균형이 재정립됨에 따라 부분적으로 영향을 받았고, 현 강자들의 지지가 태만해졌기 때문이다. 또한, 미국의 결정권이 약해지고 유럽이 자신들의 구조적 문제를 맞닥뜨림에 따라 변화의 기류가 느껴지고 있다.

우리가 마주하고 있는 변화의 시작에 따라 국가, 기업과 개인들은 시장이 상호작용하는 방식에 영향을 미칠 것이다. 뜻을 같이 하는 사람들은 온라인을 통해 교류하고 네트워크를 구축해가며 국경을 뛰어넘고 있다. 새로운 화폐, 특히 제3 금융기관과 같은 다양한 지불 플랫폼들은 무적일 것만 같았던 기존 조직들에 도전장을 내밀고 있다. 상품은 항상 누군가에 의해 디자인되고, 만들어지고, 판매되고, 구매되며, 배송되어야 한다. 새로운 제휴 단체들이 탄생하고 있으며, 예전 기관들은 영향력을 잃고 있다.

이에 대해 몇몇 국제기구들과 NGO는 더 나은 협업이 긍정적인 변화를 촉진할 것이라는 믿음하에 기업이 어떻게 구축되어야 하는지에 대한 국제적인 공감대를 끌어내려 하고 있다. 이미 UN 밀레니엄 개발목표의 많은 성공이 이를 뒷받침하고 있다. 그러나 우리가 경험하고 있듯, 더 많은 나라가 보호무역주의를 채택하고 있고, 분열과 불평등의 심화가 불안정한 지정학적 환경을 만들어나가고 있다. 어떤 사람들은 합의라는 개념이 힘을 잃고 있으며, 거대한 분열이 그 자리를 대신하고, 목표에 대한 조정 없이 기업들은 다시금 단기 성장에 주력하게 되지 않을까 두려워하고 있다. 이는 아이러니하다. 우리는 그 어느 때보다 더 연결된 사회에서 살고 있기 때문이다.

스타트업의 빠른 성장

> *세계가 점점 더 연결되어 소비자의 생활이 풍족해지고 시장이 더 넓어지면, 스타트업이나 새로운 벤처 기업이 10억 명의 고객을 확보하고 100억 달러의 기업 가치를 달성하는 시간이 단축된다.*

휴대전화 사용자 수가 45억 명에서 70억 명으로 늘어나고 전 세계적 연결성이 99%에 달함에 따라 많은 사람이 새로운 산업냅스터로 시작하고 에어비앤비와 우버로 이어진이 일으킬 혼란을 예상하고 있다. 은행, 소매업, 물류 혹은 운송이든, 데이터 분석과 유비쿼터스 연결성을 다양하게 사용하는 능력은 새로운 비즈니스 모델을 몰아가고 있고, 이들은 모두 빠른 규모 달성을 위해 나아가고 있다. 1년에 10만 명의 고객을 유치하는 건 매우 적게 잡은 목표 수치이다. 100만, 1,000만 명, 혹은 1억 명이 안 될 이유가 뭐가 있겠는가?

그러나 이것은 현실적인가? 우리는 얼마나 빠른 속도로 나아가고 있으며, 규모 증대는 어느 선까지 믿음직한가? 우리는 2001년에 탄생한 아이팟iPod이 5억 명의 고객에 이르기까지 12년이 걸린 걸 알고 있다. 2005년에 탄생한 지메일Gmail은 7년이 걸렸고, 페이스북과 트위터는 모두 6년이 걸렸다. 그러나 2010년에 탄생한 태블릿 유저들이 5억에 이르기까지 3년밖에 걸리지 않았다. 몇몇 사람들은 글로벌 인터넷 구조가 광대화되었고, 이에 따라 규모 증대에 있어 가장 큰 장벽이 사라졌기 때문에 이 속도가 가능하다고 말한다. 다른 사람들은 더 격렬해진 경쟁과 지속적으로 탄생하는 새로운 비즈니스 속에서 5억 명의 고객은 상당한 공적이라고 이야기한다. 만일 연결성이 모든 질문에 대한 답이라면 스카이프Skype는 이미 3억 명의 활동적인 고객을 확보했을 것이며, 텀블러Tumblr 사용자는 4억 2,000만 명을 넘어섰을 것이고, 링크드인Linkedin은 4억 명인 현재 고객 수를 넘어섰을 것이다. 물론 접속의 문제가 있겠지만, 자금 제공과 가치 제시라는 문제를 잊어서는 안 된다.

경제적 지원에 관한 투자자 커뮤니티의 공통된 주제는 '유니콘'가치가 10억 달러가 넘는 스타트업에서 오는 신호들과 관련되어 있다.[205] 일부에서는 우리가 현재 두 번째 인터넷 버블 속에 있는 게 아닌지 의문을 가지지만, 다른 사람들은 이러한 가치가 목표 달성까지의 가능 속도를 알 수 있는 또 다른 지표라고 말하고 있다. 10억 달러의 가치를 보유하고 있는 스타트업의 숫자는 확실히 점점 더 늘어나고 있다. 2011~12에 스퀘어Square, 스포티파이Spotify, 드롭박스Dropbox, 에버노트Evernote, 핀터레스트와 에어비엔비Airbnb를 포함한 17개의 스타트업이 이를 달성했다. 이후 2년간 이 숫자는 70개 스타트업으로 늘어났다.

'유니콘' 이후의 '데카콘Decaco, 100억 달러의 가치를 넘어서는 기업들'을 바라본다면 우리는 가속에 대한 또 다른 강력한 증거를 알 수 있다. 일론 머스크의 Space X는 2002년에 탄생되어 100억 달러의 가치에 이르기까지 13년이 걸렸다. 드롭박스와 플립카트Flipkart는 2007년에 탄생하여 100억 달러의 가치에 이르기까지 8년밖에 걸리지 않았고, 다음 년에 탄생한 핀터레스트와 에어비엔비는 각각 똑같은 목표를 달성하는 데 7년, 6년이 걸렸다. 2009년에 탄생한 우버는 100억 달러 목표 달성에 5년이 걸렸고, 더 최근의 사례인 중국의 전자제품

기업 샤오미는 2010년에 탄생하여 100억 고객을 유치하고 세계 4대 스마트폰 제조 기업에 등극하는데 5년밖에 걸리지 않았다. 이는 2011년에 창업한 스냅챗Snapchat에 버금가는 실적이다.

스타트업의 성장 속도가 가속화되고 있는 현상을 주목하는 이유는 스타트업의 자산 규모와 고객 수 및 기업가치의 관련성이 적어 보이기 때문이다. 기업의 규모는 지금까지 보통 직원의 수나 다른 자원 혹은 규모에 의해 정의되었다. 우버는 20만 명이 넘는 운전수를 고용하는 것과 별개로 4,000명이 넘지 않는 정규 고용인을 보유하고 있다. 에어비앤비는 1,600명의 직원밖에 없다. 나이키와 같은 성공적인 기업이 1,100억 달러가 넘는 가치의 직원을 4만 4,000명 고용한다는 걸 생각하면 직원당 250만 달러가 든다는 이야기가 된다. 이에 반해 마이크로소프트는 직원당 400만 달러밖에 들지 않는다. 스냅챗은 300명의 직원을 고용하는 반면에 150억 달러의 가치를 자랑한다. 직원당 가치가 5,000만 달러로 에어비엔비, 페이스북, 핀터레스트와 구글에 비해 2배다. 이는 마이크로소프트의 10배, 나이키의 20배에 달한다.[206] 많은 사람은 이것이 과연 지속 가능한 사업인지에 대해 의문을 가지고 있다.

과거에는 기업의 가치가 자원, 시설과 같은 유형의 자산과 브랜드와 가장 밀접한 연관이 있었다. 최근 들어 기업들의 규모 증대 속도가 빨라짐에 따라 몇몇 기업들의 가치는 무형의 자산과 더 큰 연관성을 갖게 되었다. 현존하는 기업들에 있어 새로운 벤처기업으로 하여금 어느 정도의 규모를 달성하게 하는 건 이제 10년씩 걸리는 일이 아니다. 뭄바이의 대기업인 릴라이언스 인더스트리Reliance

Industries는 2015년 12월에 릴라이언스 지오Reliance Jio라는 새로운 이동/고정 통신사를 설립했으며, 100일 내 1억 명의 고객 유치를 목표로 잡았다.[207] 같은 도시의 타다 그룹Tata Group은 2025년까지의 목표를 시가총액 세계 25대 기업 안에 드는 것으로 잡았으며, 유치 목표 고객을 세계 인구의 25%로 잡았다.[208] 이미 이 기업은 인도에서 가장 가치가 높은 그룹 중 하나이며 뭄바이 주식시장의 시가총액 중 8%를 담당하고 있다. 이는 10년 내에 현 가치를 두 배로 불리고 11억 명의 신규 고객들을 유치하겠다는 선언과 같다.

미래를 내다보면, 기업가치가 높은 기업을 대부분 창립 10년 미만의 스타트업이 차지하게 될지도 모른다. 상위 20개 기업의 평균 나이는 20년이 될 것이다.

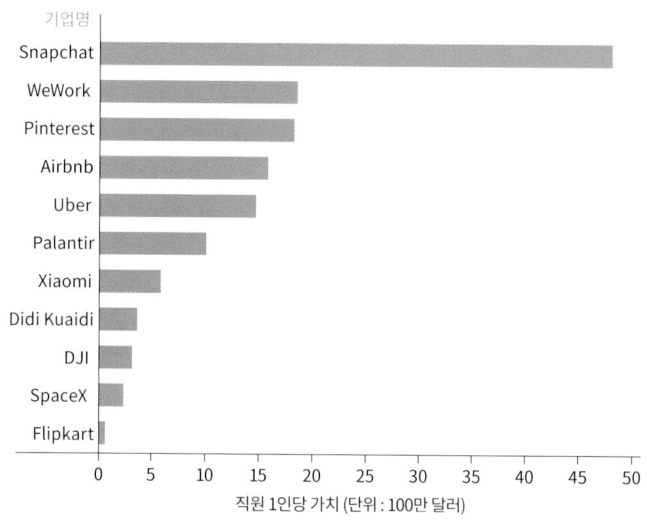

【도표 37】 직원 1인당 가치가 높은 스타트업, 2015년 (출처: Forbes)

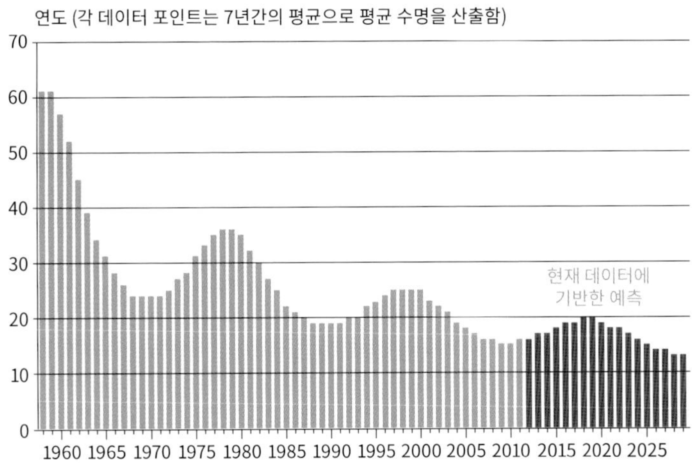

【도표 38】 S&P500에 따른 평균 기업 수명 (출처: Innosight)

이와 대조적으로 현재 세계 상위 10대 기업의 평균 나이는 75년이다. 이는 구글17년, ICBC31년, 애플39년과 마이크로소프트40년를 포함한 수치다. 10대 기업 안에는 웰스파고Wells Fargo, 존슨앤존슨Johnson&Johnson, 엑슨모빌Exxon Mobil과 노바티스Novartis와 같은, 160년 전까지 거슬러 가는 기업들도 있다. 1,000억 달러를 벌든 10억 달러를 벌든, 우리가 현재 빠른 규모 성장의 시대에 와 있다는 것은 자명해 보인다. 데이터 기반 새로운 모델이 기업 성장에 관련된 기존의 낡은 규칙을 대체하고 있으므로 매년 새로운 사례 연구를 다시 작성할 필요가 있다.

데이터의 가치

기업은 고객 정보를 최대한 많이 보유하려고 한다. 이 경우 데이터는 가치와 가격을 가진 재화가 되므로 정보를 가진 모든 데이터가 거래되는 시장이 필요하게 된다.

많은 기업에 있어 시장에 대한 쉬운 접근과 고객 이해도는 성장의 가장 중요한 열쇠가 되었다. 이는 데이터가 비즈니스에 있어 또 하나의 새로운 자원이 된 이유이며, 자본과 노동에 거의 범접하는 경제 자원 투입을 받게 된 이유다. 디지털 장치의 능력이 커지고 가격이 치솟음에 따라 정보를 수집하고 저장하며 강력한 알고리즘과 분석 툴을 사용하여 의미를 창출해 내고 가치를 더하는 게 점점 더 쉬워지고 있다. 사람들과 연결된 물체들은 곧 몇 조 기가바이트에 달하는 데이터를 생산해 낼 것이며 이는 우리 주변에 우리가 몰랐던, 그리고 알지 못할 것들에 대한 정보를 드러낼 것이다. 이는 모든 분야의 변화이다. 생산성의 혁신, 의료 서비스의 발전과 환경 보전은 총체적으로 효율성과 금전적 절약을 가져올 뿐만 아니라 완전히 새로운 서비스에 대한 가능성을 열어 준다.[209]

정보를 쥐어야 하는 세계 속에서 기술적으로 가능한 것이 문화적으로 불가능할 수도 있다는 사실을 기억하는 게 좋을 것이다. 비즈니스와 행정가들은 신뢰를 얻기 위해 그들이 모으는 데이터를 조심히 다뤄야 하고, 사생활에 대한 권리와 공공 이익을 위한 데이터 사용 사이의 균형을 위한 새로운 법적 이해 기반을 마련해야 할 것이다. 각 국가는 어떤 데이터가 사적 정보에 해당하는지에 대한 각기 다른 기준을 가지고 있다. 예를 들어 독일은 특정 인종을 겨냥한 마케팅을 금지하고 있으나 미국은 그렇지 않다. 이렇게 어떠한 정보가 공유 가능하고 불가능한지에 대한 합의를 이끌어나가는 것이 빅데이터의 미래를 여는 중요한 열쇠가 될 것이다.

헬스케어 산업은 국민 정서에 특별히 주의해야 한다. 기업은 고객정보를 최대한 많이 보유하려고 한다. 이 경우 데이터는 가치와 가격을 가진 재화가 되므로 정보를 가진 모든 데이터가 거래되는 시장이 필요하게 된다. 공공 신뢰도를 유지하는 것이 이 문제의 열쇠가 될 것이다. 이를 위해 정부가 장기 기증 프로그램에 있어 취했던 접근법을 시행하는 것이 옳을 것인가? 시민들이 자발적으로 그들의 개인정보를 나누는 게 비자발적이고 자동적 제공보다 나을 것인가? 이는 분명 의료 데이터가 공공 이익을 위해 공유되는 데 도움이 될 것이다. 대중 그리고 사적인 데이터는 개인에 대한 전체적인 관점을 제시하기 위해 정렬될 수 있으며, 동시에 거대한 데이터베이스에서 전염병이나 인구 이동과 같은 중요한 분야를 탐구하게 도와줄 것이다.

이 잠재력을 완벽하게 사용하기 위해 정부와 기업은 집계된 정보의 사회적 이익과 개인, 정보의 간극을 이해하고 이 둘 사이의 균형을 잡기 위해 조심스럽게 접근해야 할 것이다. 데이터 시장은 이를 달성하는 데 도움이 될 것이며, 많은 분야에서 개인 혹은 그들이 고용한 어드바이저로 하여금 개인 데이터를 사고파는 걸 허용할 것이다. 초점은 프라이버시보다는 상품과 결과에 대한 집단적 이해를 구축 해가는데 맞춰져야 한다. 이것이 소비자에게 유리하게 작용한다. 기업은 한때 무료로 사용했던 데이터를 미래에는 돈을 지불하고 사용해야 한다는 개념에 익숙해질 필요가 있다. 할 수도 있다. 동시에 그들은 전매 데이터였던 것들이 무료가 되고 공유 시스템이 상호작용할 수 있도록 모두에게 열릴 수도 있다는 가능성을 생각해야 한다. 만일 제대로 관리된다면 시장은 데이터의 가치를 높이고 더 많은 공유를 장려하는 재정 모델을 사용하게 될 것이다. 시장은 이미 존재하는 데이터 사일로저장탑가 신뢰할 수 있는 제3자를 통해 연결되고 이들이 통합하고, 발굴하고, 새로운 식견을 구축할 수 있도록 도울 것이다.

그러나 빅테이더 분석이 지니고 있는 기회를 극대화하는 것은 느리고 어려운 과정이 될 것이다. 어떤 사람들은 개인정보가 이미 지나치게 남용되고 있다고 생각한다. 여기가 소비자와 기업 간의 얇은 신뢰의 끈에 압력이 가해지는 지점이다. 기업들은 이미 소비자들에 대한 충분한 정보를 지니고 있고 제대로 된 정보를 얻어낼 수 있는 매커니즘으로 무장하고 있다. 이에 반해 소비자들은 정보 부족에 시달리고, 다른 사람들의 맥락을 파악하기는커녕 자신의 데이터조차 소화하지 못할 정도로 적은 도구를 지니고 있다.[210]

월드와이드웹 재단은 매년 사회적, 경제적, 정치적 발전에 웹이 얼마나 많은 영향을 미치고 있는지를 평가하는 〈웹 인덱스〉라는 연례 보고서를 발표하고 있다. 해당 글에서 다음 주제가 강조된다. "우리는 '모두를 위한 웹', 즉 세계의 모든 사람들이 삶의 기회를 발전시키고 국가 내외로 불평등을 축소시킬 수 있는 웹과, 소수의 사람들에게만 부와 정치 권력을 쥐여주는 '승자독식'의 웹의 기로에서 있다."

이 모든 것의 열쇠는 소비자들에게 그들의 개인정보가 어떻게 사용되고 있는지 이해할 수 있는 능력과 그들이 그렇게 선택한다면 다른 사람들이 그것에 접근하는 것을 거부할 권리를 주는 것이다. 2015년 한 사람당 연간 데이터 가치는 약 45달러였다. 기술적 효율성이 더욱 주류화됨에 따라, 다음 10년간은 기업이 투명성을 높이려는 욕구에 어떻게 반응하는지에 변화를 보게 될 것이다. 예측 분석, 유연한 비즈니스 모델 및 더 많은 데이터의 오버레이overlay 시스템이 지원되면, 다양한 분야에서 공급과 수요의 일치, 수익률 개선이 가능하게 될 것이다. 향후에도 이익 극대화가 중요하지만, 수요 공급의 일치는 또한 자원 활용을 개선하고, 낭비를 줄이고, 시스템 효율성을 최적화하는 데 도움이 될 수 있다. 소비자에게는 선택지가 넓어지며, 기업에 있어서는 모든 것을 최적화해 주는 자동 알고리즘으로 인해 판매 이익과 수익률이 증가할 것이다.

가변적 가격 결정

> *아마존과 우버의 알고리즘은 본래의 영역을 넘어 주차장에서 에너지 이용에 이르기까지 다양한 산업에 영향을 주고 있다. 실시간 투명성에 의해 더 나은 구매가 가능하고 이윤과 수익도 자동으로 증가하게 된다.*

오늘날 우리가 가치 최적화를 가장 많이 경험한 분야는 아마 비행기표 예매일 것이다. 가변적 가격 책정은 온라인 여행 산업의 곳곳에 포진해 있다. 익스피디어를 이용하면 우리는 각기 다른 가격을 비교하고 우리가 원하는 가격을 고를 수 있으며, 만일 사이트를 나갔다 다시 들어올 때에는 가격이 달라진 것도 알 수 있다. 항공사, 특히 저가 항공사들은 그들의 웹사이트에서 당신의 IP 주소를 트래킹하여 예약 과정의 가장 중요한 순간에 가격을 조정한다. 우리가 가상사설망VPN을 사용할 경우 다른 나라를 선택할 때마다 다른 가격대가 나온다는 것도 알 수 있게 됐다. 똑같은 표임에도 불구하고 Expedia.com은 Expedia.co.uk의 50%에 가까운 가격을 제공한다. 같은 원칙은 호텔 분야에서도 적용 된다. 크게 드러나진 않지만 말이다.

더 적게 알려졌으나 더 많이 쓰이는 방법 중 하나는 아마존과 같은 기업들이 가변적 가격을 적용한 사례다. 아마존은 하루에 250만 회 이상 가격을 바꾸는 것 외에도 24시간마다 재고의 20%의 가격을 바꾸기도 한다. 이에 반해 월마트는 한 달에 5만 개 상품의 가격만 바꾼다. 맥 유저들에게 PC 유저들보다 더 높은 가격을 보여 준다고 알려진 아마존은 고객의 행동을 판단하여 가격을 높이거나 세일로 낮추는 가장 최적의 시간을 알아내 가격을 조정할 뿐만 아니라 이미 회원의 장바구니에 있는 상품의 가격도 조정하고 있다.

현재로서는 소수의 기업만이 데이터 콜렉션과 분석을 이런 식으로 조합할 수 있는 능력이 있지만 '퓨어 플레이 애널리틱 기업pure-play analystics companies'이라 불리는 다른 기업들은 산업의 전반에 걸쳐 소비자와 공급자 모두가 이익을 볼 수 있는 능력을 제공하고 있다. 예를 들어 큐큐Qcue는 스포츠 이벤트의 가격 책정에 대한 분석을 제공한다. 티켓 가격은 시장의 수요에 따라서 실시간으로 조정된다.

정해진 가격보다는 덜 인기 있는 경기들이 수요에 따라 가격이 내려가고 다른 경기의 가격이 오르면 모든 팀으로 하여금 경기장을 채울 수 있도록 도와준다.[211]

수송 시스템 또한 점점 더 연결되고 있으며 곧 앱을 통해 다양한 가격 책정 방법을 사용할 수 있을 것이다. 이러한 가격 책정을 통해 넛지를 실행할 수 있게 되는데, 그중 한 예시로는 혼잡을 막기 위해 다음 기차를 이용하도록 하는 방법이 있다. 몇몇 도시에서는 스마트 주차가 등장하고 있다. 샌프란시스코의 성공적인 사례를 따른다면, 주차 요금은 주차장을 60%~80%까지 채우는 것을 목표로 실시간으로 변화한다. 요율은 시간과 장소에 따라 시간당 가장 낮은 주차요금을 제공하기 위해 변화하지만 항상 주차할 공간이 있도록 변화하기도 한다.

운송 영역에서는 우버가 가변적 가격 결정을 도입한 가장 주요 기업 중 하나이나, 조금은 논란이 될 만한 사안이 존재한다. 우버는 어떤 면에선 그저 수요에 따라 가격이 바뀌는 인터넷 시장 중 하나다. 에어비앤비나 구글의 애드워즈Adwords 플랫폼과 크게 다를 바가 없다. 가치 제안의 가장 중요한 부분은 경쟁보다 더 경쟁력 있는 가격으로 변화하는 것이다. 논쟁이 벌어지는 곳은 '가격 오름 현상'이다.[212] 고객에 비해 우버가 한정된 피크타임에는 기업의 알고리즘이 수요와 공급을 맞추기 위해 가격을 변동한다. 더 많은 프리랜서 운전자들이 길에 나와서 고객을 맞이할 수 있도록 가격이 올라간다. 시스템 뒤에 자리한 실시간 분석 알고리즘이 이를 유지하는 핵심이다. 경제학자들은 이를 가격 탄력성에 대한 가격 민감성이라 설명한다. 그러나 우버는 이 행동 변화 통제의 판도를 바꾸고 있다. 보스턴에서 2012년에 처음 가변적 가격 결정을 실험했을 때 우버는 운전자 공급을 70%에서 80%까지 늘렸다. 당연히 고객, 그리고 정가제를 사용하는 경쟁자들로부터 반발이 일었지만 피크타임에 더 많은 돈을 내고 확실한 탑승 여부를 보장받는 것은 분명 거래의 일부이다.

사람들은 더 많은 기업이 비즈니스 모델과 수익 모델을 최적화하고 싶어함에 따라 가변적 가격 책정을 받아들일 것이라 예상한다. 몇몇 사람들에게 이는 가격 최대화와 밀접한 관련이 있고, 다른 이들에게 이는 재원 이용과 공유를 뜻하기도 한다. 항공사와 소매업자들이 가능한 모든 순간에 더 많은 이득을 보려고 할 때, 에너지 분야에서 스마트 그리드의 도래는 사회에 수혜를 가져다 준다. 지난 몇 년간 가변적 가격 책정 기술이 발전하고 공급자들이 이익을 극대화하기 위해 이를 실험했으나, 이 기술의 가장 큰 영향력은 분산 재생 가능 에너지와 연결된 스마트 미터로부터 올 것이다.

조직 3.0

> *기술과 노마드형 노동자에 의해 수평형 프로젝트형, 협동형 또는 가상팀 등 형식에 얽매이지 않는 새로운 형태의 조직이 일반화된다. 이에 따라 앞으로 일의 성질이나 조직의 역할이 모호해진다.*

더 큰 그림으로 돌아가 보자. 조직들은 같은 목표를 위해 함께 노력하는 개인으로 이루어져 있고, 개개인보다는 협력으로 더 많은 것을 달성할 수 있기 때문에 존재한다. 역사적으로 우세했던 조직 구조는 관료주의적인 명령과 통제로 이루어져 있었으며, 주주가 맨 위, 그리고 이사회, 간부와 노동자로 이루어져 있는 계급적 구조였다. 이는 꽤나 잘 실행되어 왔지만 변화하는 근로자 태도와 커뮤니케이션 기술의 발전에 따라 최근 대안적인 조직 구조가 나타나기 시작했다. 중간 관리자는 가격을 줄이고 효율성을 증대하기 위해 치워졌다. 권위, 결정권, 행동 결정의 양도는 직원들에게 동기를 부여했다. 옛날 방식은 밀레니엄 시대의 아이들에게 너무 경직된 체제다. 오늘날 지식 경제는 지적 자본에 의해 굴러가고 있으며, 이는 명령과 통제의 기술이 창조에 안 좋게 작용하는 것으로 보인다는 것을 의미한다.

결국, 지식 노동자들이 작고 기민한, 자발적인 팀에서 협동할수록 정보를 창출하고 다루는 게 더 쉬워진다는 뜻이다.[213] 이 협력은 굳이 현실에서 일어날 필요는 없음으로 많은 사람은 이제 각기 다른 나라, 혹은 떨어져서 일할 수 있게 되었다. 가구 제조 기업이자 자문 회사인 스틸케이스Steelcase의 조사에 따르면, 근로자들로 하여금 몰두하게 할 수 있는 가장 좋은 방법은 그들이 언제 어디서 일할지 결정권을 그들에게 주는 것에 있다고 한다. 이는 유연성을 필요로 하게 만든다.

IBM과 GE 같은 조직은 이 모델을 따라가고 있다. 수평적인 구조를 이야기하고 다수의 기술에 대한 제대로 된 평가, 지식의 유형과 업무 스타일을 파악하며 한 스타일에 특권이 주어지는 것을 방지한다. 그들의 크기에 비해 이러한 조직들은 어떻게 이미 설립된 회사들이 변화하는 시장 상황에 적응하고 영리하게 행동할 수 있는 지에 대한 좋은 사례가 되고 있다. 미국은 군대조차 변화했다. 스탠리 매크리스털Stanley McChrystal 장군은 그의 저서, 《팀 오브 팀스Team of Teams》에서 그가 어떻게 이라크전쟁 중에 반란군들의 전술로부터 영감을 얻어 그의 군대를 분권화하고 자발적으로 행동할 수 있도록 변화시켰는지에 대해 이야기한다.

이 모든 건 상당히 쉬운 일로 들릴지도 모르나, 팀이 발전할 수 있는 환경을 조성하는 것은 거대한 도전이다. 어쨌든 인간들은 모두 개인이며 짜증을 낼 수도 있다. 개성이 강한 사람들과 태만한 사람들은 구분되어야 한다. 팀은 모든 사람들이 서로를 알고 믿으며 강력한 공통된 문화를 향유하고 있을 때 가장 잘 기능한다. 이는 시간이 걸리고 달성하기 어려우며, 특히 대부분의 사람이 계약직인 대기업일수록 어렵다. 어느 정도의 관리는 망설임, 미루기, 그리고 안 좋은 결정을 피하기 위해서라도 꼭 필요하다. 이를 피하고 '단체 발언'을 방지하기 위해 작은 팀이 더 수혜를 얻기도 한다. 아마존 CEO인 제프 베조스Jeff Bezos는 이 사안에 대해 꽤나 명확한 의견을 가지고 있다. "만일 한 팀에 피자 두 판 이상이 필요하다면 그 팀은 너무 큰 겁니다."

어떤 조직들은 한 걸음 더 나아가서 짧고 분명한 이름을 지닌 '홀라크라시holacracies'를 탄생시키고 있다. 이 급진적인 자율 관리 시스템은 권위와 결정권을 관리 계급에 집중시키는 대신 자율 조직 팀의 전반에 걸쳐 나눈다. 이의 지지자들은 이 시스템이 조직과 규율을 피어투피어peer to peer 일터로 가져오도록 도와준다고 믿는다. 가장 유명한 예시는 자포스Zappos다.[214] 이 회사는 고용과 보수 지불과 같은 특정 프로세스를 위한 홀라크라시 앱의 개발을 선도하고 있다. 자포스의 CEO인 토니 셰이Tony Hsieh는 "도시에서, 사람과 기업은 자기 조직적이다. 우리는 본래의 계급적 구조를 탈피함으로써 같은 일을 하려고 한다. 시장의 다른 회사들은 우리의 앱을 빌리거나 수정할 수 있으며, 시간이 지날수록 기존 계급 체제에서 홀라크라시로 변화하려는 하나의 생태계가 구축될 수도 있을 것이다. 이는 고용자들이 기업가들처럼 행동할 수 있도록 도울 것이다."라고 말한다.

그러나 많은 사람이 중요하다고 생각하는 것은 리더십이다. MIT 경영대학원 관리조직학과 데보라 안코나Deborah Ancona 교수는 오늘날의 일터에 필요한 것은 협력적 혹은 분산적 리더십이라고 말한다. 지도자들은 투명성을 증대하고 전략적인 사고방식을 가르쳐서 '연결기'들이 이러한 변화들은 고용인과 고용주 간의 관계가 바뀌면서 일어나고 있다.[215]

21세기에 들어서 프리랜서와 긱 이코노미임시직 선호 경제[216]에 대한 수요는 끊임없이 증가하고 있다. 우버Uber, 리프트Lyft, 태스크래빗Task Rabbit과 이랜스Elance는 분야에 일조하고 있다. 에델만 벌랜드Edelman Berland[217]에 의해 이루어진 조사에 따르면 미국 노동력의 34%는 이미 프리랜서로 일하고 있으며, 2020년까지는 이 수치가 40%, 2030년까지는 50%로 오를 것으로 예상하고 있다. 미래의 조직과 관리자들은 전통적인 고용인 모델을 따르지 않은 이들을 어떻게 고용하고, 관리하며 보상할지 잘 이해해야 할 것이다. 이는 정부도 마찬가지다.

뉴욕대 경영대학원의 아룬 산다라잔Arun Sundararajan 교수가 2016년 그의 저서《공유경제: 고용의 종말과 대중 자본주주의 부상》에서 언급했듯이, '긱 이코노미의 더 넓은 사회경제적 영향력이 아직은 명확하지 않을지도 모르나 우리가 안전망 공급을 급여 체제의 일과 분리시키고 독립적인 노동자들을 위해 안전망을 마련하는 사안을 다시 생각해야 하는 건 분명해 보인다'.[218]

이미 고용된 사람들에게 있어 밀레니엄 세대는 일터의 규칙을 뒤흔들고 있다.[219] 보편적으로 이 세대는 전 세대와 다르게 고용 안정성과 같은 요소에 동기부여를 받지는 않는다. 대신 그들은 좋은 워라밸과 재정적 성공을 넘어선 목적을 중시한다. 이에 반응한 조직들은 근로자들이 집과 같은 편안함을 느낄 수 있는 여유로운 일터를 조성하는 데 주력하고 있다. 에어비앤비의 공동 설립자인 네이선 블레차르지크Nathan Blecharczyk가 말하길 "우리는 지속적으로 직원들에게 에어비엔비가 직원들이 일이 끝난 후에도 머무르고 싶을 정도로 편안한 환경을 조성하는 산업임을 상기시킵니다." 이러한 기업들은 직원들에게 안식 기간을 가지도록 더 많은 기회를 제공하기도 한다.[220] 리더십 코치인 바바라 파가노Barbara Pagano의 설명에 따르면 "시간은 이제 일에 있어 새로운 화폐단위이다. 사람들은 더는 40년 동안 일하고 퇴직하고 싶어하지 않는다. 그들은 그렇게 오랫동안 목표를 좇고 싶어 하지 않는다.[221] 세계는 작아지고 전 세계적으로 순회하는 네트워크 노동자들의 시대가 도래했다. 더 많은 간부는 비즈니스와 레저를 섞어 멀리서 일하고 오래 휴식하며 직업 공유와 직업 변경을 선택하는 '블레저'[222, 223]를 의식적으로 찾고 있다."

공유경제가 빠르게 성장하고 더 많은 '노동자'가 우버, 에어비엔비, 엣시Etsy, 렌딩클럽Lending Club과 조파Zopa의 선호대로 생산자-참여자가 되어가면서 노동자, 생산자, 소비자는 물론 조직의 일터에 대한 정의가 흐려지고 있다. 공유, 협력, 코워킹 스페이스예시: Wework, the Hub는 20세기를 지배한 조직의 특정 공간에 대한 대안으로 떠오르고 있다.

창조 경제

> *창조 경제는 포괄적이고 지속 가능한 문화를 만드는 데 일조한다. 또한, 부를 창출해내기도 한다. 규모를 키우기 위해 창조 경제는 협력, 비판적 사고와 위험을 감수하는 데 익숙한 노동력이 필요하다.*

창의력은 지식 경제의 가장 중요한 부분이다. 다음 10년간 이 특정 영역을 위해 생각할 만한 가치가 있을 정도로 중요하다. 출판, 영화, 텔레비전, 음악 프로덕션, 방송, 건축, 광고, 시각과 공연 예술은 모두 이 일부다. 많은 분야가 내리막길을 걷고 있을 때도 창의적인 개인들은 문화와 기술을 섞어가며 새로운 직업을 만들어 내고 있다. 종종 이들은 침체되었던 분야를 되살리고 문화적 유산을 남기는 능력이 있다. 이러한 분야들은 많은 이득을 내기도 한다. 2013년 유네스코 보고서는 창조 경제가 전 세계적으로 거의 3,000만 명을 고용했으며 2.25조 달러세계 GDP의 3%의 이익을 창출했다고 강조했다.[224] 이는 글로벌 이동통신1.57조 달러보다 거대하며 인도, 러시아, 캐나다의 GDP보다 크다. TV는 4,770억 달러의 수익으로 가장 큰 영역을 차지하고 있으며, 이는 시각예술, 신문과 잡지로 이어진다. 이 세 분야는 전 세계적 수익 중 1.2조 달러를 넘게 차지하며, 세계 창조 경제 총수익의 반절을 차지한다. 영국에서 창조 경제는 시간당 880만 파운드를 넘게 창출하며,[225] 관광객들을 끌어모으고 시민들의 전반적인 문화생활을 증진하며 나이, 지리, 종교 신념을 뛰어넘는 사회 화합을 이끄는 데 도움을 주고 있다.

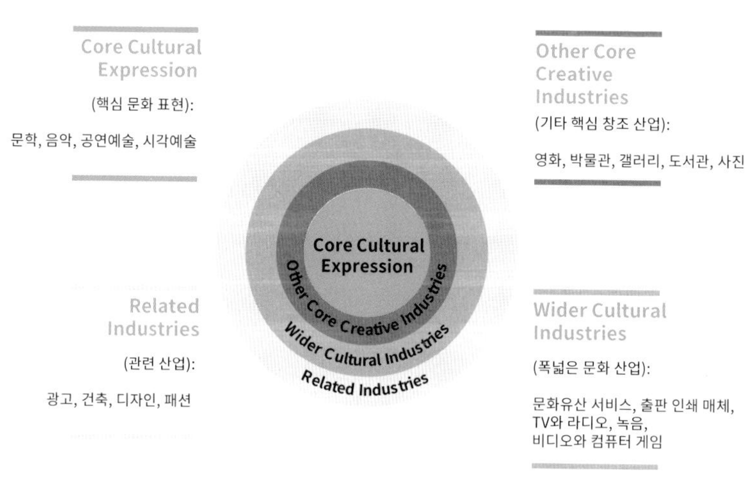

【도표 39】 문화, 창조 산업 (출처: 유네스코)

수량화하기 어려우나 사회 발전을 위해 문화와 창조 경제에 투자하는 것은 건강한 공동체를 만드는 데 크게 기여함과 동시에 개인의 자존감과 삶의 질에도 도움이 된다. 또한, 이는 재생 가능한 자원의 대부분을 차지하며, 지식, 경험과 상상력을 이용해 가치를 창출할 뿐만 아니라 개발, 매매, 온라인 배송이 가능한 새로운 상품과 서비스를 만들어 낸다. 나이 들어가는 경제의 침체기에 많은 정치인과 사업 리더들은 소프트 인프라에 상대적으로 적게 투자하고 빠른 성장을 할 수 있는 수단으로서 창조 경제를 들여다볼 것이다.

창의적인 사람들은 보통 다른 사람들로부터 영감을 얻기 때문에 비슷한 타인을 쉽게 만나고 협력할 수 있는 도시에서 더 잘 기능한다. 영화 산업의 중심지인 할리우드, 뭄바이와 라고스, 전자기기와 디지털 미디어의 중심지 서울과 공연 예술을 위한 뉴욕과 런던, 그리고 시드니, 로스앤젤레스, 베를린, 도쿄와 바르셀로나 또한 글로벌 크리에이티브 지구이다. 그러나 많은 분야의 예술가들은 제대로 대우받지 못하고 있기 때문에 경제성장과 지역 활력에 있어 그들이 지니고 있는 중요성에도 불구하고 치솟는 집값과 생활 비용은 이 분야에 종사하는 사람들이 성장시키는 도시에 살게 될 수 없게 됨을 뜻하기도 한다. 감당 가능한 비용은 중요하다. 이 때문에 이들은 정부 혹은 자선 단체를 지속해서 필요로 하게 될 것이다.

예술의 중심지들은 종종 창의적인 분위기를 함께 누리고 싶어 하는 다른 분야의 전문가들을 끌어들인다. 실패한 경우도 있었으나, 도시 계획자들은 이를 이점으로 작용하도록 다듬기도 했다. 현재 멕시코에서 가장 많은 사람이 방문하는 소우마야 박물관Museo Soumaya은 플라자 카르소Plaza Carso가 망가진 산업 쓰레기 단지에서 멕시코시티의 가장 많은 사람이 찾는 곳으로 탈바꿈하는 데 크게 일조했다. 이 효과는 세대를 거쳐 지속되기도 한다. 파리의 레프트 뱅크는 여전히 보헤미안 반체제에 일조했던 콜레트, 앙리 마티스, 장 폴 사르트르가 남기고 간 흔적을 느끼려는 수천 명의 사람들로 가득 차 있다. 어떤 도시들은 크리에이티브 허브를 구축하기 위해 노력한다. 더블린의 템플바Temple Bar 지역은 임대료나 보조금이 지급되므로 뮤지션이나 영화 제작에 종사하는 사람 등 많은 아티스트가 거주하고 있다. 싱가포르는 도시 국가의 일부를 크리에이티브 존으로 지정했고, 두바이에서는 크리에이티브 클러스터청Creative Cluster Authority을 설치하였다.

한 가지 확실한 것은 전 세계적으로 점점 더 많은 도시가 급성장하는 예술과 문화 분야를 주시하며 고공비행하는 예술 전문가들을 유치하려고 애쓰고 있다는 것이다. 런던에서 라고스까지, 베를린에서 부에노스아이레스까지, 도시들은 그들의 문화적 자격을 이용해 예술을 즐기고자 하는 사람들을 끌어들였다. 이러한 도시들은 새로운 산업들을 이끌고 혁신을 촉진하며 재능과 투자를 유도한다. 이는 곧 도시 개발을 촉진하고 시민들의 삶의 질을 높인다.

창조 경제는 사회적 포용성을 구축하고 가난 근절, 여성 임파워먼트, 환경 보호와 정신질환과 같이 오늘날 다루기 힘든 사회적 문제들을 해결하는데 도움을 주기도 한다. 예를 들어 인도의 방갈로르에 위치한 예술 디자인 스튜디오인 어썬 심포니Earthen Symphony는 여성에게 디자이너, 기능 보유자, 공예 교육을 제공하고 지역사회에 건강한 노동 문화를 구축할 수 있도록 홍보한다. 혹은 런던 킹스칼리지에서 이끌고 있는 아바타 테라피Avatar Therapy는 컴퓨터 기반 시스템을 이용해 약물로도 치료하지 못한 환각 증세에 시달리는 조현병 환자들에게 도움을 준다.

어떠한 경우에 창조 경제는 개발도상국이 고속 성장을 달성하도록 도움을 주기도 한다. 몇몇 도시들은 이러한 도전을 진행 중이다. 한 예시로, 중국은 저가의 연결성과 거대한 국내 시장을 이용하여 비디오 게임 산업에 상당한 투자를 가하며 미국, 한국과 경쟁하길 바라고 있다. 많은 동아시아 국가들 또한 크리에이티브 허브가 되어 가고 있다. 브라질과 멕시코는 특히 이미 상당한 지역 음악 산업을 보유하고 있으며, 쿰비아Cumbia와 같이 새롭게 등장한 음악 장르는 이미 글로벌 시장으로 진출하고 있다.

위에서 나열한 가능성들을 생각한다면 우리의 행사에 참여한 많은 사람은 왜 학교들이 학생들에게 창의력을 기르도록 장려하지 않는지에 대해 의문을 가질 것이다. 미래 프로그램에서 교육의 미래에 대해 집필한 수가타 미트라Sugata Mitra는 "대부분의 교육 시스템은 시대에 뒤떨어진다."라고 지적하고 있다. 이러한 관점은 런던에서 두바이, 인도에서 싱가포르를 걸친 워크숍에서도 반복되었다. 켄 로빈슨Ken Robinson이 TED 토크쇼에서 이야기했듯이, 많은 아이는 강제적이고 낡은 방식의, 지나치게 규칙적이고 관료적인 시스템 속에서 자라며, 우리가 현재 사는 창의성과 협력이 요구되는 세계에서 살기 위한 기술을 습득할 시간을 빼앗긴다. 물론 인도의 아쇼카대학이나 프레임대학, 파키스탄의 하비드대학, 영국의 워익대학이나 런던대학과 같은 대학들에서 이미 교양 과목을 전공으로 지정하는 등 앞으로 변화가 일어날 것이란 예견이 나오고 있지만 많은 사람은 여전히 '비슷한 자격을 지닌, 시스템 주도 학습에 의해 교육된 학생들'이라는 개념을 포기하지 못하고 있다. 이는 특히 어떤 형태의 교육이든 제공하는 것 자체가 힘든 개발도상국들에 있어 더 어려운 일이다. 자유 발언을 중점으로 둬도 마찬가지다.

미래 창조 산업을 보호하기 위해서는 우리의 다음 세대가 다양한 환경에 빠르게 적응하고, 민첩하고 통찰력 있으며 더 효율적으로 협력할 수 있도록 교육 환경을 바꾸는 것이 가장 좋은 방법일 것이다.

심도 있는 협업

> *파트너십은 더 다양하고, 장기적이고, 민주적이며, 많은 단체가 참여하는 방식으로 바뀌고 있다. 경쟁 동맹과 공공 참여가 규제 기관으로 하여금 열린, 공감 협력을 위한 새로운 법적 청사진을 제시하도록 하고 있다.*

현재 전 세계적 변화의 속도, 시장의 불확실성과 우리가 마주하고 있는 사회적 경제적 어려움을 생각한다면 영원히 변화해 갈 세계에서 안정적이고 안심하며 살기 위해서 우리의 아이들이 기민하고 적응력 강한 사람으로 자라나는 것이 중요하다. 이를 달성하기 위해서는 조직, 압력 단체, 정부지역과 국가, 기술 회사 간의 다층적인 협력과 더 많은 노력이 필요하다. 어떤 기업들은 이미 오래된 버릇들을 버리고 새로운 방식의 노동을 실험해 볼 필요성을 느끼고, 더 기동력 있고 활발한 프로세스를 차용하기 시작했다. 다음 10년간 다른 이들이 같은 프로세스를 도입할 것으로 기대된다.

미래에 우리가 마주할 거대한 어려움들은 온전히 지식 재산과 가치 고민으로만 이루어져 있지 않은, 보다 심도 있고 폭넓은 협업에 의지할 것이다. 더 다양하고 장기적이고, 민주적이며 다층적인 협력이 우리 앞의 지평선에 놓여 있다.

대기 오염의 심화로 시선을 돌려보자. 이 문제를 해결하기 위해서는 운송업자, 에너지 제공 업체, 도시계획가, 보건 기관, 정부, 규제 기관, 자본가와 시민단체의 협력이 필요할 것이다. 비만 문제를 해결하기 위해선 식품 음료 기업들이 방향성을 전환하는 것은 물론, 보건 전문가, 행동 심리학자, 규제 기관, 운송, 도시계획가, 교육 기관과 미디어의 협력이 필요할 것이다. 이러한 그리고 비슷한 과제들을 해결하는 데엔 이를 위한 협력 자체가 이루어지는 방법에 대한 참여 기관들의 근본적인 재고가 필요하다. 양자 협력은 글로벌 협력보다는 분명 구축하기도 운용하기도 쉽겠으나 어쩔 수 없이 제한적이다.

지적 재산 생산, 소유권과 거래에 대한 접근은 협력의 장애물이다. 비즈니스 산업에서 특허권과 같은 개념이 제대로 작동했을지도 모르나, 100여 년 전의 재봉틀과 자동차, 지난 20년간의 블루투스, MPEG와 DVD 수준을 생각했을 때 몇몇 사람들은 이 또한 미래를 위한 심도 있고 폭넓은 협업의 기준이 될 수 없다고 생각한다. 대답은 우리가 온라인 콘텐츠 생산에서 점점 더 협력할수록 가시화될 수도 있다. 저작권은 더 많은 사람이 협력하고 아이디어를 공유하고 생각 위에 또 다른 생각을 구축하며 공유되고 있다. 결과적으로 다수의 원작자가 존재하고, 공유된 정보들은 그 어떤 개인에게도 속하지 않게 된다. 협력적 프로그램에 대한 보수 지급 모델은 분명 바뀌어야 한다.

몇몇 서양 국가에서는 비판받고 있으나, 아시아와 남아프리카에서 정부와 기업 간의 협력에 대한 필요성과 장점은 매우 분명하다. 콜럼비아 메데인Medellin 시의 성공 사례는 도시 관리와 시설 운용에 있어 공공과 민간의 긴밀한 협력의 결과로써 에콰도르와 다른 지역의 워크숍에서 주목을 받았다.[226] 인도에서 이루어진 보건, 교육, 운송과 공급을 발전시키기 위한 토의는 모두 어떻게 정부가 빠르고 유연한 사기업들과 협력해야 하는지 강조했다. 몇몇 지역에서 더 참여적인 정부로의 변화가 이루어짐에 따라 시민들은 이제 결정 과정과 실행 과정에 더 자유롭게 참여할 수 있게 될 것이다. 정부는 어쩌면 앞에 나서 이끌기보다는 사람과 산업 간의 새로운 관계를 구축하여 문제에 대한 해결책을 함께 제공하는 것을 돕는 퍼실리테이터로 기능하게 될지도 모른다.

미래에 더 많은 협력이 필요하다는 사실은 많은 기업으로 하여금 스스로를 전통적으로 기능하기보다는 소셜 네트워크에 기반하도록 재정비하게 할 것이며, 이를 결국 협력 구조의 변화와 플랫폼의 변화로 이끌어낼 것이다. 이는 공통된 가치와 감정에 기반한 의미 있는 네트워크와 순수하게 데이터에만 기반한 얄팍한 관계 사이에 선을 그을 것이다. 협력 내에서 시간은 사회적 화폐가 될 것이며, 사회적 문제들을 위한 협력 프로젝트에 사용하는 시간은 명성과 사회적 위치를 재단하는 기준이 될 것이다. 박애주의적인 관점이든, 활발한 투자가이든, 더 많은 개인이 그들의 자유시간을 희생하여 발생하고 있는 문제들을 해결하기 위해 나서는 것을 볼 수 있을 것이며, 이 행위의 범위와 영향력이 기존 전통적인 합작 사업의 협력보다 더 극대화될 수 있도록 노력할 것이다.

이미 혁신을 위한 합작은 공공의 영역으로 이동하기 시작했으며, 지금 해결이 불가능해 보이거나 분명한 해결책이 없는 문제들에 초점을 둔 다자적 협력이 되어 가고 있다. 좋은 예시 중 하나는, 미국 에너지부에서 진행하는 선샷 이니셔터브Sunshot Initiative다.[227] 이 프로젝트는 10년 내에 태양 에너지가 다른 형태의 에너지들과 가격 경쟁을 할 수 있도록 하는 것을 목표로, 현재 와트당 3.8달러인 요금을 1달러로 낮추려 하고 있다. 이들은 에너지 회사들에서 시작하는 것보다는 더 넓은 공공 영역을 끌어들여서 이 목표를 달성하기 위해 새로운 개념들을 만들어 냈다. 사기업, 대학, 지역 정부, 비영리 조직과 국가 연구기관이 진행하는 협력적인 리서치, 개발과 전개 프로젝트를 통해 최고의 아이디어에 투자함으로써 선샷Sunshot의 접근은 각 개념에 대한 이상적인 협력 네트워크를 이끌어낼 수 있었다. 프로젝트 시작으로부터 5년이 지난 현재, 에너지부는 약 250개의 프로젝트에 전략적이고 지능적으로 투자하여 목표 금액 절감의 70%를 달성했다.

진정한 공유경제

협력의 증가는 조직으로 하여금 소셜 네트워크와 사회적 영향력에 기반하여 스스로를 재정비하도록 하고 있다. 실제 공유 기업들은 이익보다는 자원, 지식과 결정권을 나누려 한다.

공유경제의 관점에서 이야기하기 전, 인터넷 공동 구매 뒤에 자리한 원칙들에 대해 이야기하는 것은 중요하다. 이는 2001년에 냅스터Napster가 갑자기 음악 산업을 어지럽히며 등장했을 때부터 성장하기 시작했으며, 현재는 120조 달러 이상의 투자를 끌어오는 거대한 온라인 교환 시장 경제가 되었다. 다음 단계가 진정한 공유 기업이, 그러니까 주주들의 이득을 위해서가 아니라 자원, 지식과 결정권에 대한 책임을 공유하려는 기업일까?

온라인 시장이 수요의 투명성과 이를 경쟁력 있는 가격에 공급에 맞추는 환경을 조성하는 것을 기반으로 공유경제는 이미 에어비앤비Airbnb, 우버Uber, 태스크래빗TaskRabbit과 같이 소득 중심의 접근을 한 폭넓은 산업에서 적용되고 있다. 이들 중 많은 경우는 더 열려 있고 투명한 정보 공유를 통해 피어투피어 산업 모델이 발전할 수 있도록 도움을 주었다. 최근 성공적인 기업의 대부분은 공유경제의 일부로 간주되며, 이들 기업은 인터넷 플랫폼을 이용하여 파괴적이고 수익성 있는 새로운 사업을 전개하고 있다. 이에 따라 머지않아 더욱 의미 있는 공유의 형태가 등장해 진정한 공유경제를 체험할 수 있을 것으로 기대하는 사람도 많다. 즉 기술이나 정보, 지식을 더욱 순수한 형태로 공유해, 일부의 사람에게뿐만 아니라 모든 사람에게 부가가치를 낳는 공유경제를 기대한다. 원래의 온라인 시장인 이베이eBay, 우버의 자동차 공유 경쟁자인 리프트Lyft, 혹은 특이한 일을 당신의 지역 근처 사람들과 연결해 주는 태스크래빗Task Rabbit과 같은 플랫폼을 고려할 때, 이들은 대부분 플랫폼이 결제의 일부에서 수수료를 받아가는 방식으로 기능한다. 그것이 5%이든우버의 경우 30% 그 이상이든, 투자자들을 끌어오는 요인은 기업이 대부분의 가치를 관리하고 얻는다는 사실이다. 새로운 모델들은 시장이 자본을 뒷받침할 필요도 없고, 단순히 공급과 수요를 맞추면 된다. 공유 플랫폼이라 불리는 이들은 이들이 공유보다는 접근권에 집중하게 되면서 사회를 비틀고 있다. 피어투피어, 이상적이고 박애주의적인 행동들은 다른 사람들의 자원을 상품화하는 곳으로 바뀌었다. 플랫폼들은 그들의 사용자들이 만들어 낸 가치를 척출하고 경쟁자들이 적은혹은 아예 없는, 규제도 없는 제국을 만들려 하고 있다. 몇몇 도시의 규제 당국들은 최근에 생겨난 스타트업들이 공공의 이익에 반하고 있다는 우려를 표하고 있다.

영국의 싱크탱크 뉴이코노믹재단New Economics Foundation 같은 곳은 정보, 권력과 이익이 더 보편적으로 공유되는 실제 공유경제를 구축하려 노력하고 있다.[228] 프리사이클Freecycle과 같은 지역적 공유 플랫폼은 사람들이 돈을 내지 않고도 상품을 재활용할 수 있게 도와준다. 레프트오버스왑Leftoverswap은 초과 생산된 음식이 노숙자들에게 무료로 돌아가도록 도와준다. 카우치서핑Couchsurfing은 사람들이 에어비앤비 같은 중간 관계자 없이도 무료로 소파를 내어줄 수 있도록 도와주고 있다. 툴 라이브러리Tool library 네트워크들은 농부 집단이 개인으로는 너무 비싸서 접근하지 못했던 전문 기계와 설비를 공유할 수 있도록 도와준다. 이들이 현재 알려진 실제 공유경제 플랫폼들이나 소득 위주의 공유 플랫폼에 비하면 매우 작은 것이 사실이다.

자원이 줄어들고 쓰레기가 자원으로 탈바꿈함에 따라 상품을 사지 못하는 사람들에게 접근을 제공하는 더 협조적인 플랫폼들은 보다 더 지속 가능한 소비를 촉진하고특히 도시에서, 인간이 환경에 미치는 영향을 줄이며, 더 강력한 사회를 구축하는 데 도움을 줄지도 모른다. 스마트 그리드가 에너지 소비자들이 생산자를 겸할 수 있도록 하면서, 이 사회 공공 기반 시설의 변화는 공유에 대한 시스템적 관점 또한 바꿀지도 모른다. 그리고 이 변화는 사회적 상호작용의 증대, 공정한 재원 분포와 강력한 사회 관계를 통해 우리의 삶의 질을 높일 것이다. 영국의 에코Echo와 같은 지역 타임 뱅킹 프로젝트 등은 태스크래빗보다 훨씬 더 평등하고 효과적인 접근법으로 평가받고 있다. 오이셰어OuiShare는 협력자들의 글로벌 네트워크를 구축하며 프랑스에서 시작하여 유럽으로 퍼져나가 중동과 라틴아메리카까지 도달했다. 더 나은 상황의 사람들이 덜 나은 사람들로 하여금 그들의 일을 대신하게 하고 재원을 가져가는 구조의 기업 대신, 사람들은 협조적이고 협력적인 플랫폼이 효율성을 높이고 집합적으로 상품과 서비스를 생산하며 평등하게 결과를 나눌 곳이라 생각하고 있다.

우리는 2025년까지 더욱 평등주의적인 공유 관점에 얼마만큼 도달할 것인가? 우버, 에어비앤비 등의 배후에서 일어나고 있는 새로운 모멘텀은 분명히 중요하다. 문제는 비영리적 대안들이 광범위한 지원을 받고 규모를 확대할 수 있는지 여부이다.

라스트 마일 배송(Last-Mile Delivery)

> *원활하고 통합적이며 공유 가능한 라스트 마일 배송은 비효율적인 경쟁과 상품 유통의 중복을 대체한다. 물건 이동의 효율성은 사람의 이동만큼이나 중요하며 혁신을 위한 주요 초점이다.*

옮기는 것이 승객이든 상품이든, 효율적인 협력이 변화를 이끌어낼 분야는 '라스트 마일 배송'이라 불리는, 배송 단계에 있어 가장 비싼 영역에서 돈을 절약하는 것이다. 만일 이 프로세스가 더 간단하게 조직될 수 있다면 분명 기업에 있어 좋은 기회임이 분명해진다.

복잡한 물류의 세계 속에서 전 세계적인 상품 이동의 발전은 이미 이루어지고 있다. 택배를 분류하고, 배에 싣고, 운송하는 속도는 지난 몇 년간 이미 크게 빨라졌다. 가장 어려운 부분은 '라스트 마일'이다. 물류 센터에서 최종 목적지까지, 그 목적지가 집이든 사무실이든, 자동차이든 개인이든 전해지는 그 과정을 이야기한다. 이는 물류 비용의 50%를 차지하고 있으며, 택배의 여행에 있어 가장 어렵고 비싼 영역일 뿐만 아니라 많은 분야의 발전 중점과 관련이 있다. 제안된 해결법은 대부분 드론이나 자동 배송 차량을 언급하고 있다.

어떤 시스템이 적용되든 가장 핵심적인 목표는 거래가 이루어진 당일에 택배를 배송하는 것이다. 아마존 프라임 에어 비디오는 이미 30분 드론 배송이 어떻게 가능할 수도 있을지 보여 주고 있으며, 해당 기업은 몇몇 차량 기술에 대한 특허를 받아 놓은 상태다. 그러나 다른, 똑같이 기민한 경쟁사들 또한 미래의 선택지에 대해 내기를 걸고 있다. 그에 대한 대표적 사례로는 우버가 있다. 빠르게 확장되는 기반 시설과 노선 배송을 돕기 위한 알고리즘에 대한 어마어마한 투자를 통해 우버는 유피에스UPS, 페덱스FedEx와 기타 현직 기업들의 거대한 크기와 규모에 도전할 수 있는 유일한 신규 참가자이다. 유피에스는 하루에 3,500만 개의 택배를 배달하며 이러한 배송을 더 깔끔하고 효율 있게 진행할 수 있도록 새로운 기술에 많은 투자를 하고 있다. 한편, 공유 용량 모델은 우버풍의 네트워크 기업 모델과 협력하여 공유 용량 모델을 도입하고 이로써 한 번의 배송에 드는 운전수와 차량에 대한 비용을 줄이려 하고 있다. 미국 아마존의 플렉스Flex 프로그램은 이러한 시도 중 가장 최근의 것으로, 개인 운전자들이 택배를 배송하는데 시간당 18달러에서 25달러 정도 벌 수 있도록 돕고 있다. 주문 처리 비용은 현재 아마존 판매 대금의 15%를 차지하므로 이 비용을 줄이며 서비스 질을 개선하는 건 괜찮은 균형이다. 그러나 아마존만 이러한 변화를 일으키려는 건 아니다. 알리바바와 구글 또한 이런 상황에 있다. 구글의 '프로젝트 윙'은 2017년까지 상업적 드론 사업을 일으키고 실행하려 준비 중이다.

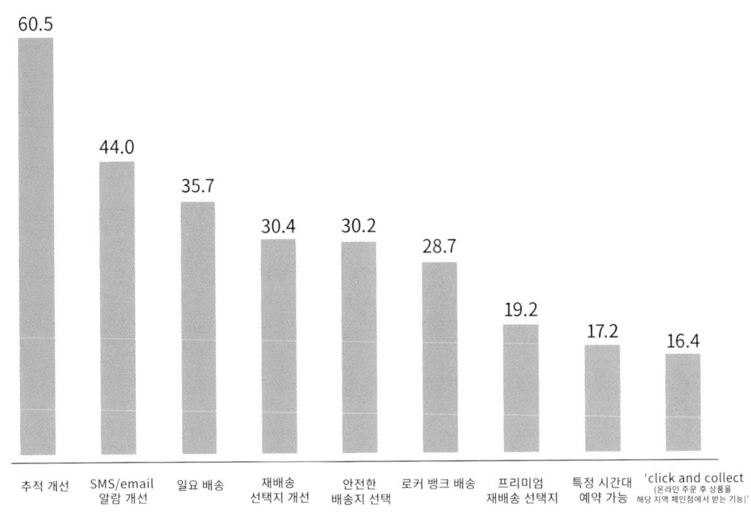

【도표 40】 UK 물류 업체가 미래 개발을 위해 주력하고 있는 분야, 2015

미국 연방항공국과 민간항공국 그리고 다른 규제 당국들로부터 허락을 얻어내는 일은 현재 협의 중에 있으며, 많은 사람이 2020년까지 이 사업이 상당한 영향을 미칠 것이라 생각하고 있다.

다시 땅으로 돌아오자면 자율주행차를 도입하는 것에 대한 관심 또한 지대하다. 창고와 주문 처리 센터는 현재 이미 몇 년간 상품을 지시된 대로 옮기기는 데 자율주행 차량을 이용하고 있다. 과거에 그 차량들이 예정된 진로를 따라갔다면그렇기 때문에 고정된 기반시설이 필요했다, 이 차량의 다음 세대는 3D 비전 가이드 시스템을 사용할 것이다. 이 차량들은 상품을 배송할 뿐만 아니라 택배를 빠르고 안전하게 싣고 내릴 수 있을 것이며, 거대한 상품을 옮길 때는 자동으로 협력할 것이다. 그리고 장애물이 생길 때마다 자동으로 루트를 다시 계산할 것이다.

많은 사람이 흥미를 느끼고 있는 부분은 어떻게 이 기술이 건물 안에서 밖으로 이동할 것이며, 시내의 상품 이동을 어떻게 변화시킬지에 있다. 만일 몇 대의 하얀 차가 자동화된 전기 배송 차량 팀으로 바뀐다면 효율성이 놀랍도록 크게 높아질 것이며, 안전 문제로 속도는 느릴지 몰라도, 지지자들은 이 차량들이 교통 체증을 일으키지 않을 길을 찾아 움직여서 필요한 때와 장소에 상품을 배송할 것이라고 이야기한다.

이는 목적지에 손님이 있는 배송 산업뿐만 아니라 B2B 환경에도 영향을 미칠 것이다. 사무실, 레스토랑, 소매 업자와 제조 업자까지 곧 현실화될 네트워크 효율성으로부터 이득을 볼 것이라고 주장하는 사람들이 있다. 운전자의 수요를 제거하는 데에 사회적 경제적 영향이 있을 건 자명하지만, 물류 산업은 많은 비용을 절약할 수 있을 것이다. 분명 넘어야 할 많은 규제적 장애물들이 있으나 지지자들특히 물류 산업에 많은은 기술이 빠르게 발전하고 있다는 것을 인지하고 있다. 이 사실이 산업에 강렬한 영향을 미칠 것은 분명하며 환경적 수혜 또한 매력적이다.

이 차량들이 극단적으로 효율적으로 변한다면 상품보다 살짝 큰 크기가 될 수도 있다. 그렇다면 우리는 자율 운전 택배의 세상을 보게 될지도 모른다. 하나의 예를 들면, 스카이프의 창립자가 진행하고 있는 스타십Starship 프로젝트다. 이 자율주행 로봇은 10kg까지의 상품을 들고 보행자들을 방해하지 않는 속도인 시간당 4마일의 속도로 인도를 돌아다닌다.[230]

한층 더 복잡하지만 전체 시스템 효율성을 위한 또 하나의 매력적인 제안은 사람과 상품의 동시 이동을 조직화하는 것이다. 만일 누군가가 집으로 가기 위해 택시를 이용한다면, 똑같은 차량이 이웃에게 상품을 배달할 수도 있다. 이 시나리오에서 특정 택배를 특정 차량에 알맞은 순간에 집어넣는 건 분명 쉬운 일은 아니지만, 볼보의 경우엔 이미 온콜On Call 앱을 개발하여 공유 차량에 접근할 수 있도록 하고 있다. 물류 배송을 이미 알려져 있는 고객 이동 계획과 노선에 적용함으로써 볼보는 배송 업체가 화물칸에 접근하기 위한 비용을 내고 차에 택배를 집어넣고 택배가 목적지에 도착했을 때 고객이 디지털 키를 사용하여 차를 열고 자신의 택배를 가져갈 수 있도록 계획하고 있다. 아우디는 다르면서도 비슷한 접근법을 차용하고 있다. 뮌헨에서 실행한 시범 프로젝트는 차주들로 하여금 그들의 차량을 온라인 주문의 물건 발송 주소로 사용할 수 있게 한다. 아우디 차량에 내재된 커뮤니케이션 시스템을 통해 배송 운전자들은 차량이 위치한 장소를 추적하여 디지털 엑세스 코드를 입력한 후 택배를 배송한다. 이러한 시범 프로젝트는 현재 아마존과 디에이치엘DHL과 협력하고 있지만 결국 이 원론은 포괄적으로 적용될 수 있다.

이 모든 혁신은 결국 같은 공간에서 경쟁하고 있지만 기회는 모두에게 충분히 돌아갈 것이다. 몇 년간 라스트 마일은 아직 손대지 못한 비효율적인 분야로 강조되어 왔다. 드론이든, 주행자가 없는 트럭이든, 자동화 로봇이든, 차량 공유 시스템의 확장이든, 이들의 조합이든 무엇이 어디에 배송되는지에 대한 투명성은 향후 10년간 거대한 영향을 미칠 것이 확실하다.

노마드(Nomads) 현상의 증가

> *선택에 의한 이주, 저렴한 여행, 국제적 지식 공유와 점점 단기적으로 되어 가는 근로 모델은 고향의 전통과 그들이 머물고 있는 곳의 가치와 관습을 섞어 가는 노마드들을 연결한다.*

상품의 이동은 분명 조직들이 현재 해결해야 할 문제다. 사람들은 그 어느 때보다 더 유동적이며 기업들은 재능 있는 사람들을 끌어오기 위해 최선을 다해야 할 것이다. 지속되는 세계화, 손가락 하나로 이루는 연결성과 정보 접근성은 세계를 더 작은 곳으로 만들었다. 이는 저렴한 여행, 국제적 지식 공유와 점점 단기화되어 가는 근로 모델과의 조합으로 노동 문화에 거대한 영향을 미치기 시작했으며, 특히 모험가들에게 기회를 만들어 주고 있다. 향후 10년간은 '연결된 노마드'라 불리는 사람들이 늘어날 것이며, 이들은 고향의 전통과 그들이 머무는 곳의 가치와 관습을 섞는 글로벌 노동자들이다.

사람들은 갖가지 이유로 이동한다. 세계은행은 약 2억 5,000만 명의 사람들이 그들이 태어난 나라가 아닌 곳에서 살아가며, 국내 이주민들을 숫자에 더하면 전 세계 사람들 중 1/7이 이주민으로 분류될 수 있다고 한다. 점점 더 많은 사람이 폭력으로부터 도망치고 있기도 하지만 다른 많은 사람은 직업, 사랑과 모험을 위해 떠나기도 한다. 이 인류의 거대한 이동은 저렴하고 쉬워진 여행 선택지와 자유롭게 흐르는 커뮤니케이션 기술과 결합하여 문화 간의 경계가 흐려지고 소속감에 대한 전통적인 정의에 이의가 제기되는 세상을 만들고 있다.

사람들이 선망하는 기술과 그들이 선택한 여권으로 무장한 몇몇 특권을 가진 사람들은 기업 세계의 최상위층을 차지하고 있다. 그들의 라이프스타일은 위치와 관계없이 굉장히 정형화되어 있다. 지역 문화에 다가가는 것은 어디까지나 선택지일 뿐 필수적인 것이 아니다. 그들의 동료들 또한 세계의 곳곳에 퍼져 있을 테고, 고향의 친구와 가족들보다 더 비슷한 상황에 놓인 사람들과 더 많은 공통점을 찾을 수 있을 것이다. 기업 간부들은 전 세계적으로 일하며 그들의 조직이 지니고 있는 권력과 영향력으로 물질 재산의 흐름을 바꾸며 국가 정부들이 꿈만 꾸는 방향으로 이끌어나갈 수 있다. 예를 들어 유니레버Unilever는 2020년까지 비만 인구를 줄이기 위해 10억 명이 넘는 사람들로 하여금 그들의 건강과 위생 상태를 개선하겠다는 목표를 세웠다. 인도의 타타 그룹Tata Group은 그룹 전체 순수익 중 3%에 달하는 금액을 2014년에 약 1,700만 달러 교육, 보건과 환경 관련 프로그램에 사용한다.

직업적인 이유로 이주를 택하는 사람들은 그들이 받은 교육을 부로 향하는 티켓으로 사용하며, 실리콘밸리와 같은 곳에 둥지를 튼다. 미국은 많은 사람이 목적지로 설정하는 곳이며, 1890년의 기록이었던 14.8%이란 이주민 인구는 2025년에 깨질 예정이며, 2060년까지 이 지수는 16%까지 치솟을 것으로 예상되고 있다. 오늘날 대부분의 도입은 어떤 방식으로든 증명된 것이다. 2013년에 미국으로 이주한 41%의 사람들은 최저 학력이 대졸이었다1970년에 이 수치는 20% 밖에 되지 않았다.[231] 아메리칸 인디언은 이제 가장 부유한 인종 집단이며,

그들의 가계 수익 중간값은 8만 8,000달러에 달한다.[232] 이는 인도의 1,600달러와 크게 비교되는 수치다. 세계 무역의 초점이 움직이고 기업이 더욱 발전하며 이 작지만 영향력 있는 집단이 현재 빠르게 발전 중인 남미 혹은 아시아 등의 새로운 공간으로 눈을 돌리고 있다.

중국은 1970년대부터 학생들이 더 나은 교육 수준을 위해 외국에서 공부할 수 있도록 장려하고 있다. 중국은 OECD의 고등교육에 있어 국제 학생들의 50%를 차지하고, 이중 1/4 이상은 미국에서 공부하고 있다. 이 말은 즉 미국에서 박사학위를 따는 중국인들이 박사학위를 따는 미국인들보다 더 많을 수도 있다는 이야기다. 한편, 중국으로 돌아가는 사람들의 수는 점점 더 늘어나고 있다. 2013년에 35만 명의 중국 학생들이 외국 유학길을 마치고 중국으로 돌아갔으며, 이는 10년 전 2만 명의 수치와 비교하면 매우 크다.[233]

그러나 서양 인구가 다른 문화를 받아들이는 건 또 다른 이야기다. 2013~2014년에 미국은 고등교육을 받은 유동인구인 450만 명 중 88만 6,000명을 받았다. 이는 다음으로 학생을 많이 받은 영국의 두 배에 달하는 숫자지만, 이는 학부 시절 세계를 여행하는 미국 학생들의 10%도 되지 않는다.[234] 만일 이 불균형이 지속된다면 미국 노동력이 세계화되어 가는 세계에 적응할 수 있는지에 대한 의문을 양산할 것이다.

홍콩의 청소부부터 런던의 변호사까지, 이주민들은 그들의 가족들에게 돈을 보내며, 이는 개발도상국 경제에 있어서 매우 큰 영향을 미친다. 세계은행은 나이지리아 사람들이 2013년에 약 210억 달러를 고향으로 보냈으며, 이는 나이지리아가 석유 수출로 벌어들이는 돈의 1/4에 해당하는 금액이다. 많은 사람이 페이스북이나 스마트폰을 통해 돈을 보내고 있다. 이러한 현상은 기술이 경제 이주에 미치는 영향으로써, 현재 국제 송금액은 해외 원조액보다 두 배 이상 많으며, 필리핀 GDP의 10%, 타지키스탄 GDP의 42%에 달한다.[235] 2014년 인도는 어느 나라보다 많은 700억 달러를 받았다.

대부분 노동자의 '허브' 선택지는 여전히 뉴욕, 런던과 싱가포르이며, 이곳보다 문화 융화가 더 가시화된 곳은 없다. 부유한 인도인들은 런던, 싱가포르와 두바이를 인도 밖의 가장 큰 '인도' 도시라고 생각한다. 런던에서 아르헨티나 여성이 러시아 발레를 보기 전 일본 식당에서 식사를 하는 것이 이상하다고 생각할 사람은 적을 것이지만, 그런 런던조차 국제화가 변화를 일으킨 건 상당히 최근의 일이다. 어떤 이들에게 세계화된 세계에서 가장 많은 기회를 잡는 것은 더 부유해지는 것이고, 극심한 생존경쟁보다는 덜하지만 단순히 빠져나오는 것보다는 더 합법적인 것이다. 또 어떤 사람에게 있어서 국제사회란, 대화를 나누고, 지식을 공유하고, 협력하여 일을 완수한다고 하는 평소의 생활을 보다 나은 것으로 이어진 무대일 뿐이다.

글로벌 불확실성으로 인해 삶의 계획이 어려워 짐에 따라 다소 어둡고 다른 요소들도 작용하고 있다. 모든 이민자에게 특권이 있는 것은 아니다. 운이 좋지 않은 사람들은 더 나은 삶을 꿈꿀 여지가 많이 없는, 그리 익숙지 않은 세계에서 살고 있다. 자신의 모든 소유물을 뒤에 남겨두고 새로운 출발을 해야 하는 이주민들은 자신에 대한 감각을 유지하는 유일한 방법이 전통과 믿음일지도 모른다. 적은 비용의 연결성은 가난한 이주민들에게 그들의 과거에 닿을 수 있게 하며 아주 힘든 상황에서도 정체성과 소속감을 되찾을 수 있도록 도와준다. 확실한 것은 향후 10년간에는 적어도 많은 순간에 특정 국가나 나라에 속하지 않는다고 느낄 사람들의 수가 늘어날 가능성이 있다.

국내 인구 이동은 큰 문제가 되고 있다. 서양에 있는 몇몇 국가의 도시들은 전국의 다른 지역보다 더 많은 인구를 지니고 있으며, 이는 런던만의 문제가 아니다. 중국은 그들의 주요 도시에 사람이 너무 많이 몰리는 것은 아닌지 걱정하고 있으며, 이에 따라 규제를 적용해 각 도성에 적절한 인구를 배치하려는 노력을 기울이고 있다. 중국 정부는 오랫동안 호적 제도를 통해 유동인구를 조절하려 노력했으며, 특히 시골 마을에서 도시로 직장을 찾으러 온 농민들을 관리하려고 노력했다. 도시의 저렴한 보건과 교육 제도는 도시에 호적이 있는 사람들에게만 제공, 이주에 제동을 건다. 도시에서 일자리를 찾으려는 젊은이들은 딱히 규제받지 않지만 그들은 보통 아이들과 나이 든 친척들을 그곳에 남기고 간다. 이것이 가져올 장기적인 영향에 대해서는 아직 아무도 모른다.

이주민들은 그들의 고향으로 돈과 경험만을 가지고 돌아가진 않는다. 줄 양 끝에 자리한 그들의 지식을 사용하여 그들은 현지국의 회사들이 본국에서 프로젝트를 진행할 수 있도록 돕기도 하고, 그 반대를 돕기도 한다. 이들에게 언어와 문화에 대한 이해도는 그리 큰 문제가 아니기 때문이다. 이것이 그들이 그들의 본국에 지니는 정치적, 경제적, 문화적 가치이며, 몇몇 정부들은 아예 디아스포라만을 위한 장관을 임명할 정도로 이들이 연락이 끊기지 않도록 신경 쓴다. 예를 들어 아일랜드는 아일랜드 조상을 둔 모두를 아일랜드인으로 계산하며, 이스라엘은 모든 유대인을 이스라엘 사람으로 생각한다. 어떤 사람들은 특정 분야에서 특히 영향력을 발휘하고 있다. 예를 들어 많은 레바논 사람들은 전 세계적으로 고등교육을 받고 높은 급여를 받지만, 특히 고등교육을 받은 사람이 많지 않은 중동 지역에서 큰 영향력을 발휘하고 있다. 미래를 들여다본다면 걸프의 교육 제도가 발전하고 지역민들이 기술을 필요로 하는 직업을 가질 수 있게 되며 이 기회들은 점점 줄어들 것이고, 레바논인들은 다음 행선지를 고민하게 될 것이다. 레바논이 250만 명이 넘는 난민들을 받아들이고 있는, 구직하는 사람들에게 그리 좋은 상황이 아닌 미래에 외국의 레바논인들이 고국으로 돌아가고 싶어 할 것 같진 않다.

이민과 유동성을 통해 세계가 가상에서도 현실에서도 더 작아지면서 사람들은 점점 더 다층적인 정체성을 통해서 자신을 표현하게 될 것이다. 혼합된 문화가 새로운 평균이 될 수도 있다.

결론: 기업과 사회

기업은 미래에 대해 낙관적이어야 할까 비관적이어야 할까? 일단 재판장이 존재하지 않는다는 걸 지적하는 게 옳을지도 모른다. 분명 오래 지속되고 폭넓은 성장을 이루기 위해서 많은 사람은 사회가 더 거대한 안건에 동의하며 성공에 대한 정의를 폭넓게 내리고 단기적, 장기적 이득에 대한 균형을 잡아야 한다고 생각한다. 누가 이를 이끌고 어떻게 이끌지 등 아직 확실히 정해진 것이 없기도 하지만, 상업적 조직들이 더 넓은 사회에 수혜를 가져다 줄 잠재력이 있다는 데엔 전체적인 합의가 이루어지고 있다. 이를 위해서는 어려운 결정들이 내려져야 하며 이들 중 몇몇은 현재 적용되고 있는 사회 시스템에 거대한 변화를 불러올지도 모른다. 권력의 분산은 협동의 어려움이라는 역설적인 결과를 가져왔다. 세계는 더 가까워지면서도 더 멀어지고 있다.

같은 상황에서 정부, 기업과 시민사회의 경계선은 자원 부족과 사회적 압력 등 주요 안건에 대한 강력한 협력이 필요하다는 인식 하에 흐려지고 있다. 이는 신뢰의 부족으로 인해 전통적인 리더십을 지닌 조직과 기업들에선 배척당하고 있으며, 관리가 제대로 되지 않는 한 긍정적인 변화를 막을지도 모른다. 많은 사람, 특히 젊은이들은 오늘날의 정치적, 상업적 지도자들에 대해 환멸을 느끼고 있으며 신뢰할 만한 새로운 네트워크를 찾아 미래에 긍정적인 방향으로 나아갈 방법을 찾고 있다.

전 세계적으로 더 적절한 기업 관리에 대한 다양한 접근법과 협조적인 태도가 제안되고, 토론되며 그 방향으로 이끌어지고 있기도 하다. 이들 중 주시할 만한 것은 기업들이 주주 가치를 극대화하는 것에 대한 법적 의무를 명확히 하는 작업이며, B-Corp의 원칙을 도입하여 순수익보다는 주주들에게 초점을 맞추는 행위다. 이 뒤에는 공공의 목적을 위한 거대 합작의 개념이 급진적인 다음 단계로 나아갈 수 있는 기회를 제공하고 있다. 어떤 사람들은 기업, 정부와 더 넓은 사회가 그들의 자원을 모으고 가능한 자본금을 더 잘 사용하고 지식 공유에 제한을 두는 것보다는 지식을 공공재로 만드는 데 주력하여 더 긍정적인 변화를 이끌어야 한다고 생각한다. 어떤 조직들은 이러한 변화를 만들 것이지만, 상업 전체가 이에 반응할 것인지는 또 다른 문제다. 어쨌든 많은 사람은 현 상태에 만족하며, 이로부터 이득을 얻고 있기 때문이다.

Chapter 8

미래의 공통 인식에 대한 리뷰

여러 가지 논의를 통해 얻은 통찰력은 미래에 대해 제기되어 온 몇 가지 우려와 가끔 잘못된 인식에 대한 반응을 도출하는 데 도움이 되었다.

· 미래에 대한 우려에 답하다
· 미래를 위한 기회를 구축하다

FUTURE AGENDA

미래의 공통 인식에 대한 리뷰

이 책의 서두에서 소개한 12가지 공통 관점으로 돌아가 보자. 이 책에서 알게 된 지식을 통해 더욱 확실한 정보에 근거한 관점을 갖게 되었는가? 퓨처 아젠다 워크숍에서 얻은 다양한 생각이나 의견에 대해 자세히 고찰한 후, 우리는 세계 각국의 폭넓은 관점을 얻을 수 있었으며, 모든 것에 대해서는 아니지만 일부 공통 관점에 대답할 수 있었다. 향후 10년을 향해 어떤 것들은 분명하고, 어떤 것들은 불확실하다.

미래의 우려에 대한 해답

1. 세계 인구가 너무 많다

인구 증가 속도가 둔화하고 있음에도 불구하고, 전 세계 인구는 이번 세기에 분명히 90억에서 110억 명 사이로 증가할 것으로 예상된다. 2100년 정확한 세계 인구에 대해서는 의견이 분분하다. 자연적 균형을 재조정하기 위해 대규모 마이그레이션이 수행된다고 가정할 경우, 아기들이 태어날 곳의 분포는 도시화와 북쪽에 대한 일반적인 움직임 둘 다를 분명히 보게 될 것이다.

인구 증가 속도가 점차 완만해질 것이라고 하지만, 세계 인구는 분명히 금세기 중에 90억~100억 명으로 증가할 것으로 예상된다. 2100년의 구체적인 인구수에 대해서는 의견이 분분하다. 대규모 이동이 일어나 출생률에 따른 자연 분포의 불균형을 조정할 것으로 전제하면, 도시화는 한층 더 진행되고 북반구로 이주하는 경향이 계속될 것이다.

제6장의 '음식물 쓰레기'에서 설명했듯이, 날마다 음식물의 30~40%가 버려지고 있다. 하지만 이 책에서 기술한 해결 방법을 실행하면 지금의 시스템을 개선할 수 있고, 경작지를 늘리지 않고도 세계 모든 사람에게 충분한 식량을 공급할 수 있을 것이다. 많은 사람은 기술 개발과 농업 관행을 개선하면 식량 생산을 두 배로 늘릴 필요가 없을 것이라고 생각한다. 하지만 가장 중요한 것은 우리가 특히 육식을 멀리하고 식생활의 변화에 익숙해져야 한다는 것이다. 오늘날 전 세계에 약 10억 마리의 소가 사육되고 있는데, 그중 1/3은 인도에 있다. 소 한 마리의 사육에 평균 8,000㎡의 땅이 필요하다면 세계 모든 가축을 사육하는 데 필요한 땅의 넓이는 약 800만㎢에 달한다. 이 넓이는 미국의 전체 면적의 4/5를 초과하는 수치이다. 인구 증가에는 대처할 수 있겠지만, 지금보다 더 많은 소를 기르는 것은 많은 나라에 있어서 문제가 될 것이다. 도시화는 많은 국가에서 겪고 있는 중대한 변화이다. 이들은 모두 세기 중반 70%의 사람들이 도시에 살고 있을 것으로 예측되고, 이들을 모두 효율적으로 수용할 수 있는 유연한 장소들을 더 많이 디자인하고 건축하는

것은 총괄 기획자들의 몫이 될 것이다. 인프라가 도시의 요구에 부응할 수 있을 만한 수준이 되려면 추가적으로 20~40억 달러가량이 필요할 것이다. 국부적으로 몇몇 국가에서는 무조건 변화가 생길 것이고, 그렇기 때문에 이민이 이를 조절하는 주요 수단이 될 것이다. 우리는 더 많은 사람을 수용하기 위해서 생활 수준이 바뀔 것이라는 것, 그리고 사람들이 서로 보다 가까운 거리에서 생활한다는 것은 다른 문화에 적응하고 받아들여야 한다는 뜻이라는 것을 알아야 한다.

2. 자원이 고갈된다

만약 음식과 토지 사용에 대해 현명한 결정을 할 수 있다면, 다른 자원들에 대해서도 올바른 판단을 할 수 있을 것이다. 에너지는 항상 최우선 과제로서 가능한 한 빨리 화석연료의 의존에서 벗어나야 한다. 최종적으로는 전력의 대부분을 태양광 에너지에서 얻게 되겠지만, 향후 50년간은 원자력, 풍력, 가스 등 다른 에너지가 함께 사용될 것이다. 다음 10년 동안 몇몇 국가는 에너지 부족에 직면할 것이다. 석유와 석탄에 대한 의존도를 줄이면서 대안을 마련하는 것은 많은 국가가 안고 있는 과제이며, 이를 원만하게 전환하는 것은 쉬운 일이 아니다. 더 많은 사람에게 신선한 물을 공급하는 것은 물의 총량이 정해져 있는 상황에서 기술적인 문제가 크다. 그렇기 때문에 담수화, 중수도 재활용과 관개에 발전을 기대하고 있다. 주요 자원 중 빠른 고갈의 위험이 있는 것들, 예를 들어 안티몬이나 이리듐은 향후 10년 안에 풀어야 할 가장 시급한 문제로 보이는데, 배터리나 태양열 전지에 대한 대체재 모색이 가장 시급한 해결책 중 하나이다. 장기적으로 보았을 때 현재의 소비율로 보아 은과 아연은 17년, 구리는 약 30년 그리고 티타늄은 45년 후에 고갈될 것이다. 그리고 음식 또한 2030년에 인의 소비가 정점을 찍을 것으로 예상되는 가운데 음식 문제가 대두될 것이다. 이후에는 아직 발명되지 않은 대안들이 필요하게 될 것이다.

3. 환경 오염 통제가 불가능하다

대부분 지역에서 지구 온난화에 대한 부정론자들이 소수인 현재, 화석연료 시용에 대한 변화를 낙관적으로 바라보는 사람들이 많아지고 있다. 이산화탄소 회수 기술이 에너지 믹스 실용 단계에 들어간 지금, 적당한 에너지원을 조합하는 전원 구성에 큰 주목을 받고 있다. 하지만 이미 중대한 영향이 나타나고 있는 대기 오염에 대해서는 실효성이 높은 조치를 시급하게 강구할 필요가 있다. 대기 오염은 가장 눈에 잘 띄는 문제이며, 매일같이 많은 사람이 목숨을 잃어가고 있어, 이미 통제 불가능한 문제가 되었다고 보는 사람도 많다. 문제 해결을 위해서는 복잡한 협력 체제가 필요하지만, 열쇠를 쥐고 있는 사람들이 공통의 목적을 위해 힘을 모은다면 불가능하지는 않을 것이다. 해양 오염은 그다지 눈에 띄지 않은 이슈이지만, 2050년까지 물고기보다 플라스틱이 많을 것이라는 사실은 해양 오염이 돌이킬 수 없는 수준이 되기 전에 근본적인 태도 변화가 필요하다는 것을 예를 들어, 이 문제는 UN이 주도권을 쥐고 있지만, 특히 중국이 문제 해결을 위해 나서기를 기대하는 목소리도 많다. 공기와 수질 다음에는 토질 오염이 있다. 해충제와 제초제로 인한 토양 오염은 20세기 전반에 걸쳐 뚜렷하게 증가하였다. 토양 오염원은 확실히 생태계에 나쁜 영향을 미치고 있다. 몇몇 국가에서는 토양 오염에 대한 걱정이 아주 빠르게 증가하고 있다. 그래서 향후 10년간 오염을 완전히 근절하지는 못하더라도 더 잘 제어할 수 있도록 방법을 마련해야 한다. 여기서 알려지지 않은 변수는 2도, 3도, 4도씩 증가가 어떤 영향을 미칠 것인가이다. 이것에 대한 예측은 아주 공포스럽다.

4. 이주민에 대한 부정적 인식이 확산된다

앞서 설명했듯이, 이주는 지금도 그렇고 미래에도 세계 인구의 자연 배분을 조절하는 데 있어 필수적인 요소가 될 것이다. 국가 내부적으로 여기서 더 도시로 사람들이 이동할 것으로 보이고, 이는 몇 번의 시도를 수반할 것이다. 하지만 가장 큰 문제가 되는 것은 국경을 넘어가는 이주이다. 현재 반이민 정서가 미국과 유럽뿐만 아니라 아마 2015년 1,100만 해외 이주자들을 받아들인 러시아에서도 생겨나고 있다.[236]

경제적으로 이민이 낮은 출산율의 국가들에 이득이 된다는 것에 대한 논쟁이 있다. 하지만 몇몇 국가에서는 극단주의적 정치자들과 우익 미디어가 이를 호도하고 있으며, 여론은 확실히 이민자 수용 반대쪽으로 몰리고 있다. 아이러니한 것은 이민 관련해서 가장 큰 목소리로 반대하고 있는 국가들은 싱가포르, 아랍에미레이트, 카타르, 쿠웨이트 등에 많은 이주자를 보내는 국가들이다. 무엇보다 이주자의 대부분은 백인과 해외 주재원이다. 여기서 중요한 질문은 다른 국가들이 캐나다의 선례를 수용하여 열려 있고 투명한 절차를 제공하게 될 것인가 하는 것이다.[237,238] 캐나다는 세계에서 총 이민자 수용 비율이 가장 높은 국가이며, 이는 향후 캐나다의 정책과 인구 변동 상태에 동일하게 적용될 것으로 보인다. 이것 또한 이민자들이 경제 정책에 점점 더 가깝게 섞여 들어감에 따라 인적 자본을 강조하는 것이다. 인구가 더 많은 국가에서는 이상적인 모델을 찾기 힘들다. 독일이 그 역할을 과거 얼마 동안은 했었지만, 현재 마주하고 있는 문제들은 미래에 대한 엄청난 의문을 던진다.

5. 일자리가 부족하다

많은 사람에게는 자동화가 영향을 미칠 것이라는 것은 자명하다. 구글의 딥마인드가 바둑 세계 챔피언을 이긴 것에서 확인할 수 있듯이, 인공지능의 발전에 따라 사람의 일자리를 대체할 가능성이 높아지고 있다. 가치가 높고 정보를 많이 가지고 있으면서 반복적인 작업을 하는 직업들약사, 회계사, 변호사 등이 대체될 것으로 보이나, 위험한 직업광산, 해저, 극한의 온도에 노출된 직업들도 기계로 대체될 가능성이 높다. 몇몇 사람들이 소위 일상적인, 창고나 수퍼마켓의 저임금 직업들 또한 취약한 일자리일 것이라고 우려하는 반면에, 많은 일자리가 아직은 자동화의 위험을 목전에 두고 있지는 않을 것으로 보인다. 투자 대비 효율은 아직까지, 적어도 인간이 기계보다는 나아보일 때까지는 미비하다. 더 큰 문제는 고령화가 은퇴의 시기를 늦춤에 따라서 젊은이들이 할 수 있는 일자리가 줄어들 것이라는 것이다. 2007~2008년 스페인과 그리스의 경제위기 결과에서 목격된 것들이 어느 곳에서도 일어날 수 있다. 청년 실업률이 50%가 넘어가는 국가가 증가하는 것은 제도적 문제를 초래할 수 있다. 특히 이민자들에게 저임금 일자리가 늘어나는 현상이 더해지면서 안정된 고용률이 정부로서 과제가 될 것이다.

하지만 우리는 과거에도 이러한 걱정을 한 적이 있다. 몇몇 국가에서 제조업이 줄어들면서 서비스 분야의 일자리가 늘어나 간극을 줄였다. 창조 경제 사회에서 새로운 직업들이 늘어나고, 전 세계적으로 보건에 대한 수요가 급증하고 디지털 경제가 꾸준히 성장함에 따라 몇 전문가들은 전체 일자리 수는 변화가 없을 수도 있다고 예측한다. 하지만 기저에 깔린 걱정은 경쟁과 기술에 영향이 있기 때문에 다수의 사람들이 낮은 임금을 받게 될 것이라는 것이다.

미래를 위한 기회 구축

6. 여성 교육 향상이 많은 문제를 해결한다

많은 사람이 뜨거운 어조로 양질의 좋은 교육 기회를 여성에게 제공하면 다양한 분야에서 긍정적인 효과가 연쇄적으로 나타날 것이라고 말하고 있다. 유엔의 여성 교육 이니셔티브와 양성 평등을 이룩하고 모든 여성과 여아의 능력을 발휘할 수 있도록 하는 지속 가능한 개발 목표가 톱다운 방식으로 추진되고 있다. 또한, 이 목표에 적극적으로 초점을 맞춘 기업의 사회적 책임CSR 활동도 지속될 것으로 보인다.

세계은행은 여성 교육을 전략적인 개발 투자로 보고 있다. 여성 교육이 교육을 받은 여성뿐만 아니라 그 자녀들과 지역사회, 나아가 사회 전체에 광범위한 경제적 이득을 가져다 주기 때문이다. "교육 수준이 높은 여성일수록 더 건강하고 정규직에 취직할 가능성이 많으며, 수입이 높고 아이가 적으면 더 나은 보건 환경과 교육을 자손에게 제공할 수 있다. 이것은 결국 모든 개인의 복지를 증진시키고 가정을 빈곤에서 벗어날 수 있게 한다. 이러한 이점은 세대를 넘어 전이되며, 결국 지역사회에도 전이된다." 이러한 연결고리는 분명하고 눈에 띄며, 안타깝게도 다는 아니지만 대부분 국가에서 이 연결고리를 설득력 있는 우선순위로 두고 있다.

7. 기술이 중대한 문제를 해결한다

우리가 직면하고 있는 많은 문제가 정책, 태도와 계획 변경에 달린 가운데 기술이 할 일이 크다. 디지털화의 증가는 일부 산업에서 변화를 선도하고 있다. 또한, 몇몇 분야를 살펴보자면 보건, 에너지, 교통과 식품 생산 등의 영역에서 우리가 현재 직면하고 있는 몇 가지 중대한 문제들, 예를 들어 유전자 편집, 새로운 리튬이온 배터리, 자율주행 자동차, 가뭄에 강한 작물 등을 해결할 수 있는 몇몇 중대한 발전을 목전에 두고 있다.

하지만 기술이 우리가 직면해 있는 근본적인 문제를 목전에 두고 무엇을 할 수 있는지에 대한 의문이 제기되고 있다. 지구 온난화와 비만의 경우 당장 가능한 해결책이 없고, 가까운 시일 내에 해결책이 제시될 것으로도 보이지 않는다. 어떤 사람들이 이러한 중요한 문제에 대해서 신기술이 우리를 구원해줄 것이라는 믿음을 가지고 행동하는 것을 주저하고 있는 반면, 더 많은 사람이 다른 수단을 강구하여야 한다는 것을 깨닫고 있다. 지구 온난화에 대한 협약이 더욱 널리 퍼지고 파리 협약과 같은 협약이 강제성을 띄게 되면서 정부 정책에 실질적으로 도움이 될 변화가 생기게 될 것이다. 언젠가 우리는 또한 생물의 다양성에 대한 비슷한 깨달음을 얻고 행동 면에서 변화를 겪게 될 것이다. 일부에서는 비만에 설탕세, 개인 건강관리 예산 부과, 초고도 비만의 보험 탈퇴 등과 같은 제도가 도입될 것이라고 주장할 것이다.

8. 태양광 에너지가 해답이다.

위에 서술했던 태양열은 에너지 분야 종사자의 목표일 뿐만 아니라 전 세계적으로 최선의 해답일 것이다. 우리가 상상한 미래 에너지가 매일매일 태양에서 얻을 수 있는 것들임에 비춰보았을 때 태양 에너지 분야 투자가 많은 정부의 계획표에 머물러 있다는 사실은 놀랍다. 하지만 경제는 불투명하다. 보조금을 거부하거나 다운그레이드하고 기득권층은 다른 의제를 밀고 나가는 상황에서, 앞서 에너지 분야의 정치인과 기술자, 그리고 주도자들에 대해 이야기를 나눴듯 대부분은 태양광이 해답일 것이라고 언급했다. 누군가는 믿을 만하다는 사실보다 더 빠르게 그 대가를 치루게 될 것이라고 예측하지만, 전환으로까지 가는 여정과 속도는 와트당 비용과 규모 개선에 따른 문제이다.

물론 태양광 에너지의 양에 대해서는 지역에 따라 차이가 있다. 태양광 에너지의 혜택을 받기 쉬운 지역과 그렇지 않은 지역이 있다. 하지만 에너지 저장과 장거리 전력 전송에 대한 획기적인 기술이 여러 연구소에서 계속 개발되고 있어, 21세기 말까지 에너지 믹스에서 담당할 수 있는 태양광 발전의 역할이 커지고 있다. 현재 중국의 '생태 문명'이 탄력을 받고 있고 태양광 에너지 분야의 연구에 대규모 투자가 이루어지고 있는데, 태양광 발전의 효율성을 높이는 것이 시급한 우선 과제이다.

다음으로, 긴급한 이슈는 아니지만 좀 더 근본적인 문제에 대해 살펴보자.

9. 정년에 대해 재고할 필요가 있다

기대수명이 증가하면서 많은 국가가 계속 그 수치가 증가하는 고령화 사회를 바라보고 있다. 걱정스럽게도 몇몇 국가는 벌써 50% 이상의 의존도를 보이고 있다. 정부가 현재 마주하고 있는 정부 보조 연금 관련 과제는 일과 은퇴의 균형이다. 특히 거의 대부분의 연금 시스템이 평균 은퇴 후 10년 보조로 계획되어 있는 상황에서 40년을 일해서 은퇴 후 30년을 지탱할 수 없다는 것이 큰 문제점이다. 우리는 연금의 총액을 추렴하는 것보다 더 빨리 나이들고 있고, 만약 다음 세대에 더 큰 세금 부담을 지우지 않으려 지금이 행동을 취할 때이다. 유럽에서 현재 70세를 은퇴 시기로 하는 것이 공개적으로 논의되고 있는 상황에서, 보험 많은 계리사는 21세기 중반쯤 되면 75세 정도가 적정할 것이라고 말한다.

풀타임에서 파트타임으로, 그리고 은퇴로 전환하는 것에 대한 인식이 변하고 있다. 스탠퍼드대학 장수 연구소의 라라 카스터슨, 켄 스미스, 도미니카 자워스키 교수는 다음과 같이 말한다. “부족한 노후대비 자산을 가진 사람에게 가장 확실한 해결책은 오래 일하는 것이다. 하지만 한 가지 있을 수 있는 장애 요인은 고용자들이 노령 노동자들에 대해 양면적인 태도를 가지고 있다는 것이다. 현재 대부분 고용자들은 고령 노동자를 젊은 노동자들에 비해 비싸고 가끔 덜 생산적인 존재로 보고 있다. 연구결과들은 덜 생산적이라는 생각이 증거에 기반한 것이라기보다는 고정관념을 반영한 것이라는 것을 보여 준다. 노동자의 생산성은 나이가 들수록 증가하는 경향이 있다. 이것은 지식노동자들의 경우 더 들어맞는데, 시간 단축 근무 등의 유연한 근무 시간 조정, 파트타임 제도 등을 도입하면 고령 노동자의 전문성을 활용하면서 비용을 절감할 수 있게 할 것이다.”

10. 의료비 지출은 계속 증가한다

미국의 선례를 따라서, 다양한 국가들에서 건강관리 비용은 올라가게 될 것이다. 미국의 의료 비용은 향후 10년간 GDP의 20%에 미칠 것이고, 다른 서구권 국가들에서도 10% 정도 오를 것인데, 이를 제지하는 방법에 대해서는 논란이 많다.

아직 서구권과 같이 10%의 수치에 미칠 것 같지는 않지만, 기본적 보건을 증진시키는 데 목표를 둔 아시아와 아프리카의 많은 국가에서도 마찬가지로 의료비 지출은 증가하고 있다. 만성 질환, 공공 보건과 고령화 사회는 모두 영향을 받고 있다.

서구 사회에서 보건의료 비용을 실제로 줄이고 있는 국가가 단 한 군데 있다. 그것은 영국인데, 국민의료보험이 더 많은 사람에게 적은 보건의료를 제공하는 것으로 칭찬을 받으면서도 동시에 그렇게 하도록 압력을 받고 있다. 향후 5년간의 예산이 80억 파운드로 증가되었음에도 불구하고 인구 증가와 인플레이션으로 인해 동일한 수준의 보건의료를 2020년까지 제공하는 데에 300억 파운드가 추가적으로 들 것으로 예상된다. 이와 같이 영국은 현재 보건의료 예산을 줄이고자 하는 유일한 국가이며, 이 경우 220억 파운드를 목표로 한다. 이것이 어느 정도 성공적일 것인지는 아직 지켜봐야 할 문제이다. 많은 사람이 복지 수준을 낮추지 않고 목표 수준을 충족할 수 있을지에 회의적이다.

하지만 다른 곳들에서는 세계적 해결책을 선도할 만한 혁신적인 접근법들이 개발되고 있다. 특히 앞에서 언급했듯이, 인도에서는 아라빈드 병원백내장 수술, 나라야나 병원심장 수술 같은 곳들이 모든 시스템을 재설계하고 있다. 이 병원들은 서양에 있는 최고의 병원에서 가능한 수술보다 더 낫게는 아니더라도 비슷한 수준의 고급 지원을 제공하고 있고, 그 유명한 클리블랜드 클리닉과 같은 시설에서 드는 비용 대비 최소 2%의 가격으로 제공하고 있다. 이와 같은 사례들은 소위 검소한 혁신들이 보건의료에 도입됨에 더불어 외과 수술의 해답이 될 수 있다. 이러한 해답은 유럽이나 미국이 아니라 다른 곳에서 나올 가능성이 많다. 서구 사회에서 나온 더 나은 예방의료와 더불어 전염병 예보와 유전자 기반 예측을 포함하여 많은 곳들이 인당 보건의료 비용의 증가를 막으려고 한다. 현실은 조만간 보건의료 비용의 증가는 멈추어야 한다. 문제는 그렇게 할 수 있을 것인가, 그리고 언제 가능할 것인가이다.

11. 아시아의 시대가 도래한다

중국의 최근 몇 년간의 경제적 성공은 분명하다. 하지만 최근의 성장률을 유지할 수 있을 것인가 하는 것은 난관을 겪고 있다. 중국의 동력에서 바퀴가 떨어져 나오고 있는 것인가, 아니면 그저 잠깐 속도를 줄이는 것에 불과한가?하지만 여전히 서구의 성장률의 두 배 정도를 기록하고 있다. 이것은 파이낸셜 타임즈, 월스트리트 저널 등에서 주기적으로 다뤄지는 질문이다. 인도가 현재 연 7%의 GDP 성장률을 기록하고 있는 가운데, 많은 이들이 다른 아시아 경제로부터 모이는 가속도에 대해서 자각을 가지고 있다. 세계 경제 대국의 중심이 동쪽으로 모이고 있는 것은 자명한 사실이다. 하지만 아시아의 시대라고 했을 때, 이는 단지 경제만을 이야기하는 것이 아니다.

그 외에도 고려해야 할 것은 군사적 영향력, 문화적 영향력이며, 그리고 중요한것은 현재 미국 달러화의 기축통화 지위일 것이다. 적은 수의 사람들은 미국의 군사 우월성이 곧 끝날 것이라고 생각하지만, 세계 무대에서 미국이 내려갈 가능성은 우리가 꾸준히 이야기해 왔던 주제이다. 중동 석유에 대한 의존도가 없어지고 다른 국가들에 비해서 수출 노출도가 적은 편이기 때문에 미국이 대서양과 태평양의 완충지에 집중할 것이고 다른 지역은 다른 국가에 맡길 것이라는 예측이 세계 곳곳에서 나오고 있다. 이는 다른 곳에서 부여한 선택이 아닌 미국의 선택이 될 것이지만, 이것은 인도보다는 중국이 메우고 싶어 할 군사 공백을 형성할 가능성이 있다.

문화적으로 인도는 발리우드, 음식과 실향민을 통해 세계적으로 큰 영향력을 이미 떨치고 있고, 중국도 그렇게 뒤처지지는 않았을 것이다. 하지만 20세기 서구, 특히 미국 사회의 문화적 영향력의 지배력을 빼앗을 능력이 될지에 대해서는 의문이 제기된다. 마지막으로 IMF와 함께 진행되고 있는 집중 행동이 있더라도 인민폐가 달러를 대체하여 세계의 기축통화가 되는 것은 이후 10~20년 내에는 불가능하며, 30~40년은 지나야 가능할 것으로 보인다. 22세기에는 아시아의 세기가 될 수 있지 않을까? 이는 21세기가 굴곡이 많은 전환의 시기임을 이야기한다.

12. GDP 성장이 사회 발전을 평가하는 최적의 기준인가?

다른 문제들보다 근본적인 변화에 더 중요한 것은 우리가 어떻게 성공의 척도를 정하고 판단할 것인가이다. GDP 성장률은 국가들에 모두 공통으로 적용되는 척도이지만, 경제학자들에게마저도 이것이 최선의 선택이 아닐 수도 있다. 파이낸셜타임스의 사뮤엘 브리튼Samuel Brittan 경은 다이앤 코일Diane Coyle의 2014년 저서《GDP 사용 설명서》에 대한 평론에서 "다른 모든 조건이 같았을 때, 1인당 GDP가 높은 것이 낮은 것보다는 낫다. GDP는 화폐 가치 하락을 고려하지 않은 국가 총수입을 의미하는데, 화폐 가치 하락은 국가 규모로는 판단하기 힘든 것으로 알려져 있다. 만약 국민소득의 개념으로 접근한다면 이해에 도움이 될 것이다."라고 적고 있다.[239] 많은 사람이 이에 동의하지만 일부 사람들은 1970년 처음으로 국내총 행복량을 측정하는 것이 더 나을 것이고 '지속 가능한 개발이 발전의 개념을 정하는 데에 거시적 접근법으로 다가가야 하며, 복지의 비경제적 부분도 동일하게 중요도를 둬야 한다고 주장했던 부탄의 제4대 국왕 지그메 싱예 왕추크Jigme Singye Wangchuck의 의견에 끌리고 있다.[240] 세계 행복지수[241]와 같은 후속 연구들도 이를 뒷받침할 것들을 찾았다. 덴마크, 스위스, 아이슬란드, 노르웨이와 핀란드가 2016년 1~5위를 차지했는데, 이들은 유엔개발계획 인간개발지수에서 좋은 성적을 거두고 있는 국가들이다.[242] 이들은 또한 1인당 구매력 평가 기준 국내 총생산량의 상위 25개국에 들어 있기도 하다. 스위스와 노르웨이는 10위 안에 있지만, 5위 안에 들어 있는 국가는 없다. 만약 우리 모두가 동의할 수 있다면, GDP에서 벗어난 시각이 국가의 발전 척도를 보는 우선적인 방법으로 지정되는 것이 더 나을 수도 있다.

기업으로 눈을 돌리면, 최근 이코노미스트는 주주 가치를 모든 기관에서 우선 척도로 받아들이는 것에 찬성했다. 기업 가치는 금융공학이 아니라 장기적 경영 성적에 달렸다. 자본 구조를 조작하여 기업의 가치를 크게 올릴 수 없기 때문이다.[243] 비록 사회적 그리고 금융 분야에 미치는 영향이 지멘스와 유니레버의 사례처럼 서로서로 옆에서 같이 논의되고 있음에도 이코노미스트지는 주주 가치를 달성하는 것을 대체할 수 있는 목표를 설정하는 것에 문제가 있다고 보았다. "기업이 고용을 증진해야 한다면 생산성이 떨어지고 위험성이 높은 채무자가 될 것이다. 현재 이런 현상을 중국이 체험하고 있다. 부의 최대화라는 목표는 세계 저축 제도와 깊이 연관되어 있는데, 자산 관리자인 기업은 주주가 맡긴 돈을 보호해야 하기 때문이다." 이에 대해 분명히 반대 의견을 제기하는 사람도 많다. 사회가 성공을 평가하는 방법에 대해 좀 더 포괄적인 사고방식이 우세해짐에 따라 변화의 조짐을 읽는 사람도 있다. 문제는 다음 두 가지일 것이다. 즉 이러한 변화가 얼마나 빨리 올 것인가? 또한, 은행이 지지하는 현재의 사고방식이 앞으로, 적어도 당분간은 우세할 것인가? 자본을 다각적으로 파악해 기업의 실적을 평가하는 방법이 조만간 주류가 될 것으로 기대하는 사람이 많다.

Chapter 9

미래를 통찰하는 핵심 주제

- 신뢰(Trust)
- 프라이버시(Privacy)
- 불평등(Inequality)
- 투명성(Transparency)
- 정체성(Identity)

미래를 통찰하는 핵심 주제

FUTURE AGENDA

2010년에 개최한 제1회 미래 아젠다 프로그램에서 미래를 통찰하는 약 50개의 정보를 도출하여 건강, 부, 행복, 이동성, 안전, 지역성 등 6개 그룹으로 분류했다. 이것들을 종합하여 분석하면, 미래에 일어날 중요한 변화의 기반으로서 미래 변화의 속도를 높이가나 늦출 것으로 보이는 두 가지 이슈가 있었다. 우리는 두 가지 이슈, 즉 신뢰와 프라이버시를 미래의 조정 요인이라고 불렀다.

5년 전, 신뢰에 대한 우리의 이해

"신뢰는 타인의 공정성과 솔직함에 대한 우리의 믿음을 반영한다. 이는 개인과 조직이 협력하는데 영향을 미칠 뿐만 아니라 정부, 조직과 사회 간의 계약에 결정적인 역할을 한다. 누구를 어떻게 신뢰해야 할지는 중요하다. 이 신뢰가 깨지거나 구축되지 않았을 때 보통은 부정적인 결과가 나오기 때문이다. 종종 이 결과는 가히 재앙적이며, 극단적이고 급진적인 이데올로기가 성장하는데 비료를 제공하게 되기도 한다. 몇몇 사람들은 2008년의 경제위기, 기후 변화에 대한 두려움, 지정학적 불명확성과 교회, 나라, 기업에 만연한 부패가 자본주의 시스템 자체에 대한 불신을 가져왔다고 이야기한다. 지난 10년간 기존 신념에 대한 신뢰에 금이 갔고, 많은 사람은 이미 신뢰할 만한 다른 조직과 새롭게 참고할 대상을 찾고 있다. 이는 세계를 불확실한 장소로 만든다."

프라이버시에 대한 우리의 견해

"대중의 삶에 있어 거의 모든 분야에 대해 분석의 복잡성과 데이터의 보급이 성장하며 스마트 시티의 더 나은 의료 서비스 보급 등 사회적인 수혜가 늘어났다. 그러나 몇몇의 눈에는 이것이 프라이버시의 희생으로 이루어진 결과로 보일 수도 있다. 대중은 그들이 생산해 내는 데이터의 가치에 대해 더 잘 알게 되며 데이터의 취약성을 알게 되었고, 공공의 이익을 위한 데이터 공유와 프라이버시에 대한 권리 사이의 균형을 잡아야 할 필요성을 깨닫게 되었다. 개인정보에 누구, 혹은 무엇이 접근할 수 있는지 통제하고 싶어 하는 욕구는 갈수록 중요해질 것이며, 우리가 프라이버시 정보를 관리하는 방법도 변화할 것이다. 문화적 태도가 이에 중요한 역할을 할 것이기 때문에 나라마다 이 문제에 대한 접근법은 달라질 것이다. 그러나 온라인 세계에서 자라난 미래의 세대는 대중과 프라이버시 간의 협의에 대해 큰 어려움을 느끼지 못할 것이다."

이 책의 핵심 장에서 살펴본 바와 같이 이 두 가지 이슈는 다양한 분야에 상당한 영향력을 미치고 있으며, 그 결과 어떤 방식으로든 지난 몇 년간 우리가 세계를 보는 관점을 바꾸었다

1. 신뢰(Trust)

2010년부터 신뢰 수준뿐만 아니라 본질에 대해서도 확연한 변화가 있었다. 세계적인 신뢰성 평가 기준으로 인정받고 있는 에델만 신뢰도 지표조사Edelman Trust Barometer의 2015년 조사에 의하면 거의 모든 조직에 대한 신뢰도가 하락한 것으로 나타났다. 아프리카의 에볼라 유행, 말레이시아 항공기 실종, 중국 고위 관리의 부패 혐의 체포, 6개 글로벌 은행의 환율 조작, 데이터 위반 사건의 증가 등 그 누구도 예상할 수 없고 상상할 수 없는 많은 문제[245]에 대해 아무도 답을 모르고 있는 것처럼 보인다. 2016년 에델만 신뢰도 지표조사에 의하면, 엘리트층과 일반 대중 간의 신뢰 격차가 벌어지고 있는 것으로 나타났다.[246] 엘리트와 지식인 집단, 미디어 관련 인구, 소득 상위 25% 인구 집단에 대한 신뢰도는 상승했지만, 일반 대중의 신뢰도는 2008년 세계 금융위기 이래 여전히 낮은 상태에 있다. 원리주의의 부상, AI가 미칠 영향에 대한 두려움, 기업과 개인의 탈세 증가 등 신뢰도 하락이 앞으로도 지속될 것은 분명해 보인다.

2. 프라이버시(Privacy)

개인정보 보호 최고책임자CPO를 두는 기업이 크게 증가했다. 2015년부터 워크숍에 참가하고 있는 국제프라이버시전문가협회International Association of Privacy Professional는 이제 수천 명의 회원을 보유한 전문 조직이 되었다. 에드워드 스노든Edward Snowden이 폭로한 미국 국가안보국의 활동은 많은 일반 시민이 정부의 도청과 감시에 대한 관점을 달리하는 계기가 되었다. 우리는 소니Sony, 홈디포Home Depot, 이베이eBay, 제이피모건JP Morgan 등의 조직에서 자행한 데이터 침해 사건을 목격했으며, 이로 인해 기존에 가지고 있던 데이터 보안에 대한 막연한 생각을 바꿔야 할 필요성을 불러일으켰다. 어쩌면 2016년 애플-FBI 조사에서 애플사가 코드 제공을 거부한 것이 기폭제가 됐을지도 모른다. 엔드투엔드 암호화를 도입한 왓츠앱WhatsApp과 페이스북Facebook의 일부 기능 또한 잠재적인 미래 기준을 보여 주고 있다. 프라이버시는 이제 더는 틈새 산업이 아니다.

2015년에 개최된 미래 아젠다 워크숍에서 얻은 새로운 정보와 지식을 다시 살펴보면, 모든 영역을 가로지르는 안건들이 존재하며, 우리가 수집한 다양한 관점에 공통적으로 '붉은 끈'이 있었다는 것이다. 그 끈은 주요 변화를 엮어내고 뒷받침한다. 이러한 것들은 앞으로 2025년까지 또는 그 후 시대에 세계의 변화를 중재하는 역할을 맡게 될 것이다. 이것은 바로 불평등, 투명성, 정체성이다.

3. 불평등(Inequality)

현재의 세계, 그리고 세계가 나아가고 있는 방향을 생각해 보면 불평등이 큰 문제라는 것이 그리 놀랍진 않다. 경제학자, 정치가와 미디어가 전 세계적으로 커지고 있는 부와 가난의 간극에 초점을 맞추고 있는 만큼 이 의제가 오늘날 많은 토의의 공통 주제이며, 미래에도 마찬가지일 것이다. 소득과 부의 불균등이 사회와 경제에 미칠 영향뿐만 아니라 재정적 그 이상의 분야에서 드러나고 있는 불평등에 대한 문제도 제기되고 있다. 이 책의 6가지 핵심적인 의제를 들여다본다면 불평등에 관련된 많은 문제가 미래 의제에 등장할 것은 분명해 보인다.

'미래의 사람들'에서는 다양한 인구 성장 사례, 그들의 지역에 그 인구가 가하는 압박, 가족당 아이의 수, 기대수명, 중산층과 청년층의 직업 유효성, 나라 간 다양한 연령 측면, 노령 인구를 위한 서비스와 기회, 부양비, 각 나라의 퇴직 연령, 의료 서비스의 접근성과 질, 여성과 남성 등 다양한 분야에 분명하게 드러나는 불평등을 볼 수 있었다.

'미래의 권력'에서는 부유하고 가난한 나라 사이뿐만 아니라 무역 협정의 당사자와 비당사자, 세계 대 지역 기준에 따르는 사람들, 자원의 소유권과 접근권, 연결된 자들과 그렇지 않은 자들, 프라이버시와 그 영향을 아는 사람들과 모르는 사람들, 깨끗하고 믿을 수 있는 에너지에 접근할 수 있는 사람들과 깨끗하지 못한, 지속적이지 못한 에너지 공급에 의존해야 하는 사람들 사이에 산재한 불평등에 대해 알아보았다.

'미래의 장소'에서는 이주를 촉진하고 각기 다른 나라에서 이주민이 가지는 다른 권리들, 도시 내에선 계획된 지역과 계획되지 않은 곳에서 사는 사람들 간의, 공공의 그리고 사적 수송의 접근권에 대해, 공기 질, 홍수, 위생의 다양한 영향에 대해, 기후 변화에 영향을 많이 받거나 덜 받을 사람들 간의, 도시와 지역 인구 간의 불평등에 대해 알아보았다.

'미래의 신념'에서 우리는 투표권을 가지고 있는 사람들과 그렇지 못한 사람들, 투표권을 제대로 행사할 수 있는 사람들과 그것이 배척당하는 사람들, 환경에 가장 큰 영향을 받을 사람과 가장 적은 영향을 받을 사람들, 공공의 그리고 개인의 이익, 신뢰받는 자와 신뢰하는 자, 인간과 기계, 그리고 여전히 어떤 나라에서는 다른 믿음과 종교 내에 산재한 불평등에 대해 알아보았다.

'미래의 행동'에서는 주요 자원음식, 물, 토지, 귀금속 등 에 대한 접근권이 있는 사람들과 없는 사람들, GMO 종자가 있는 사람들과 없는 사람들일 수도 있으며, 음식을 낭비하는 사람들과 굶고 있는 사람들, 비만과 저체중, 데이터를 소유하고 있는 사람들과 없는 사람들, 다른 사람들의 데이터로 돈을 버는 사람들과 아무것도 얻지 못하는 사람들 간의 불평등에 대해 알아보았다. 또한, 우리는 예금주들과 그렇지 않은 사람들, 납세자와 탈세자, 교육받은 사람들과 문맹인, 좋은 교육 수준을 이룬 사람들과 그렇지 못한 사람들, 상식과 지식이 있는 사람들과 뒤처진 사람들 사이의 불평등도 알아보았다.

그리고 마지막으로 '미래의 기업'에서는 중점을 장기적 이익에 두는 기업과 단기적 이익에 두는 기업, 적은 숫자를 고용하는 '유니콘'과 많은 사람을 고용하는 거대 기업들의 가치, 데이터로부터 이득을 보는 사람들과 이를 제공하는 사람들, 수익을 극대화하기 위한 알고리즘을 지니고 있는 기업들과 없는 기업들, 실제 공유경제의 일부인 조직들과 '공유경제' 플랫폼으로 알려진 곳에서 낮은 급여의 이득을 보는 시장들에 대한 불평등을 알아보았다. 불평등은 어디에나 산재해 있다.

이에 대한 대책이 마련되어야 한다. 예를 들어 옥스팜은 전 세계 은행의 수석 경제학자이자 노벨상 수상자인 조지프 스티글리츠 Joseph Stiglitz에 의해 제안된 목표인 소득 불평등 감소를 목표로, 상위 10%의 소득이 하위 40%의 소득보다 적도록 노력하고 있다. 이미 세계가 하루 1달러의 빈곤을 벗어나고 있는 현 상황에서 옥스팜은 우리가 목표를 더 높여서 하루 2달러의 가난을 벗어나야 한다고 말하고 있다.

그러나 모든 것이 순수하게 돈과 관련된 것은 아니다. 만일 우리가 점점 더 사람들이 많아지고 자원은 적어지는 지구별에서 살아가려면 최대한 폭넓게 불평등에 관해 이야기해야 한다. 분명 세계 50%의 부가 상위 1%의 사람들에게 집중되어 있고 지니계수가 올라가는 건 미디어 채널에도 자주 등장하는 사실이다. 그러나 이 사실들은 월 수익을 훨씬 넘어서는 불평등에서 오는 다양한 문제들의 하나일 뿐이다.

이미 언급했듯이, 2차 세계대전 30년 후 특히 서양권의 많은 나라는 불평등을 줄일 수 있었다. 아마 개혁의 부재가 사회적 정치적 혼란을 초래하고, 두 개의 세계 전쟁이 끼친 실제적인 영향과 자신의 운명을 책임지는 개인에 대한 신념의 부재가 두려움으로 이어졌을 것이라 생각된다.[248] '이러한 트렌드는 부의 재분배를 실현하는 정책과 경제적 불평등을 해소하는 정책의 지적 기반이 되었을 것이며 정의와 평등에 대한 큰 이론적 합의 없이도 20세기 중반의 산업 민주주의에 널리 퍼졌다.' 그러나 1980년대부터 이러한 객관적인 요인들이 사라졌으며, 평등주의적인 공공 정책 또한 함께 없어졌다. 더는 선진국들이 불평등을 주시할 외적 요인이 사라진 것이다.

경제학자들은 1인당 가계 소득, 일회용 개인 소득, 급여의 평균값과 중간값, 1인당 부 등 다양한 데이터를 수집한다. 이러한 데이터는 다양한 정부 정책과 사회 구조, 행동의 영향을 보여주나, 항상 원인을 강조하지는 않는다. 만일 불평등에 대한 변화를 이끄는 운전수들에 영향을 미치고 싶다면 우리의 초점은 어쩌면 개인, 기업, 세계의 세율보다는 사회 기반시설, 교육, 의료와 연결성에 맞춰져야 하는지도 모른다.

가장 잘 알려진 박애주의 단체 중 하나인 빌&멜린다 게이츠 재단은 더 폭넓은 관점을 택한다.[249] 혁신과 조합한 집중 원조의 큰 지지자로서, 이 재단은 가난한 나라가 교육, 농업과 의료 서비스에 개발자금을 썼을 때 가장 큰 변화를 맞이했다는 사실을 파악했다. 예를 들어 1969년도 동남아시아에서 방글라데시, 인도네시아, 대한민국은 모두 GDP의 5% 이상을 원조금에 의지했다. 2009년까지 방글라데시와 인도네시아의 수치는 각각 1%와 0.5% 이하로 줄어들었으며, 대한민국은 주요 원조국 중 하나가 되었다. 게이츠 재단은 특정 안건에 초점을 둔 민관 합작이 앞으로 나갈 길을 제시한다고 주장한다.

다양한 형태의 불평등은 여전히 산재해 있으며 많은 영역에서 심화하고 있지만 모든 영역에서 심화되고 있는 것은 아니다. 우리는 적어도 인종과 젠더에 있어서는 발전하고 있다. 어쨌든 불평등 해소는 앞으로 우리가 마주해야 할 여러 문제 중 하나다. 우리가 이를 얼마나, 어디서 해결할 수 있고 어떤 특정 원인과 씨름해야 할지는 아직 논의되고 있다. 그러나 경제학자뿐만 아니라 사회학자, 과

학자, 경찰, 심지어 정치인에게까지 확실한 사안은 더 불평등한 사회일수록 더 불안정한 사회가 된다는 사실이다. 사회지리학자 대니 돌링Danny Dorling 교수가 언급했듯이,[250] 2008년 경제 침체 후 불평등은 거의 모든 곳에서 일어나기 시작했지만 이에 대항하는 집단도 마찬가지다. 우리는 유럽이 1840년도에 이미 불평등에 맞서면서 거대한 사회적 진보를 시작했고, 이것은 1920년도에도 마찬가지였다. 우리는 다시 한번, 이번에는 전 세계적으로 이를 이룰 수 있을 것이다.

4. 투명성(Transparency)

신뢰를 보장하고 불평등을 해소하는 한 가지 방법은 투명하게 행동하는 것이며, 이는 개인뿐만 아니라 정부와 기업에도 적용된다. 투명성은 현재 기업 어록에서는 하나의 유행어가 되어가고 있다. 기업이 투명할수록 소비자에게도 좋으며 결국 이는 더 많은 이득으로 이어지고 사회적 책임을 더욱 다할 수 있게 된다는 논리다. 그러나 이러한 논리를 펼치는 사람들이 다국적 기업들을 겨냥하고 있으나, 투명성은 정부에 더 많은 영향을 미칠 수 있다. 많은 국가에서 세무당국이 받는 보고서는 결국 정부가 어떻게 돈을 쓰는지 공개하도록 압박이 될 수밖에 없다. 이는 조직이 중앙정부, 지방정부, 지역행정에 자신들의 장부 내역을 공개해야만 한다면 더 효과적으로 작용할 수 있을 것이다.

전 세계적인 재정난이 투명성에 대한 공공의 요구를 촉진시켰다는 것은 자명하다. 이를 인지하고 있는 NGO와 기자들은 종종 열정적인 소셜 미디어 캠페인의 지지를 받는다. 무엇이 투명해져야 하는가에 대한 충분한 합의가 이루어진다면 이는 긍정적인 영향을 불러올 잠재력을 지니고 있다. 지금 이 책을 집필하고 있는 동안 미국의 해외금융계좌납세협력법FATCA이 문제로 떠오르고 있다. 이 법은 해외 금융기관에 대해 미국인 고객 계좌 정보를 보고하도록 의무화하거나, 미국인이 제공한 지급에 대한 원천징수 세금을 부과하고 있다. 하지만 이를 이행하는 것은 비용 부담이 클 뿐만 아니라, 싱가포르나 홍콩 등에서는 미국 국세청IRS 규정이 해당 국가의 개인정보 보호법과 충돌할 것으로 보인다. 동시에 OECD 또한 다국적 기업이 어디서 얼마를 어떻게 버는지, 그리고 공격적인 세금 정책을 피하기 위해 개개의 정부와 이룬 합의를 공개하라고 압박을 가하려 노력하고 있다. 현재까지 스위스를 포함한 96개의 국가가 이에 서명했으며 정보를 공유할 것으로 보인다. 그러나 이 합의의 효과는 상당히 제한될 것으로 보인다. 미국이 양자 데이터 공유 합의에 서명한 만큼, 미국은 스스로 시작한 이 프로세스에 굳이 참여할 필요가 없기 때문이다.

과거의 사례를 봐도, 대중에게 공개될 사안에 대한 합의를 이루는 것은 쉽지 않을 것이다. 한 예로는 채굴산업 투명성 이니셔티브EITI : Extractive Industries Transparency Initiative가 있다. 이는 다중 투자자 모델을 이용하여 정부, 기업과 시민사회에 동등한 대표권을 부여하는 것이다. 이는 지속적으로 전투적인 성적을 내고 있으며, 아프리카와 다른 부패한 지역의 정부가 원유, 가스와 채굴에 대한 합의를 공개할 수 있도록 많은 노력을 기울이고 있다. EITI의 회원들은 분명 그들이 개개인으로는 못 이루었을 성취들을 협력하여 이루어냈다.

물론 때때로 과한 의욕이 무조건적으로 좋은 결과를 불러오지 않을 수도 있다. 더 많은 정보에 대한 요구는 어떤 이로 하여금 부정직하도록 할 수 있으며, 이는 정보의 접근 자체는 쉬우나 이해와 분석을 어렵게 할 수도 있다. 예를 들어 기업들은 그들의 수익을 종합하여 보고함으로써 어떠한 한 나라에서 벌어들이는 수익과 자산이 어떻게 되는지 판단하기 어렵게 만들 수도 있다. 유럽연합은 특히 추출 산업 분야에 종사하는 기업들이 나라마다, 혹은 프로젝트마다 수익을 분리해서 보고하도록 지시하는 법안을 통과시키려 한다. 미국은 발목을 잡는 국가 중 하나다. 전 세계적 기준을 마련하는 것은 도움이 될 것이다.

투명성은 분명 근본적인 취약점을 지니고 있다. 이는 모든 이들이 규칙을 따르지 않을 때 더욱 그러하다. 반대자들은 EITI가 정보를 공개하는 기업들에만 너무 불리하다고 지적하고 있다. 이 규칙을 따르지 않는 비서양 경쟁국들이 경쟁 우위를 점할 수도 있다는 뜻이다. 또한, 공개를 지시하는 유럽연합의 규칙에 따른다면 공개를 금하는 나라의 법을 어기게 될 수도 있다. 마지막으로 국가별로 보고하는 것이 모두에게 같은 효과를 불러올 수는 없다. 예를 들어 캐나다와 오스트레일리아에서 생산하고 싱가포르의 시장을 거쳐 중국에서 판매하는 기업에게는 EITI가 소용이 없을 것이다. 또한, 투명성 활동가들도 데이터의 바다에 빠지거나 사과를 오렌지와 비교하는 것과 같은 위험을 인식하고 있다.

그러나 글로벌 투명성의 증대는 시스템적인 관점에서 문제들을 더 잘 이해할 수 있도록 도와주며, 변화의 원인과 영향에 대해 보다 자세히 알 수 있도록 한다. 의료 서비스를 생각해 보자. 질병 진행 상황과 관리에 대해 더 잘 아는 것은 늘어나고 있는 글로벌 유행병의 위협을 완화할 수 있도록 도와줄 것이다. 완벽한 공개가 지역적 혼란을 초래하고 외국 방문객들을 막으며 주요 수출길이 막힐까 걱정하는 나라보다 분명 이 개념을 더 잘 받아들이는 나라들이 있을 것이다. 글로벌 팬데믹 이니셔티브Global Pandmic Initiative 같은 조직은 세계보건기구WHO, 미국질병예방관리센터CDC, IBM과 함께 협력하여 이를 바꾸기 위해 노력하고 있다.

구글Google, 선 마이크로시스템Sun Microsystem과 다른 조직들은 오픈소스, 비정부적, 공공 접근 가능 네트워크를 만들어 필요할 경우 세계를 더 빨리 도울 수 있도록 합작 프로젝트를 진행 중이다. "유행병의 위협은 분명 전 세계적인 현상입니다."라고 IBM의 이사인 사무엘 팔미사노Samuel Palmisano가 말했다. "우리의 대응 또한 전 세계적이어야 하며, 열린, 협동의 혁신에서 와야 합니다." 이 문제를 해결하기 위해 다음 10년간 더 많은 나라가 노력할 것으로 생각된다.

많은 분야에서 스마트폰이 투명성을 위한 가장 기초적인 열쇠를 제공했다. 전 세계적 청중을 대상으로 바로 정보를 공유할 수 있다는 사실은 부패를 낮추는데 상당한 영향을 미쳤으며, 개개인에게 힘을 부여했다. 그 누구도 수치 당하는 것을 좋아하지 않는다. 이제 사례금을 요구하는 자신의 모습을 유튜브에서 볼 수도 있다는 사실을 아는 경찰은 뇌물을 요구하지 않는다. 피해자들은 인터넷에서 피해 사실을 알릴 수 있게 되면서 더는 보복 때문에 범죄 신고를 주저하지 않게 되었다. 이 뿐만 아니라 스마트폰은 반대 의견을 빠르게 퍼뜨리며 집회를 모집하고 실행하는 데 도움을 주고 있다. 미래를 보았을 때 온라인을 이용하는 사람들이 많아지면서 그 어떤 형태의 권위주의에 도전하든 그것은 개인의 손에 달린 것으로 보인다.

먹이사슬의 맨 아래 단계를 본다면 투명성과 추적 가능성의 증대는 단순히 불평등에 대한 정보를 언급하는 것만으로 효과를 발휘했다. 딜로이트Deloitte의 연구에 따르면, 휴대전화를 통해 날씨 상황과 곡물 가격을 확인하는 것만으로 인도의 농부들은 그들의 수익을 8% 늘렸고, 소비자들은 4% 인하된 가격으로 곡물을 구매할 수 있었다.[251] 시장 가격 정보에 대한 접근은 작은 규모의 농부들이 중개인을 통하지 않고도 시장에 바로 접근할 수 있게 한다. 이는 특히 인구의 약 40%가 여전히 농업에 종사하고 있는 개발도상국에 많은 변화를 가져다줄 것이다. 딜로이트는 약 3억 6,000만 명의 개인들이 더 안정성 있고 낮은 가격으로부터 이득을 볼 것이라고 예상했다.

마지막으로 기업에 있어 완벽한 투명성은 신뢰가 없는 경우에만 필요하다. 꼭 도덕적인 행동을 입증하기 위해 모든 정보를 공유할 필요는 없다. 많은 사람은 모든 것을 공유하는 게 경쟁 우위를 잃는 일일 뿐만 아니라 소비자들이 브랜드 뒤의 조직을 믿는다고 가정했을 때 대부분의 사람은 적은 정보에 만족하기 때문에 소비자들을 멀리하는 결과가 된다고 주장한다.

정보에 대한 쉬워진 접근은 대중의 의견을 지속해서 바꿀 것이며,

규제 당국은 이 변화에 따라오기 위해 노력하고 있다. 세금 납부에 관한 최근의 스캔들은 몇몇 조직에 대한 대중의 신뢰를 떨어뜨렸다Google, Facebook, Starbucks등. 그러나 여기서 흥미로운 점은 기업이 세금 효율성의 개념으로 악착스럽고 아무렇게나 굴었다는 것이 아니라, 대중의 비판이 법적 시스템을 넘어서는 '마땅한 행동'을 지지했다는 점에 있다. 구글 홍보실장이 발표한 "정부는 세금 정책을 만들고, 세금 관료들은 법을 집행하며, 구글은 법에 따릅니다."라는 말이 옳을지도 모르나, 대중은 그의 말에 공감하진 않았다.

미래 아젠다Future Agenda 워크숍에서 얻은 다량의 정보에 근거하여 우리는 투명성의 끈이 우리가 이야기하는 거의 모든 분야에 걸쳐 있다는 걸 알게 되었다. 데이터의 공급과 접근 가능성은 정부, 기업, 개인의 활동을 훨씬 더 쉽게 살필 수 있게 했으며, 이는 우리가 불평등한 접근권, 우리의 서식지와 변화하는 기업 환경에 대해 내놓은 의견들의 근간이 되어 주었다.

5. 정체성(Identity)

정체성은 우리가 자신을 스스로 어떻게 보는지를 정의 내리는 속성들의 집합이다. 이는 '나는 누구인가?'라는 질문에 대한 답이다. 이 답은 절대 직설적이지 않다. 우리가 성장하며 변화하고 진화하기 때문이다. 그러나 더 최근에 많은 사람에게 있어 스스로에 대한 감각은 애국심이나 장소보다는 신념에 대한 믿음, 사회적 유동성, 언어, 젠더, 나이, 그리고 다른 것들에 의해 정의 내려지는 것으로 보인다. 이는 우리의 활동과 사회에 대한 반응의 기틀을 잡는 요소이다.

많은 사람이 우리가 정체성을 걸어두는 못이 자리를 옮긴 주요 이유는 정보와 생각을 쉽게 공유할 수 있게 되었기 때문이라고 한다. 다른 이들과 우리를 이어주는 새로운 기술들은 최근까지 불가능했던 관계를 구축하도록 도와주었다. 우리가 더 많은 시간을 온라인에서 보내며, 이러한 연결들은 더 친밀해지고 강력해졌으며, 다양한 배경과 문화를 지닌 비슷한 흥미를 지닌 사람들에게 다가가도록 도와주었다. 결론적으로 우리가 '누구'인지는 우리가 '어디에'있는지에 의해 정의 내려지지 않게 되었다.

재미있게도 친밀함을 자아내는 기술은 거리를 두는 태도의 결여를 가져오기도 한다. 이는 개인에게 수요에 따라 충돌하고, 적용할 수 있고, 폐기할 수 있는 다양한 정체성을 만들도록 허용한다. 이는 회사와 집의 이메일이 다른 것과 같은 간단한 예시가 될 수도 있겠으나, 우리의 세계가 이주와 유동성으로 인해 가상에서도 현실에서도 작아지고 있는 현재, 개인과 조직은 하나의 정체성보다는 여러 개의 정체성으로 스스로를 표현하고 있다. 이게 바로 많은 사람이 미래에 큰 영향을 미칠 것이라 생각하는 '칵테일 정체성 페르소나들과 이에 대한 결과'이다. 세계가 점점 도시화 되고 사회 집단이 훨씬 더 다양해지며 중요한 문제들이 우리가 어떻게 공존하는지에 관련된 중요한 문제들이면, 불확실성을 이룰 것이다.

경제적, 정치적, 기후 변화 등의 이유로 사람들이 지속해서 이동하고 이주할 것은 분명해 보인다. 어떤 사람들은 새로운 환경에 빠르게 적응할 것이지만, 어떤 사람들은 잃어버린 고향의 전통을 붙들고 놓지 못할 것이다. 많은 사람은 사회가 사람들의 거대한 이동에 적응하는 방식이 미래의 세대를 정의 내릴 것이라 이야기한다. 어떤 사람들은 평화로운 공존을 위해서 다양성과 개인 권리에 관련된 결합적인 가치를 발달시켜야 한다고 제안한다. 이는 다양성을 축하하는 동시에 지역사회에 사는 사람들이 공유하는 정체성을 구축하고 파악하며 끼워 넣어야 한다는 의미다. 다른 사람들은 소외되고 제외된 집단이 국경과 정체성의 빠른 증발에 의해 고통을 겪고 있으며, 그들 주변의 다양성이 증가함에 따라 불편함을 느낀다고 이야기한다. 또한, 그들은 문화적 차이가 쉽게 옆으로 치워지기엔 너무 크다고 생각한다. 이 관점 또한 무시해서는 안 된다. 실제로 부유하고, 진보적이며, 세속적인 유럽과 최근 그곳으로 이주한 사람들의 문화는 상당히 다르기 때문이다. 예를 들어 2013년 무슬림에 대한 퓨Pew 설문조사는 튀니지 사람들과 모로코 사람들의 90%가 부인은 항상 남편에 복종해야 하며, 이라크 무슬림의 14%와 요르단 사람의 22%만이 여성이 이혼을 주도할 수 있어야 한다고 생각한다는 사실을 드러냈다.

향후 우리가 직면하게 될 주요 문제들은 협동과 활동으로 해결할 수 있다는 것을 알 수 있다. 다양한 집단의 사람들을 결합시키고 이 사람들 간의 협동을 장려하는 것은 차이를 보다 편한 개념으로 만든다. 최근 이루어진 연구에 따르면, 사람 간의 접촉에 다른 이들에 대한 긍정적인 태도를 끌어내며 편견을 줄이는 마음가짐이 오랫동안 유지되는 우정의 비결이라고 한다. 이러한 접근법은 인종과 관계없이 모든 사람이 다른 문화와 협업하고, 문화를 경험하고 아는 것에서 이득을 본다는 전제에 기반했다. 이 프로젝트들의 초점은 그들의 차이보다는 집단을 엮는 공통점에 맞춰져 있었기 때문이다. 다양한 문화 간의 대화는 사람들이 이러한 합작을 위해 모일 수 있는 여러 방법 중 하나다.

2010년부터 신뢰와 프라이버시의 중요성이 높아지면서 세상을 형성하는 데 기여한 것처럼 우리는 불평등, 투명성, 정체성이 앞으로 더 큰 역할을 할 것으로 기대할 수 있다. 우리가 직면하고 있는 문제들을 모두 해결할 수 있는 만병통치약도, 개인의 모든 맥락에 정확히 들어맞는 이야기도 아니지만, 모든 영역을 가로지를 수 있는 이 세 가지의 주제가 향후 10년간 우리가 얼마나 발전할 수 있거나 없을지를 결정할 것처럼 보인다.

6. 결론

미래 아젠다 프로젝트는 혁신을 촉진할 수 있는 열린 예측 플랫폼을 제공하기 위해 만들어졌다. 우리는 미래의 문제에 효과적으로 대응할 수 있으려면 더 잘 알아야 한다고 생각했다. 우리의 야심은 세계 전역의 훌륭한 뜻을 지닌 사람들을 모아서 향후 10년간 직면할 최대의 문제들을 파악하고 이에 대해 이야기할 수 있는 토론의 장을 만드는 것이었다. 이로써 주요 안건들을 상정하고, 잠재적인 해결책에 합의하고, 앞으로 나아갈 수 있는 방법들을 제시하며 결론적으로 집단 혁신을 위한 플랫폼을 만들어 내길 바랐다.

2025년 세계 모습을 밝히기 위해 우리는 다양한 관점들을 조합하고 다른 영역을 가로질러 왔다. 이는 개연성과 가능성을 구분하는 보다 더 선명한 관점을 가지도록 도와주었고, 벌어질 수 있는 각기 다른 일들을 연결 지어서 우리가 희망하는 더 부유하고, 심도 있는 미래의 그림을 완성하기 위한 선택을 내릴 수 있도록 많이 알게 했다.

우리가 이 책에서 공유한 통찰력은 다른 활동의 기반이 되도록 설계되었다. 우리는 다른 사람들이 기업, 정부와 개인이 미래를 위한 전략을 구축하는 걸 돕기 위해 '그래서 뭐?'라는 질문에 대해 생각하고 격려하고 싶다. 이것이 우리가 수집한 정보들을 최대한 널리 알리고 싶어했던 이유다. 모든 사람이 직접적인 접근권을 가지고 자기 생각을 촉진하는 데 이를 사용해주기 바란다.

우리는 이제 선택지에 '여느 때와 다름없이'라는 말이 없다는 걸, 그렇기에 무언가 변화가 이루어져야 한다는 것을 알고 있다. 대부분의 사람도 우리가 향후 몇 년간 내릴 결단이 향후 10년 이상의 시간에, 우리의 아이들과 손자손녀들의 삶에 영향을 미칠 수도 있다는 사실을 인지하고 있다. 최고의 선택을 택할 책임이 우리의 손에 있다. 이것이 우리가 미래를 생각할 때 최대한 다양한 접근법들에 열려 있어야 하는 이유다. 예를 들자면 그리 관련이 없어 보이는 조직과 각기 다른 산업에서 나온 기회들을 포착해야 한다. 결국, 실제 혁신은 기술과 기업 모델이 한 분야에서 다른 분야로 마구 이동하는 만큼 규율과 각기 다른 분야의 교차로에서 나오기 때문이다.

변화가 전혀 가능성 없어 보이는 장소에서 나올 가능성도 고려해야 한다. 위에서부터 아래로의 세계적 계획이 아니라 예상치 못한 사건에서 촉진될 수도 있는 것이다. 정책 결정자, 주요 영향력을 행사하는 사람들은 이로부터 기회를 포착하고, 기반시설에 대한 투자, 교육을 통한 '옳은' 습관과 선택의 장려, 정보와 보상, 강화 정책과 새 상품·서비스 도입 등을 통해 변화의 크기와 속도를 증폭시키고 가속시키는 주요한 역할을 맡고 있다.

120여 차례의 토론을 통해 우리가 향후 10년간 분명히 마주하게 될 주요 문제들을 해결하고 싶다면 모든 분야에 걸친 혁신이 필수적이라는 합의에 이르렀다. 우리는 이제 지평선에서 보이는 일들을 수용하고 완화할 새로운 정책과 규제가 필요하며, 사회적 경제적 가치를 생산해 낼 새로운 상품, 서비스와 기업 모델을 만들어야 하고, 점점 더 세계화되어 가는 사회가 지속 가능하고 실질적이며 긍정적인 발전을 할 수 있도록 이 게임의 규칙을 바꾸어야 한다.

질문

우리는 지금까지 미래에 발생할 확실하고 가능성 있는 변화들과 이를 이끌고 조정할 사람들에 대해서 이야기했다. 이로부터 어떠한 질문이 도출되었는지 생각하는 것은 중요하다.

어떠한 핵심 문제들은 보다 더 신중한 고찰을 필요로 한다. 유럽과 미국의 공공 부채 증가, 아시아 국가의 소비자 증가, 주요 자원의 안정 공급과 가격 상승, 저탄소 경제로의 변화 필요성, 선진국 간의 경제 발전 격차 가능성, 사회보장비 증대, 프라이버시에 대한 사회적 변화, 글로벌 시스템의 초연결성, 기업 구조의 단편화와 새로운 제휴 관계, 신기술의 영향력, 의료의 진화, 고령 인구의 사회적 역할, 소유에서 공유로의 이행, 거대 도시에서 실업자 증가 등이 이러한 문제에 포함된다.

이 책에서 언급한 문제들이 가져올 구체적인 영향과 중대성에 대해서는 정부, 기업, 개인이 각각 다른 의견을 가지고 있겠지만, 공통된 질문에 답변을 해야 하는 것은 분명해 보인다. 새로운 논의를 시작하고 깊이 생각하기 위해 다음 페이지에 각각의 주체에 도움이 되는 유용한 질문 10개씩을 정리하였다.

정부를 위한 10가지 질문

1. 우리가 정말 향후 10년을 위한 문제에 제대로 초점을 맞추고 있는가?

우리는 기후 문제와 에너지 문제에 대해서 알고 있지만 보건, 음식과 식수 또한 그들이 응당 그래야 할 것처럼 의제의 상위 안건에 있는가? 우리는 현재 우리의 시민들이 누구이며 그들의 데이터 공유 의향에 대한 정확하지 않은 상정을 내리고 있지는 않은가?

2. 우리는 현재 우리가 직면한 거대한 문제들에 대해 알맞은 사람들 그리고 조직들과 우리가 이해한 정보를 효율적으로 나누고 있는가?

미래의 기온 4℃ 상승이 가져올 영향력에 대해서, 노령 인구와 만성 질환자들의 보건료 인상에 대해서, 그리고 이를 어떻게 감당할 것인지에 대해서 우리는 대중에게 얼마나 솔직한가?

3. 우리는 세금과 정책으로 행동을 얼마나 바꿀 수 있는가?

우리가 사람들로 하여금 새로운 세상에 적응하고, 고기를 덜 먹고 에너지를 덜 사용하도록 유도할 수 있는가? 아니면 몇몇 상품을 금지해야 할까? 만일 그게 소용이 없다면 세금은 과연 얼마나 유용한 것인가? 우리가 사용할 수 있는 보다 더 유용한 도구가 있을까?

4. 미래를 위해 경제의 어떤 새로운 영역에 투자해야 할까?

우리가 현재 지니고 있는 지역적 강점이 장기적이고 세계적인 성공으로 이어질까? 오래전부터 이어진 산업을 포기하고 새로운 세계로 나아가야 한다면, 어디로 가야 가장 큰 성공을 거둘 수 있을까?

5. 더 높은 성장을 위해서 어떤 새 기술을 구축하거나 이에 대한 접근권을 지녀야 할까?

우리의 국민들은 미래에 놓인 도전을 마주할 만한 능력을 지니고 있는가? 우리의 노동력은 얼마나 빨리 새로롭고 알맞은 기술로 재무장할 수 있는가? 새롭고 능력 있는 노동자들을 끌어들이기 위해 이민 정책을 다시금 고려해야 하는가?

6. 세계의 어떤 지역들과 더 효율적으로 협력해야 할까?

현재 무역 국가들이 2025년에도 최고의 국가들일까? 힘의 중심이 지속해서 동쪽으로 향하는 지금 우리는 새로운 양자 협약을 준비해야 할까 혹은 합작이 더 나은 접근법일까? 우리는 지리, 이데올로기, 경제 중 무엇을 따라야 할까?

7. 어떤 단위로 거래하고 저축해야 할까?

우리는 적당한 외화를 지니고 있는가? 혹은 미국 달러에 너무 의존적인가? 우리는 국고의 외화를 바꾸고 디지털 화폐와 같은 다른 화폐로 거래할 준비가 되어 있을까?

8. 경제성장과 사회가 필요로 하는 것들의 균형을 다시금 살펴야 할까?

우리는 세금을 통해 부의 분배를 이루어야 할까, 혹은 변화의 주력 요인에 더 많은 투자를 해야 할까?

9. 우리는 피할 수 없는 위기에 대응할 능력을 갖추고 있는가?

우리는 국가의 보건을 지키기 위해 적절한 생물 감시 체제를 두고 있는가? 우리가 적절치 않은 음식에 너무 의존적인 것은 아닐까? 우리의 데이터 보안은 얼마나 좋으며 2025년까지 에너지 자급자족이 가능한가?

10. 거대한 문제들을 혼자 해결할 것인가, 합작을 통해 해결해야 하는가?

주요 문제들에 대해 다른 나라들과 얼마나 협동하고 있는가? 우리는 모두 같은 문제에 동의하며 함께 움직일 것인가, 혹은 우리가 홀로 나아가야 할 분야가 있는가? 만일 그렇다면 어디로 갈 수 있는가?

기업을 위한 10가지 질문

1. 지평선에 놓인 거대한 사안들을 얼마나 잘 인지하고 있는가?

우리는 정말 현 상태 너머를 보도록 우리를 채찍질하고 있는가? 우리가 통제할 수 없는 변화가 어떻게 우리의 분야에 영향을 미칠 것이고, 어떻게 미래를 준비해야 하는지 알고 있는가?

2. 자원 부족이 가져올 영향력에 대해 얼마나 이해하고 있는가?

우리는 물 부족으로 인한 어려움을 겪을 것인가? 더 적은 에너지 자원은 어떻게 해결할 것인가? 점점 더 부족해지는 자원에 대한 접근권을 어떻게 보장할 것이며, 변화에 대한 어떤 선택지를 지니고 있는가?

3. 새로운 가치를 지닌 자원을 생산해 내기 위해 우리의 현 능력으로 무엇을 할 수 있는가?

세계의 변화 속에서 우리의 기술과 경험이 더 효율적으로 발휘될 수 있는 새로운 현상들에는 무엇이 있을 것이며, 이 기회를 어떻게 가장 잘 활용해야 할까?

4. 우리의 인적 자원에 얼마만큼의 영향력을 발휘할 수 있을까?

만일 세계가 더 작아지고 납작해지고 있으며 최고의 재능이 유동성이라면 어떻게 미래에 필요한 사람들이 우리와 일할 수 있게 유도할 수 있는가? 어떻게 동기를 부여하고 어떤 보상을 제공할 것인가?

5. 갈수록 투명성이 중요해지는 세계에서 어떻게 기능할 것인가?

정보에 대한 접근성을 늘리는 것이 우리의 보고 프로세스에 영향을 미칠 것인가? 다자본multi－capital 관점은 또 어떠한가? 무형 자산이 부동산보다 더 중요해질 것인가? 시장에 있어 얼마만큼의 위험 감수가 적절할 것인가?

6. 우리가 알지 못하는 것에 대해 충분한 관심을 표하고 있는가?

우리의 미래 기회에 대한 이해는 우리와 비슷한 조직들의 이해와 얼마나 큰 차이가 있을까? 다른 사람들에 비해 미래에 대한 이해가 얼마나 뛰어난가? 밖으로부터의 변화에 우리는 얼마나 취약하며 우리는 어디에서 어떻게 이에 대해 잘 이해할 수 있을까?

7. 관련 분야의 변화를 대처할 능력이 있는가?

만일 다른 분야에서 기술 발전과 소비자와의 관계가 변화한다면 우리의 분야에서 어떻게 빠른 이득을 취할 것이며, 그것들이 우리의 현재 활동에 어떠한 위협이 될지 알고 있는가?

8. 미래의 위기와 문제를 잘 파악하고 있는가?

성장 가능성을 위해 위를 바라보는 것만큼이나 우리의 핵심 분야와 잠재력 있는 분야에 대한 위협을 제대로 주시하고 있는가? 우리는 경쟁 우위를 점하기 위해 다른 사람들보다 더 빨리 기회를 포착하기 위한 노력을 기울이고 있는가?

9. 다른 이들과 더 심도 있게 협력할 준비가 되어 있는가?

만일 지식과 지적 자산이 자유롭게 공유되어도 우리는 여전히 경쟁력을 유지할 수 있는가? 다양한 민관 합작에 있어 어떻게 가치를 관리할 것인가? 우리의 행동을 변화할 준비가 되어 있는가?

10. 새로운 규제 변화에 충분한 영향력을 발휘할 수 있는가?

새로운 국제 기준이 어디서부터 올 것이며, 우리는 어떻게 그에 참여할 수 있는가? 우리의 국제적, 지역적 활동을 법적 규제의 변화에 연결 지을 수 있는가?

개인을 위한 10가지 질문

1. 나는 어떻게 현 상태의 변화를 이끄는 데 참여할 수 있는가?

한 개인으로서의 나는 어떻게, 그리고 어디에서 최대의 영향력을 발휘할 수 있는가? 어떤 안건이 나와 가장 연관이 있으며 어떤 정보 제공자를 신뢰할 것인가?

2. 지구를 위해 더 나은 삶을 사는 방법엔 뭐가 있을까?

기술은 내가 원하는 모든 걸 할 수 있도록 허용할까? 아니면 자원을 아껴 써야 할까? 내가 희생해야 할 것은 무엇일까? 나는 부에 대해 부모님과 같은 정의를 내려야 할까?

3. 나의 일상적 선택 중 무엇이 미래에 가장 큰 영향을 미칠까?

일터로 갈 때 걷거나 자전거를 사야 할까? 운전을 배워야 할까? 일시적 채식주의자가 되어야 할까? 도시에서 사는 것이 최고의 선택일까? 더 작은 집에서 살아야 할까?

4. 미래의 것들에 비용을 지급할 준비가 되어 있는가?

연료 1갤런에 5달러, 우유 1리터에 2유로, 빵 한 덩이에 5파운드를 지급할 준비가 되어 있는가? 상품을 구매할 때마다 또는 매월 개인 수당에서 탄소세와 비만세를 지급할 것인가? 나는 뭘 원하는가?

5. 나의 정보를 얼마나 공개할 것인가?

미래의 나는 어떻게 친구 관계를 만들고 유지할 것인가? 내가 '실제' 세상에서 만난 사람들만큼이나 가상 네트워크가 중요해질까? 가장 가까운 관계의 사람들에게만 나의 정보를 공유할 것인가? 나의 모든 의료 데이터를 정부에 넘길 준비가 되어있는가?

6. 나는 세계의 어디서 가장 큰 기회를 잡을 수 있을까?

내가 그곳에 머문다면 충분한 기회를 잡을 수 있을까? 혹은 어디론가 움직여야 할까? 국경이 문제가 될까? 다른 나라, 대륙으로의 이동을 고려해야 할까 혹은 일을 위해 멀리 여행할 준비가 되어 있는가?

7. 2025년에는 어떤 전문가들이 존재할까?

나는 무엇을 배워야 할까? 변화하는 커리어 포트폴리오를 어떻게 관리하고 계획해야 할까? 생물 정보학자, 프라이버시 중개인, 프리랜스 위채터wechatter 혹은 도시 농부 중 하나가 되어야 할까? 아니면 그냥 선생님, 의사, 변호사가 더 나을까?

8. 은퇴를 어떻게 준비해야 할까?

100세까지 살 경제적 준비가 되어 있는가? 75세 이후에도 일할 것이라고 생각해야 할까? 어떻게 건강하고 활동적인 삶을 살 수 있을까? 어떤 음식을 먹어야 하며, 어디서 살아야 할까?

9. 내 아이의 미래를 위해 어떤 교육을 제공해야 할까?

그들을 위한 최적의 교육이란 무엇일까? 기준을 어디에 두어야 할까? 아이들이 제대로 된 기대관과 가치관을 지닐 수 있도록 나는 무엇을 해야 할까?

10. 나는 무엇을 믿어야 할까?

무엇을 믿어야 할지 어떻게 아는가? 누구를, 무엇을 믿을 것인가? 대중의 목소리를 들어야 하는가?

앞으로 나아가며

우리의 질문 리스트는 그리 완전하지도 않으며, 당신만의 미래 의제에 걸맞은 다른 주제들이 있을지도 모른다. 그러나 이 질문, 혹은 이와 비슷한 다른 질문들은 미래의 토의에 연료를 공급할 수도 있다. 우리는 우리의 웹사이트인 www.futureagenda.org에서도 볼 수 있는, 이 책에 명시된 결과들을 전 세계의 조직들과 공유함으로써 그들이 우리가 진행한 연구를 기반으로 다른 일을 진행하고, 혁신과 변화의 잠재력을 지니고 있는 다른 분야를 파악할 수 있길 바란다. 우리는 지속해서 우리의 식견을 갱신할 예정이며, 이렇게 함으로써 당신이 하여금 새로운 아이디어를 얻고 행동하는데 촉진제가 되길 바란다.

세계는 향후 10년, 그리고 그 이후에 직면하게 될 여러가지 주요 문제를 안고 있다. 불균형한 인구 성장과 주요 자원의 부족은 곧 일어날 것으로 확신할 수 있는 여러 문제 중 하나이다. 의료 서비스 비용, 도시화, 여행과 클린 에너지만 더해도 리스트는 한결 늘어나 보인다. 그러나 우리는 글로벌 연결성, 경제 무게 중심의 재균형, 의료 혁신, 변화하는 기업 모델, 새로운 기술과 지속 가능한 방향으로 자원을 관리할 수 있는 능력의 발전 등 우리가 제공한 통찰력 있는 정보들이 당신의 생각에 도움이 됐기를 바란다. 또한, 이 정보들이 각자 다른 방향으로 우리가 사는 세계에 중요한, 그리고 체감 가능한 변화를 이끌어낼 새로운 혁신을 만들 수 있는 도구가 우리 손에 있다는 자신감을 불어넣었기 바란다.

감사의 글

〈미래 아젠다 프로그램〉은 많은 사람이 함께 작업한 성과물이다. 그러므로 우리의 이름만 책 표지에 등장하는 것은 조금 이상한 일이다. 우리는 이 이야기를 써내기 위해 다른 사람들, 특히 코어 팀core team의 지혜에 많이 의지했다. 그들의 엄청난 노력이 없었다면 그 무엇도 가능하지 않았을 것이다. 패트릭 해리스, 제임스 알렉산더, 알리 드레이콧, 로빈 파로아, 마릴린 한, 찰리 커슨, 리사 맥도웰, 알카 퓨리와 아누팜 요그에게 우리는 정말 많이 배우고 의지했으며, 큰 빚을 졌다. 코어 팀 외에도 관대한 아량으로 그들의 시간을 제공한 사람들도 있다. 돈 아브라함, 니키 체임버스, 데이빗 코트스, 샬라자 샤르마, 코넬리아 다하임, 로저 데니스, 리마 굽타, 케이티 호지슨, 스테픈 존스턴, 데이브 맥콜믹, 부펜드라 샤르마, 함시니 시바쿠마와 닐 스톤에게 큰 감사를 표한다.

우리가 다룬 주제에 대해 의견을 제시해 준 사람들의 전문성과 용기를 다루지 않고는 이 책의 완성을 논할 수 없다. 그들은 세계 곳곳에서 우리가 수집한 논제에 대해 높은 기준을 세웠고, 워크숍은 경험과 시간을 기꺼이 내어줄 준비가 되어 있는 사람들로 가득했다. 이는 우리가 더 깊고 다채롭게 생각할 수 있게 하였다. 그리고 당연히 위에서 언급한 모든 것들은 주최한 분들이 없이는 단 하나도 실행에 옮기지 못했을 것들이다. 너무 많아서 이 페이지에 다 적지는 못하지만, 그들의 지지야말로 이 프로젝트의 기반이 되었다. 다시 한번 감사드린다.

우리는 효율적이고 멋진 조언과 지도를 아끼지 않은 에이전트 매기 핸버리와, 반복되는 단어와 오류를 매의 눈으로 짚어내 깔끔한 문장을 완성하도록 도와준 험프리 프라이스에게도 깊은 감사를 표한다.

마지막으로, 지금 이 글을 읽고 있는 당신이 발견하는 모든 실수와 오해는 전적으로 우리의 탓이며, 이에 대해 미리 사과드린다.

역자 후기

4차 산업 혁명시대의 도래에 따라 사회의 복잡성이 증가하고 변화의 속도는 더욱 가속화되고 있다. 이에 따라 국가와 기업, 기관 그리고 개인의 미래 전략을 입안하고 미래 발전 계획을 위해서는 미래 사회의 변화에 대한 신뢰도 있는 미래 예측이 필요하다.

이 책은 영국의 미래학자인 팀 존스Tim Jones와 캐롤라인 듀잉Caroline Dewing이 총괄하는 글로벌 오픈형 미래 예측 프로그램인 〈퓨처 아젠다〉 연구 결과로 발간되었다. 그들은 전 세계 39개 도시에서 120여 차례 '퓨처 아젠다 워크숍'을 개최하였으며, 향후 10년간 예측되는 중대한 변화에 대해서 논의를 거듭했다.

이 책의 가장 큰 특징은 6개의 주제, 즉 "미래의 사람, 미래의 장소, 미래의 권력, 미래의 신념, 미래의 행동, 미래의 기업"을 바탕으로 개개의 과제별로 현재의 상황과 향후 10년간 예상되는 변화, 과제 해결의 방향성, 이노베이션 기회 등에 대해 자세히 소개하고 있다. 그와 동시에 워크숍에서 반복적으로 화제에 올랐던, 많은 사람이 안고 있는 공통의 미래상을 '12개의 공통 인식'으로 정리하고 있다. 예를 들면 "세계 인구의 폭발적 증가, 자원의 고갈, 환경 오염의 악화, 태양광 에너지의 활용, 아시아의 시대" 등이다. 또한, 미래를 통찰하는 키워드로서 "신뢰, 프라이버시, 불평등, 투명성, 정체성" 등의 5가지 주제에 대해서도 깊은 고찰을 더하고 있다.

한때 세계 최고의 기업이었던 코닥과 노키아는 미래 예측의 실패로 파산과 인수합병 되었지만 미래 예측을 통해 미래에 대한 대응에 성공한 애플과 삼성전자는 기업 가치가 지속 성장하고 있다. 이처럼 급변하는 이 시대엔 미래 사회에 대한 통찰력 있는 예측과 대응은 기업의 성패와 국가의 정치 사회 문화 경제 전반을 좌지우지할 정도로 중요한 일이 되었다.

정부의 정책 결정자, 기업과 기관의 경영자, 미래 인재를 양성하는 교육자, 개개인에 이르기까지 미래는 무한의 가치와 기회, 수많은 의사결정의 변수가 있다. 급변하는 미래 환경에 대한 시나리오를 만들고 미래에 영향을 미치는 변수들, 특히 우리가 조종 가능한 변수들을 찾아내고 이들을 관리하기 위해서는 올바른 미래 예측이 필수적인데 이 책은 전 세계 다양한 분야의 미래학자들의 연구와 논의의 결과물로 10년 후 미래에 나타날 수 있는 수많은 미래 특성에 관한 예측 내용을 잘 정리하고 있다.

이런 관점에서 우리나라 미래 발전에 도움이 되고 독자들에게 유용한 미래 사회 변화에 대한 정보를 제공해 주리라 생각하여 번역하게 되었다.

이 책을 통해 급변하는 미래 환경 속에서 국가와 기업, 기관 그리고 개인의 생존과 지속 가능한 성장 발전을 도모하기 위한 미래 전략 입안을 위한 기반으로 글로벌 차원의 미래 변화 예측을 이해할 수 있기를 바란다.

안종배 국제미래학회 회장

Endnotes

Chapter 2: 미래의 사람들

인구 증가의 불균형

1 http://esa.un.org/unpd/wpp/
2 http://www.who.int/gho/mortality_burden_disease/life_tables/situation_trends_text/en/
3 http://www.bbc.co.uk/news/world-asia-19630110
4 http://data.worldbank.org/indicator/SP.POP.DPND
5 https://www.cia.gov/library/publications/the-world-factbook/fields/2261.html
6 http://www.metoffice.gov.uk/climate-guide/climate-change/impacts/four-degree-rise/map
7 http://www.pewsocialtrends.org/2015/12/09/the-american-middle-class-is-losing-ground/

중산층의 감소

8 http://www.pewglobal.org/2015/07/08/a-global-middle-class-is-more-promise-than-reality/
9 http://www.theatlantic.com/magazine/archive/2015/05/the-disintegration-of-the-world/389534/
10 http://www.s4.brown.edu/us2010/Data/Report/report10162013.pdf
11 http://www.brookings.edu/blogs/the-avenue/posts/2015/06/09-city-middle-class-berube-friedhoff
12 http://www.economist.com/news/leaders/21637393-rise-demand-economy-poses-difficult-questionsworkers-
companies-and?fsrc=scn/tw_ec/workers_on_tap
13 http://www.truelancer.com/blog/india-and-usa-comparing-freelance-economies-2/
14 http://www.economist.com/news/business/21625801-forecasting-internets-impact-business-provinghard-
pointers-future

늙지 않는 사회

15 http://apps.who.int/iris/bitstream/10665/186463/1/9789240694811_eng.pdf?ua=1
16 https://www.gov.uk/government/collections/future-of-ageing
17 https://t.co/MM1YvTyrdW

정년 후에도 더 오래 일하는 사람들

18 http://www.mckinsey.com/mgi/overview/in-the-news/the-productivity-challenge-of-an-aging-globalworkforce
19 http://www.dw.com/en/german-pension-plans-prompt-eu-reply/a-17588981
20 http://www.economist.com/news/essays/21596796-democracy-was-most-successful-political-idea-
20th-century-why-has-it-run-trouble-and-what-can-be-do

청년 실업의 증가

21 http://www.ilo.org/wcmsp5/groups/public/---ed_emp/---ed_emp_msu/documents/publication/wcms_181907.pdf
22 ILO, World Employment and Social Outlook – Trends 2015.
23 http://www.weforum.org/community/global-agenda-councils/youth-unemploymentvisualization-2013

적정한 의료비용

24 http://www.who.int/gho/publications/en/
25 http://www.economist.com/blogs/democracyinamerica/2015/06/pharmaceutical-pricing?zid=318&ah=ac379c09c1c3fb67e0e8fd1964d5247f
26 http://www.stgeorgeshouse.org/wp-content/uploads/2016/02/Redefining_the_UKs_Health_Services_Report.pdf
27 http://www.bbc.com/future/story/20150805-will-machines-eventually-take-on-every-job?ocid=twfut

지역사회 복지

28 http://www.caregiving.org/caregiving2015/
29 http://apps.who.int/iris/bitstream/10665/186463/1/9789240694811_eng.pdf?ua=1
30 http://www.caregiving.org/wp-content/uploads/2015/05/2015_CaregivingintheUS_Final-Report-June-4_WEB.pdf
31 http://www.oecd.org/newsroom/healthspendingineuropefallsforthefirsttimeindecades.htm
32 https://www.metlife.com/mmi/research/caregiving-cost-working-caregivers.html#key findings

여성의 선택 딜레마

33 http://europa.eu/rapid/press-release_STAT-15-4555_en.htmhttp://www.mckinsey.com/insights/growth/how_advancing_womens_equality_can_add_12_trillion_to_global_growth
34 http://www.prowess.org.uk/facts
35 http://reports.weforum.org/global-gender-gap-report-2015/report-highlights/
36 http://www.prowess.org.uk/facts
37 http://www.prowess.org.uk/facts
38 http://www.icrw.org/what-we-do/emerging-issues/innovation-transform-womens-lives

해답은 북유럽 모델에 있다

39 http://www.iea.org.uk/in-the-media/press-release/scandinavian-success-is-not-due-to-high-taxesand-welfare-spending
40 https://www.jacobinmag.com/2015/08/national-review-williamson-bernie-sanders-sweden/
41 http://hdr.undp.org/sites/default/files/2015_human_development_report_1.pdf

Chapter 3: 미래의 공간

42 http://www.unfpa.org/urbanization
43 https://urbanage.lsecities.net
44 http://www.bbc.co.uk/news/world-europe-34131911
45 https://issuu.com/unpublications/docs/wmr2015_en

46 http://unhcr.org/556725e69.html

인프라 부족

47 http://www.weforum.org/communities/global-agenda-council-on-infrastructure
48 http://www.thenational.ae/business/economy/uaes-infrastructure-investment-not-affected-by-oilslump
49 http://web.worldbank.org/WBSITE/EXTERNAL/TOPICS/
52 http://www.mckinsey.com/industries/infrastructure/our_insights/infrastructure-productivity
53 http://reports.weforum.org/strategic-infrastructure-2014/introduction-the-operations-andmaintenance-om-imperative/the-global-infrastructure-gap/
54 http://reports.weforum.org/strategic-infrastructure-2014/executive-summary/
55 http://www.pwc.com/gx/en/industries/capital-projects-infrastructure/future-of-infrastructure.html
56 http://online.wsj.com/ad/cityoftheyear

유연한 인프라

57 http://www.gci.uq.edu.au/building
58 http://www.energyplan.eu/smartenergysystems/
59 http://www.prnewswire.com/news-releases/global-water-metering-market-66-billion-per-yearby-2025-300058768.html

교통수단에 대한 접근

60 http://www.artba.org/about/transportation-faqs/#9
61 https://www.cia.gov/library/publications/the-world-factbook/fields/2085.html
62 http://reports.weforum.org/global-competitiveness-report-2014-2015/rankings/
63 http://www.transport.govt.nz/ourwork/keystrategiesandplans/strategic-policy-programme/future-demand/
64 http://peakcar.org/category/car-use/
65 http://www.archdaily.com/462616/qianhai-integrated-transportation-hub-gmp-architekten/
66 http://www.futurecommunities.net/case-studies/hammarby-sjostad-stockholm-sweden-1995-2015
67 http://www.teriin.org/div/pro-poor-mobility_policy-guidelines-case-studies.pdf https://lsecities.net/media/objects/articles/mobility-and-the-urban-poor/en-gb/
68 http://www.teriin.org/div/pro-poor-mobility_policy-guidelines-case-studies.pdf
69 http://www.sustrans.org.uk/lockedout
70 http://www.slocat.net/sites/default/files/pro-poor_mobility_guidelinesbest_practices.pdf

자율주행차

71 http://www.economist.com/news/business/21644149-established-carmakers-not-tech-firms-will-winrace-build-vehicles
72 https://www.eutruckplatooning.com/home/default.aspx

대기 오염

73 http://www.who.int/phe/health_topics/outdoorair/databases/cities/en/
74 http://www.theguardian.com/world/2015/aug/14/air-pollution-in-china-is-killing-4000-people-everyday-a-new-study-finds

75 http://www.economist.com/news/middle-east-and-africa/21657805-does-united-arab-emiratesreally-have-dirtiest-air-world-dust-up
76 http://www.oecd.org/env/the-cost-of-air-pollution-9789264210448-en.htm
77 https://www.london.gov.uk/what-we-do/environment/pollution-and-air-quality
78 http://www.cdc.gov/air/
79 http://www.bbc.co.uk/news/world-asia-india-32193742
80 http://www.economist.com/news/asia/21642224-air-indians-breathe-dangerously-toxic-breatheuneasy
81 http://www.oecd.org/env/the-cost-of-air-pollution-9789264210448-en.htm

홍수에 취약한 도시

82 http://www.metoffice.gov.uk/climate-guide/climate-change/impacts/four-degree-rise/map
83 https://www.weforum.org/agenda/2016/02/how-can-cities-improve-their-climate-resilience-f6fb69b3-2680-473f-9239-4f6b98b0ed78
84 https://www.weforum.org/agenda/2015/11/major-cities-under-water

기본적인 공중위생

85 http://www.economist.com/news/asia/21607837-fixing-dreadful-sanitation-india-requires-not-justbuilding-lavatories-also-changing
86 WHO/UNICEF Joint Monitoring Programme for Water Supply and Sanitation, Water Supply and Sanitation Sector Monitoring Report 1990: Baseline year, JMP, Geneva, 1992

생태 문명

87 http://epi.yale.edu/epi/country-rankings
88 http://www.theclimategroup.org/_assets/files/china-ecocivilisation.pdf

도시 간 경쟁과 협력

89 http://www.mckinsey.com/global-themes/urbanization/urban-world-mapping-the-economic-powerof-cities
90 http://inhabitat.com/how-the-cheonggyecheon-river-urban-design-restored-the-green-heart-of-seoul/
91 http://www.unicefchina.org/en/index.php?m=content&c=index&a=lists&catid=130
92 http://www.c40.org

오프그리드(Off-Grid)

93 http://newsroom.fb.com/news/2015/02/the-state-of-global-connectivity
94 http://solar.m-kopa.com/about/

스마트시티 vs 더욱 스마트한 시민

95 https://urbanage.lsecities.net
96 http://www.seguridadjusticiaypaz.org.mx/sala-de-prensa/1356-caracas-venezuela-la-ciudad-masviolenta-del-mundo-del-2015#.VqZQNwJ4GSI.twitter

Chapter 4: 미래의 권력

권력과 영향력의 이동

97 http://www.lse.ac.uk/IDEAS/pdf/COX-Waltz.pdf
98 http://www.mckinsey.com/insights/urbanization/urban_world_cities_and_the_rise_of_the_consuming_class
99 https://qzprod.files.wordpress.com/2013/01/global-middle-class-consumption-2.png?w=640

중국을 추종하는 현상

100 http://www.mckinsey.com/business-functions/strategy-and-corporate-finance/our-insights/why-chinas-consumers-will-continue-to-surprise-the-world
101 https://www.weforum.org/agenda/2015/09/china-king-of-commodity-consumption/

아프리카의 경제 성장

102 http://www.mckinsey.com/global-locations/africa/south-africa/en/rise-of-the-african-consumer
103 http://www.mckinsey.com/global-themes/middle-east-and-africa/whats-driving-africas-growth
104 https://www.bcgperspectives.com/content/articles/globalization-growth-dueling-with-lions-playingnew-game-business-success-africa/
105 http://www.mckinsey.com/global-themes/employment-and-growth/the-growth-opportunity-in-africa

중앙정부의 영향력 감소

106 https://www.eiu.com/public/topical_report.aspx?campaignid=Democracy0115
107 http://www.economist.com/news/essays/21596796-democracy-was-most-successful-political-idea-20th-century-why-has-it-run-trouble-and-what-can-be-do
108 http://index.okfn.org/place/
109 http://www.top500ngos.net/the-new-top-500-ngos/

모든 것이 연결된 세계

110 http://www.ericsson.com/news/1925907
111 http://www.bloomberg.com/news/articles/2013-08-05/trillions-of-smart-sensors-will-change-life-asapps-have
112 http://networks.nokia.com/innovation/technology-vision
113 http://www.ericsson.com/news/1925907
114 http://www.statista.com/statistics/333861/connected-devices-per-person-in-selected-countries/
115 http://www.ibm.com/smarterplanet/us/en/
116 http://www.theguardian.com/cities/2014/jun/25/predicting-crime-lapd-los-angeles-police-dataanalysis-algorithm-minority-report

개인정보 보호

117 http://www.theguardian.com/cities/2014/jun/25/predicting-crime-lapd-los-angeles-police-dataanalysis-
algorithm-minority-report
118 http://www.theguardian.com/cities/2014/jun/25/predicting-crime-lapd-los-angeles-police-dataanalysis-algorithm-minority-report

119 http://www.hoganlovells.com/files/Publication/cee0104e-9625-4a3c-9d57-dc7c810da2fe/Presentation/PublicationAttachment/7f46bf34-5f15-4aeb-9ec6-e79f28981d95/100273_CM3_Data%20Privacy_BRO_E_link.pdf
120 http://www.nytimes.com/2016/02/07/opinion/congress-starts-to-get-serious-about-online-privacy.html?ref=topics&_r=1
121 https://www.whitehouse.gov/sites/default/files/docs/big_data_privacy_report_may_1_2014.pdf

통상을 촉진하는 국제 기준

122 http://docplayer.net/3305636-Global-trade-2020-achieving-the-vision-of-interconnected-customs.html
123 https://ustr.gov/tpp/
124 http://www.fmprc.gov.cn/mfa_eng/wjdt_665385/zyjh_665391/t1170143.shtml
125 http://ec.europa.eu/trade/policy/in-focus/ttip/index_en.htm

열린 공급망(Open Supply Webs)

126 https://www.wto.org/english/res_e/booksp_e/world_trade_report13_e.pdf
127 http://www2.deloitte.com/us/en/pages/about-deloitte/articles/press-releases/global-supply-chain.html
128 Camarinha-Matos, L., Adaptation and Value Creating Collaborative Networks, 2011, Sao Paulo, Virtual Enterprises
129 http://venturebeat.com/2015/10/19/dyson-acquires-sakti3-for-90m-to-help-commercializebreakthrough-solid-state-battery-tech/

에너지 저장(Energy Storage)

130 http://www.greenbiz.com/blog/2014/04/21/how-10-innovative-companies-are-giving-energy-storagejolt
131 http://www.greenbiz.com/article/energy-storage-could-change-power-paradigm
132 https://www.teslamotors.com/en_GB/gigafactory

Chapter 5: 미래의 신념

도전에 직면한 자본주의

134 http://www.theguardian.com/commentisfree/2014/apr/12/capitalism-isnt-working-thomas-piketty
135 https://hbr.org/2015/12/a-better-scorecard-for-your-companys-sustainability-efforts
136 https://www.equalitytrust.org.uk/among-equals-spring-2015-0

자연의 자본

137 http://quaternary.stratigraphy.org/workinggroups/anthropocene/
138 http://www.theguardian.com/environment/2015/jun/19/humans-creating-sixth-great-extinction-ofanimal-species-say-scientists
139 http://www.nature.com/news/biodiversity-life-a-status-report-1.16523
140 http://www.sciencedirect.com/science/article/pii/S2212041614001648; http://www.fs.fed.us/pnw/about/programs/gsv/pdfs/health_and_wellness.pdf; http://www.pnas.org/content/112/28/8567.abstract
141 http://naturalcapitalforum.com/about/video-wall/

142 http://www.teebweb.org/
143 http://www.sciencedirect.com/science/article/pii/S0959378014000685
144 https://www.gov.uk/government/uploads/system/uploads/attachment_data/file/462472/ncc-naturalcapital-gov-response-2015.pdf
145 https://brightfuture.unilever.co.uk

전체 비용

146 http://www.trucost.com/published-research/99/natural-capital-at-risk-the-top-100-externalities-ofbusiness
147 http://integratedreporting.org/the-iirc-2/
148 http://www.naturalcapitalcoalition.org

사람과의 사람의 접촉

149 https://www.google.co.uk/landing/now/
150 http://www.forbes.com/sites/micahsolomon/2015/01/03/dont-forget-the-experience-part-of-thecustomer-service-experience/#554ca976ffac
151 http://eu.wiley.com/WileyCDA/WileyTitle/productCd-0470598824.html
152 http://www.forbes.com/sites/jaymcgregor/2015/07/06/siri-cortana-google-now-are-the-future-of-mobile
153 http://money.cnn.com/2015/07/01/technology/siri-easter-eggs/
154 http://uk.businessinsider.com/robotic-cat-is-the-perfect-pet-for-seniors-2015-11
155 http://www.singularity.com/
156 http://www.kurzweilai.net/the-law-of-accelerating-returns

프라이버시 본질의 변화

157 http://www.theguardian.com/technology/2014/sep/28/tim-berners-lee-internet-bill-of-rights-greaterprivacy

기계의 윤리성

158 https://deepmind.com/publications.html
159 https://www.technologyreview.com/s/527336/do-we-need-asimovs-laws/

신앙과 신념을 지키는 사람들

160 Stonawski, M., Skirbekk, V., Potancokva, M., Connor, P. and Grim, B.J., 'Global Population Projection
by Religion', 2015. Yearbook of Religious Demography 2015, pp99□116.
161 http://www.brill.com/products/book/yearbook-international-religious-demography-2014
162 http://www.state.gov/j/drl/rls/hrrpt/

Chapter 6: 미래의 행동

주요 자원의 제약

163 http://resourcesfutures.org/#!/introduction
164 http://www.bbc.com/future/story/20120618-global-resources-stock-check?selectorSection=science-environment

165 http://www.theguardian.com/environment/blog/2011/oct/31/six-natural-resources-population
166 http://www.globalagriculture.org/report-topics/water.htm
167 http://www3.weforum.org/docs/WEF_FutureAvailabilityNaturalResources_Report_2014.pdf

음식물 쓰레기

168 https://next.ft.com/content/09d28fda-98e4-11e5-9228-87e603d47bdc
169 http://www.fao.org/save-food/resources/keyfindings/en/
170 https://www.youtube.com/watch?v=s_JLmxhnpNY

도시의 비만화

171 http://www.mckinsey.com/mgi/overview/in-the-news/the-global-obesity-threat
172 http://www.medpagetoday.com/upload/2012/5/7/AMEPRE_33853-stamped2.pdf
173 http://www.worldobesity.org
174 http://www.cdc.gov/obesity/data/index.html

플라스틱으로 오염된 바다

175 http://www.plasticpollutioncoalition.org
176 http://www.plasticseurope.org/information-centre/publications.aspx
177 http://education.nationalgeographic.org/encyclopedia/great-pacific-garbage-patch/

데이터 소유권

178 Lanier, J., Who Owns the Future?, 2014, London, Penguin.
179 http://www.economist.com/blogs/economist-explains/2013/07/economist-explains-12
180 Topol, E., Patient Will See You Now, 2015, New York, Basic Books.

디지털 화폐

181 The Ascent of Money, Niall Ferguson
182 http://betterthancash.org/why-e-payments/cost-savings
183 http://www.pymnts.com/news/2015/global-card-fraud-damages-reach-16b/
184 US Federal Reserve http://www.federalreserve.gov/paymentsystems/coin_data.htm

교육 혁명

185 https://www.ted.com/talks/sugata_mitra_build_a_school_in_the_cloud?language=en
186 http://www.ungei.org/
187 http://www.unicef.org/esaro/7310_Gender_and_WASH.html
188 https://www.edx.org/school/mitx

대중의 적극적인 참여

189 https://www.change.org/
190 https://home.38degrees.org.uk/
191 https://hbr.org/2012/01/mass-medias-new-engagement-mea
192 Phillips, R., Trust Me, PR is Dead, 2015, London, Unbound.

193 http://www.huffingtonpost.com/margaret-heffernan-/is-pr-really-dead_b_6660032.html
194 Farrar-Myers, A. and Vaughn, J.S., Controlling the Message, 2015, New York, NYU Press.
195 Wang, R., Disrupting Digital Business: Create an Authentic Experience in the Peer-to-Peer Economy, 2015,Cambridge, Mass., Harvard Business Review Press.
196 http://www.acceleratedimprovement.co.uk/culture-change-engagement
197 Ronson, J., So You' ve Been Publicly Shamed, 2015, New York, Riverhead Books.

약자를 위한 배려

198 http://www.womenofchina.cn/womenofchina/html1/news/china/1602/655-1.htm
199 http://mirror.unhabitat.org/stats/Default.aspx
200 https://oxfamblogs.org/fp2p/why-ending-poverty-in-india-means-tackling-rural-poverty-and-power/
201 http://www.irap.org/en/
202 http://www.who.int/mental_health/en/

Chapter 7: 미래의 기업

목적을 가진 기업들

203 http://www.theguardian.com/commentisfree/2015/apr/27/divestment-fossil-fuels-apartheid-barclays
204 http://www.oecd.org/tax/aggressive/

스타트업의 빠른 성장

205 https://www.cbinsights.com/research-unicorn-companies
206 http://www.forbes.com/sites/liyanchen/2015/08/11/the-most-valuable-employees-snapchat-doublesfacebook/#257ecebcf754
207 http://www.thehindubusinessline.com/info-tech/reliance-jio-sets-a-target-of-100-million-users-infirst-year/article8037571.ece
208 http://articles.economictimes.indiatimes.com/2015-09-20/news/66731180_1_cyrus-mistry-tata-sonstata-group

데이터의 가치

209 Harbour Research, 'Where Will Value Be Created In The Internet Of Things & People?' ,available at:http://harborresearch.com/where-will-value-be -created-in-the-internet-of-things-people(09/12/2014)
210 Little, M., 'Personal Data and the Big Trust Opportunity' , available at:http://www.ovum.com/big-trust-is-big-datas-missing-dna/ (accessed 10/11/2014)

가변적 가격 결정

211 http://www.forbes.com/sites/prishe/2012/01/06/dynamic-pricing-the-future-of-ticket-pricing-insports/#2c11616355ac
212 https://www.washingtonpost.com/news/wonk/wp/2015/04/17/how-uber-surge-pricing-really-works/

조직 3.0

213 Abrams, R.S., 'Uncovering the Network–Centric Organization.' Ph.D. dissertation, University of California, Irvine, 2009.
214 http://www.zapposinsights.com/blog/item/a–memo–from–tony–hsieh
215 http://www.fastcompany.com/3046371/the–new–rules–of–work/what–kind–of–leadership–is–needed–inflat–hierarchies
216 http://www.theguardian.com/commentisfree/2015/jul/26/will–we–get–by–gig–economy
217 http://www.fastcompany.com/3046387/the–new–rules–of–work/4–things–freelancers–wish–youunderstood
218 https://mitpress.mit.edu/books/sharing–economy
219 http://www.bbc.co.uk/news/business–35460401
220 www.fastcompany.com/3046532/the–new–rules–of–work/how–you–can–realistically–make–asabbatical–happen
221 http://yoursabbatical.com/about/team/
222 http://skift.com/wp–content/uploads/2014/10/BGH–Bleisure–Report–2014.pdf
223 http://www.economist.com/blogs/gulliver/2015/03/mixing–business–and–leisure

창조 경제

224 http://www.unesco.org/new/en/culture/themes/creativity/creative–economy–report–2013–specialedition/
225 https://www.gov.uk/government/statistics/creative–industries–2015–focus–on

심도 있는 협업

226 http://www.forbes.com/sites/ashoka/2014/01/27/the–transformation–of–medellin–and–the–surprisingcompany–behind–it/#642e62df4752
227 http://energy.gov/eere/sunshot/sunshot–initiative

진정한 공유경제

228 http://www.neweconomics.org/blog/entry/the–sharing–economy–the–good–the–bad–and–the–real
229 https://pressroom.ups.com/pressroom/ContentDetailsViewer.page?ConceptType=PressReleases&id=1445948452077–607

라스트 마일 배송(Last–Mile Delivery)

230 http://uk.businessinsider.com/skype–cofounders–launch–starship–delivery–robot–2015–11

노마드(Nomads) 현상의 증가

231 http://www.pewhispanic.org/2015/09/28/modern–immigration–wave–brings–59–million–to–u–sdriving–population–growth–and–change–through–2065/
232 http://factfinder.census.gov/faces/tableservices/jsf/pages/productview.xhtml?pid=ACS_10_SF4_B19013&prodType=table
233 http://www.economist.com/news/china/21644222–yearning–american–higher–education–has–drivensurge–overseas–study–georgia–their
234 http://www.iie.org/Who–We–Are/News–and–Events/Press–Center/Press–Releases/2014/2014–

11-17-Open-Doors-Data
235 http://www.economist.com/news/finance-and-economics/21663264-how-torrent-money-workersabroad-reshapes-economy-mannaEXTINFRA/0,,contentMDK:23154473~pagePK:64168445~piPK:64168309~theSitePK:8430730,00.html50 http://ec.europa.eu/economy_finance/publications/occasional_paper/2014/pdf/ocp203_en.pdf51 http://reports.weforum.org/strategic-infrastructure-2014/introduction-the-operations-andmaintenance-om-imperative/the-global-infrastructure-gap/

Chapter 8: 미래의 공통 인식에 대한 리뷰

236 http://www.migrationpolicy.org/programs/data-hub/charts/top-25-destination-countries-globalmigrants-over-time
237 http://www.migrationpolicy.org/article/canadas-immigration-policy-focus-human-capital
238 http://www.cic.gc.ca/english/
239 https://next.ft.com/content/cf550f34-a396-11e3-aa85-00144feab7de
240 http://www.grossnationalhappiness.com/articles/
241 http://worldhappiness.report
242 http://hdr.undp.org/en/2015-report
243 http://www.economist.com/news/business/21695940-enduring-power-biggest-idea-businessanalyse?fsrc=scn/fb/te/pe/ed/biggestideainbusiness
244 http://www.multicapitalscorecard.com

Chapter 9: 미래를 통찰하는 핵심 주제

245 http://www.edelman.com/insights/intellectual-property/2015-edelman-trust-barometer/trust-andinnovation-
edelman-trust-barometer/executive-summary/
246 http://www.edelman.com/insights/intellectual-property/2016-edelman-trust-barometer/executivesummary/
247 http://www.huffingtonpost.com/winnie-byanyima/overcoming-inequality-and_b_5498804.html
248 https://www.foreignaffairs.com/articles/2015-12-14/how-create-society-equals
249 http://www.gatesfoundation.org/What-We-Do/Global-Policy/G20-Report
250 http://www.dannydorling.org/?p=5206
251 http://www2.deloitte.com/content/dam/Deloitte/ie/Documents/TechnologyMediaCommunications/2014_uk_tmt_value_of_connectivity_deloitte_ireland.pdf

futureagenda

미래예측 2030

초판 1쇄 발행 2019년 12월 10일
초판 2쇄 발행 2021년 10월 25일

지은이 | 캐롤라인 듀잉 · 팀 존스
옮긴이 | 노규성 · 안종배
펴낸이 | 박정태
편집이사 | 이명수 출판기획 | 정하경
편집부 | 김동서, 위가연
마케팅 | 박명준, 이소희 온라인마케팅 | 박용대
경영지원 | 최윤숙

펴낸곳 광문각
출판등록 1991. 5. 31 제12-484호
주소 파주시 파주출판문화도시 광인사길 161 광문각 B/D 4F
전화 031)955-8787
팩스 031)955-3730
E-mail kwangmk7@hanmail.net
홈페이지 www.kwangmoonkag.co.kr

ISBN 978-89-7093-971-1 03320
가격 18,000원